데이터 분석 전문가를 위한

R 데이터 분석

조민호 지음

정보문화사
Information Publishing Group

데이터 분석 전문가를 위한

R 데이터 분석

초판 1쇄 인쇄 | 2019년 1월 20일
초판 1쇄 발행 | 2019년 1월 25일

지 은 이 | 조민호
발 행 인 | 이상만
발 행 처 | 정보문화사

책 임 편 집 | 최동진
편 집 진 행 | 김지은

주   소 | 서울시 종로구 대학로 12길 38 (정보빌딩)
전   화 | (02)3673-0037(편집부) / (02)3673-0114(代)
팩   스 | (02)3673-0260
등   록 | 1990년 2월 14일 제1-1013호
홈 페 이 지 | www.infopub.co.kr

I   S   B   N | 978-89-5674-798-9

머리말

이 책을 읽어 주셔서 감사드립니다. 이 책은 데이터 분석 전문가가 되고자 하는 분들이 갖추어야 하는 다음 내용을 설명하고 있습니다.

- 기초 이론(데이터 분석 방법론, 프로젝트 관리 방안, 빅데이터 개념)
- 분석 기법(회귀, 의사 결정 나무, 주성분, 연관 규칙, 군집, 시계열)
- 특수 상황에 대한 분석 기법(구조 방정식, 소셜 네트워크, 텍스트 마이닝)
- R을 이용한 통계 및 데이디 전처리 분석

이 책이 다른 책과 다른 점은 원리나 공식보다 언제 어떤 기법을 써서 어떤 결과를 얻을 수 있는지에 대해서 설명한다는 것입니다. 마치, 우리가 운전을 하지만 엔진 구성이나 타이어의 원리를 모르는 것과 같습니다. 사실 데이터 분석 전문가는 운전자와 같은 역할을 하는 사람이지 엔진을 개발하는 엔지니어가 아니기 때문입니다.

이 책은 독자들이 간단, 명료하게 이론을 습득하고, R을 이용하여 실무에 사용되는 실습을 할 수 있도록 구성하였습니다. 이 책의 명령어들을 하나씩 입력하면서, 명령어 옆에 있는 설명을 참고하면 자연스럽게 이해하고 응용할 수 있습니다.

이 책을 통한 저의 목표는 데이터 분석 전문가가 되고자 하는 독자들이 제가 겪었던 어려움을 반복하지 않도록 하는 것입니다. 이 책으로 공부하면, 분명 중간에 포기하지 않고, 재미있게 다양한 분석 기법을 익힐 수 있을 것입니다.

지난 7년간 공부했던 것을 이렇게 정리하고 보니 보람을 느낍니다. 저의 책이 선택을 받아서 독자 여러분의 발전에 기여하기를 진심으로 바랍니다.

이 책을 교재로 사용하기 원한다면, 출판사 홈페이지에 교수회원으로 가입 및 전환하여서 강의 자료 PPT를 얻을 수 있습니다. 각 파트들은 서로 연결되어 있지 않고 각각 별도로 구성되어 있으므로 강의 성격에 따라서 내용을 조정하면 됩니다.

마지막으로, 데이터 분석 전문가가 되고자 하시는 분은 프롤로그를 살펴보기를 권합니다. 아마도 독자 여러분이 가지고 있는 생각을 정리하는 데 큰 도움이 될 것입니다. 그리고, 책의 목차는 나중에 여러분이 필요한 분석 기법을 찾는 데 도움이 되는 인덱스 역할을 할 것입니다.

여러분의 선택을 기다립니다.

조민호

'데이터 분석 전문가'가 되는 길

'데이터 분석 전문가'가 되려면 어떻게 해야 할까요? 이 질문에 답을 얻기 위하여 '데이터 분석 전문가는 무슨 일을 하는 사람인지'를 생각해 보고자 합니다. 데이터 분석 전문가가 무슨 일을 하는지 알아야 어떤 공부를 어떻게 해야 하는지를 알 수 있기 때문입니다.

데이터 분석 전문가가 하는 일

- 원하는 목적을 달성하기 위하여 필요한 데이터를 확보하는 것
- 확보된 데이터를 분석하여, 데이터 특성을 찾고 고객이 원하는 정보를 주는 것
  - 예 매출을 늘리기 위해 여름 판촉행사를 좀 더 강화하세요.
- 데이터 분석에 대한 보고서를 작성할 때, 고객이 이해하기 쉽게 표현하는 것
  - 예 어려운 데이터를 그림으로 표현합니다.
- 설문지를 만들고, 취합된 설문지 답변을 분석하여 결과를 얻는 것
  - 예 매출 향상에 영향을 미치는 것은 '직원의 친절'입니다.
- 수집된 표본을 이용해서 전체에 대한 상황을 예측하는 것
  - 예 생산품 표본의 평균 수명이 20시간이므로, 우리 회사 제품의 평균 수명은 20시간이라고 할 수 있습니다.
- 수집된 데이터를 이용하여 모델을 만들고 미래를 예측하는 것
- 수집된 데이터를 분석하여 데이터가 가지는 숨은 의미를 찾아내는 것
- IoT에서 자동적으로 만들어지는 데이터를 분석하여 유용한 정보를 찾아내는 것
- 웹, 소셜 네트워크를 분석하여 필요한 관계와 정보를 발견하는 것

데이터 분석을 하려면 다양한 기법과 도구가 필요합니다. 이 책에서는 오픈 소스 기반이면서 강력한 그래픽 기능을 지원하는 R을 이용하여 언급한 일들을 어떻게 하는지 설명합니다.

데이터 분석 전문가가 하는 일과 일에 관련된 분석 기법을 체계적으로 정리하여 한 장의 그림으로 표현하였습니다.

그림을 통해서 데이터 분석 전문가가 수행하는 일과 그것을 처리하는 기법을 확인할 수 있습니다. 언급된 기법들의 상세한 설명은 이 책을 통해 알 수 있습니다.

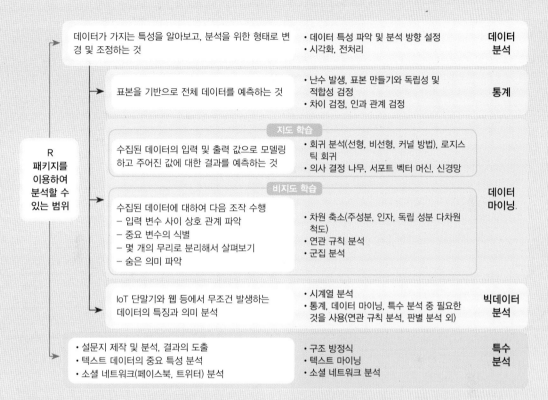

데이터 분석 전문가는 이 책에서 다루는 데이터 분석, 통계, 데이터 마이닝, 빅데이터 분석, 특수 분석을 잘 이해하고 다루는 것이 중요합니다. 하지만 이것만으로는 부족합니다. 이 책에서 설명하지 않은 것은 다음과 같습니다.

- 각 산업별 업무 지식 및 용어의 이해(금융, 물류, 제조, 인사 및 마케팅, ……)
- 데이터베이스에서 원하는 자료 얻는 방법, 특히 RDB의 사용
- 고객과의 상담 요령, 리포트 제작 기술 등

결국 데이터 분석 전문가에게는 업무 지식과 경험이 중요합니다. 이 책의 실습을 하다보면, 각 기법들의 의미와 원리, 활용 방향을 깨닫게 될 것입니다. 두 번 정도 따라 해 보면 어느 정도 자신감도 생기고 응용할 수 있는 바탕이 만들어질 것입니다. 필요한 기술을 습득한 다음 근무처에 하나씩 적용해 보면서 데이터 분석 전문가로 나아가기를 바랍니다.

목차

R 기초 사용법

PART 3

데이터 분석 및
전처리 기법

PART 4

데이터 시각화
의미와 기법

PART 5

통계 분석

PART 6

데이터 마이닝

PART 7

회귀 모델

PART 8

지도 학습

PART 9

비지도 학습

PART 10

빅데이터에
적용되는 분석 기법

PART 11

특수 분석

예제 소스 및 해설
다운로드

본문 실습에 필요한 소스 및 연습 문제와 복습 해설은 정보문화사 자료실(www.infopub.co.kr)에서 다운로드할 수 있습니다. 다운로드는 회원 가입을 하지 않아도 됩니다.

R에서 [파일]–[스크립트 열기]를 실행하고 불러오려는 예제 소스를 가져온 다음 [편집]–[전부 실행하기]를 실행하면 가져온 소스를 실행할 수 있습니다.

※ 이 책으로 강의를 진행하고자 한다면 정보문화사 홈페이지에 교수회원으로 가입 및 전환하여 강의 자료 PPT를 얻을 수 있습니다.

이 책의 구성

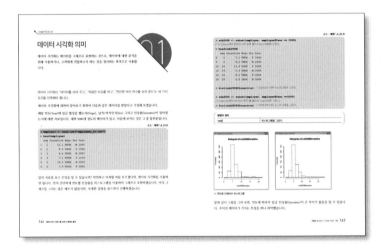

주요 기능

반드시 알아야 하는 주요 기능을 간단한 설명을 통해 빠르게 배워 봅니다. 한 번만 읽어 봐도 기능을 쉽게 알 수 있습니다.

예제

이 책에서는 예제를 통해 이론 및 명령어를 자연스럽게 익힐 수 있도록 구성하였습니다. 예제 소스는 직접 R에 입력해서 실행해 보면 좋습니다. 소스는 정보문화사 홈페이지 자료실에서도 다운로드할 수 있습니다.

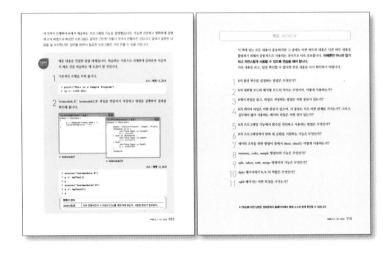

연습문제

배운 기능을 확실히 자신의 것으로 만들 수 있도록 연습 문제를 수록하였습니다.

복습

각 파트 마지막에는 배운 이론을 다시 확인할 수 있는 복습 퀴즈가 있습니다. 답을 구해 보고 부족하다면 본문을 확인하여 정확히 정리하세요.

학습 가이드 _____

책 한 권 쉽게 끝내기!
공부하고자 마음먹고 책은 샀는데,

어떻게 학습 계획을 세워야 할지 막막한가요?

정보문화사가 스케줄러까지 꼼꼼하게 책임지겠습니다. 난이도별로 차근차근 공부하다보면 어느새 한 권의 책이 뚝딱 끝나는 마법이 벌어집니다.

이 스케줄러를 기본으로 학습자의 진도에 맞춰 수정하며 연습하여 실력이 향상되길 바랍니다.

이 책을 교재로 사용하는 경우 또는 자기 주도 학습 계획표

순서	파트	페이지	학습 내용
1	Part 1	20~43	데이터 분석 전문가가 알아야 하는 기본 사항
2	Part 2	46~76	R 설치하고 데이터 타입 알아보기
3		77~113	R 프로그래밍하기
4	Part 3	116~141	데이터 전처리하기
5	Part 4	144~184	R 기본 그래프 그리기
6		185~202	패키지로 그래프 그리기
7		203~217	ggplot2 그래프 응용하기
8	Part 5	220~251	통계 분석하기
9	Part 6~7	254~289	데이터 마이닝과 회귀 모델 익히기
10	Part 8	292~327	지도 학습(의사 결정 나무, 앙상블, 서포트 벡터 기계, 베이지안 방법론) 익히기
11	Part 9	330~363	비지도 학습(군집 분석, 차원 축소 기법) 익히기
12	Part 10	366~397	빅데이터를 위한 연관 규칙 분석, 판별 분석, 시계열 분석 익히기
13	Part 11	400~421	특수 분석(워드 클라우드, 소셜 네트워크 분석, 구조 방정식) 익히기

1

데이터 분석 전문가가 알아야 하는 기본 사항을 설명합니다. 데이터의 개념과 데이터 분석을 정의하고, 최근 화두가 되고 있는 빅데이터와 데이터베이스 관리 시스템을 설명합니다. 그리고 데이터 분석의 기획과 방법론, 데이터 분석 프로젝트 관리 방안과 데이터 사이언스 방법론, 마스터 플랜을 설명합니다.

데이터 분석이란?

## CHAPTER 01

데이터의 개념

데이터는 이론을 세우는 데 기초가 되는 사실이나 자료를 말합니다. 데이터의 정의와 유형을 알아보고, 데이터와 정보의 관계를 정리합니다.

|01| 데이터의 정의

- 컴퓨터 시대가 시작되면서, 프로그램을 운용할 수 있는 형태로 기호화 및 숫자화한 자료를 말합니다.
- 객관적 사실(Fact)을 나타내기도 하고(존재적 특성), 추론이나 예측을 위한 근거(Basis)의 역할도 수행합니다(당위적 특성).

|02| 데이터의 유형

- **정성적 데이터(Qualitative)** : 언어나 문자로 표현된 데이터입니다.
  - 예 주관식 질문에 대한 답변, SNS에 올린 글, 감기의 감염 속도 증가
- **정량적 데이터(Quantitative)** : 수치, 도형, 기호로 표현된 데이터입니다.
  - 예 생년월일, 몸무게, 온도, 강우량

|03| 데이터와 정보의 관계

- 데이터의 구분(DIKW 피라미드 : Data, Information, Knowledge, Wisdom)

데이터(Data) —— 정성적, 정량적 데이터

정보(Information) —— 필요한 시기에 전달된 데이터

지식(Knowledge) —— 경험을 정보와 결합한 것, 암묵지(학습과 경험을 통하여 체계화되어 있는 지식)와 형식지(문서나 매뉴얼과 같이 형식화된 지식)로 나눔

지혜(Wisdom) —— 지식의 축적을 통한 창의적인 아이디어 또는 결과

## CHAPTER 02

데이터베이스와 데이터베이스 관리 시스템

데이터베이스가 무엇인지 알아보고 특징과 적용 분야도 살펴봅시다. 그리고
데이터베이스 사용을 쉽게 하기 위한 데이터베이스 관리 시스템(DBMS)의
원리와 종류도 알아보겠습니다.

|01| 데이터베이스의 정의

동시에 복수의 적용 업무를 지원할 수 있도록 복수 이용자 요구에 대응해서 데이터를 받아들이고 저장,
공급하기 위하여 일정한 구조에 따라서 편성된 데이터의 집합입니다.

– 출처 : 컴퓨터용어사전

|02| 데이터베이스의 특징

- **데이터의 통합(Integrated Data)** : 필요한 데이터를 한 곳에서 통합 관리함으로써, 데이터 관리의 편리성을 얻습니다.
- **데이터의 저장(Stored Data)** : 컴퓨터가 접근할 수 있는 저장 매체에 데이터를 저장하는 것입니다. 즉, 데이터베이스는 컴퓨터 기술을 바탕으로 한다는 것을 의미합니다.
- **데이터의 공유(Shared Data)** : 여러 사용자가 다른 목적으로 데이터를 공통으로 사용할 수 있도록 해준다는 의미입니다.
- **데이터의 변화(Changed Data)** : 입력, 수정, 삭제, 삽입이 진행되는 환경이며, 이런 환경에서도 데이터의 일치성을 보장하는 것을 의미합니다.

|03| 데이터베이스 적용 분야

- **OLTP(On-Line Transaction Processing)** : 실시간으로 업무를 처리하는 시스템을 말합니다.
  예 주문 입력 시스템, 재고 관리 시스템

- OLAP(On-Line Analytical Processing) : 데이터를 분석하는 시스템을 말합니다.

  예 구매 성향 파악, 회계 분석 보고서

- CRM(Customer Relationship Management) : 고객에 대한 정보를 관리하고, 효율적인 마케팅을 수행하기 위하여 개발된 시스템을 말합니다. 데이터베이스 마케팅(DataBase Marketing), 일대일 마케팅(One-to-One Marketing), 관계 마케팅(Relationship Marketing)을 포함하는 개념입니다.

- SCM(Supply Chain Management) : 기업에서 필요로 하는 재료의 생산, 유통, 재고 관리 등 모든 공급망 단계를 최적화하기 위한 시스템을 말합니다.

- ERP(Enterprise Resource Plan) : 기업이 필요로 하는 다양한 관리 시스템을 하나로 묶어서 제공하는 환경을 말합니다. 용어에서도 알 수 있지만, 단순한 프로그램의 도입이 아니라 기업이 필요로 하는 자원(Resource)을 통합 기획 및 관리하는 시스템입니다.

- RTE(Real Time Enterprise) : 기업의 중요 경영 정보를 통합하여 실시간으로 지원하는 기업 경영 시스템입니다. 예로는, Data Warehouse, Data Mart와 같이 경영진이 필요로 하는 데이터를 모아서 중요 경영 정보를 실시간 서비스가 가능하도록 만드는 환경을 들 수 있습니다.

- BI(Business Intelligence) : 기업이 보유한 데이터를 정리하고 분석해서 기업 의사 결정에 활용하는 일련의 프로세스를 말합니다.

- EAI(Enterprise Application Integration) : 기업이 운영하는 다양한 프로그램을 개발, 운영, 수정할 때, 단위 작업만 고려하지 않고, 전체 기업의 관점을 고려하는 것입니다. 이것을 통하여 단위 프로그램 수정을 전체 기업 환경 관점에서 고려하고, 이런 과정을 통하여 전체 시스템이 유기적으로 연결되어 활용을 극대화할 수 있습니다.

- KMS(Knowledge Management System) : 기업이 보유하고 있는 지식을 관리하는 시스템을 말합니다.

- EDI(Electronic Data Interchange) : 무역에 필요한 각종 표준화된 서식을 컴퓨터를 이용하여 주고받는 시스템을 말합니다.

- VAN(Value Added Network) : 통신 회사에서 통신 회선을 임대하여 별도 서비스를 제공하는 시스템을 말합니다.

- CALS(Commerce At Light Speed) : 전자상거래 환경을 위하여 필요한 제품의 설계, 개발, 생산, 판매, 폐기에 이르는 라이프사이클(Life Cycle) 전반을 관리하는 시스템을 말합니다.

- **데이터베이스가 적용되는 분야**
  - 물류 분야 : CVO(Commercial Vehicle Operation System), PORT-MIS(항만 관리)
  - 지리, 교통 분야 : GIS(Geographic Information System), GPS(Global Positioning System), ITS(Intelligent Transport System), LBS(Location Based System)
  - 의료 분야 : PACS(Picture Archiving and Communications System), U Health(Ubiquitous-Health)

|04| 데이터베이스 관리 시스템(DBMS)

데이터베이스는 데이터를 통합 운영하기 위하여 만들어진 것이고, 데이터베이스 관리 시스템(DBMS; Database Management System)은 데이터베이스 사용을 쉽게 하기 위하여 만들어진 프로그램을 말합니다. 예를 들어, 가장 많이 사용하는 DBMS인 Relational(관계형) DBMS는 다음과 같이 작동합니다.

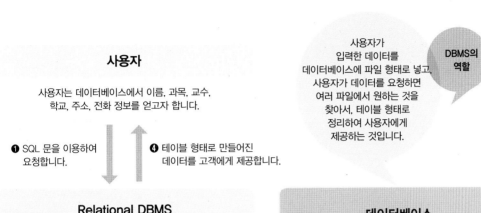

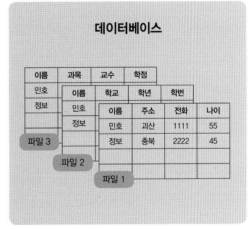

▲ RDBMS의 작동 원리

즉, RDBMS는 데이터베이스에 있는 데이터가 테이블 형태로 저장되어 있는 것처럼 사용자에게 보여 줍니다(데이터를 테이블 형태로 추상화하여 보여 줍니다). 사용자는 데이터가 테이블 형태로 저장되어 있다고 생각하고, SQL 문을 이용하여 데이터를 검색, 삽입, 수정하면 RDBMS 프로그램이 해당 데이터베이스 데이터를 검색, 삽입, 수정하는 작업을 수행합니다.

|05| 데이터베이스 관리 시스템 종류

데이터가 크고, 많아질수록, 데이터베이스 관리 시스템(DBMS)의 필요도 증가합니다. DBMS 시장에서 Relational DBMS가 절대 강자 위치를 차지하고 있습니다. 이것은 데이터베이스 자료를 조작할 때, 테이블 형태로 되어 있다고 가정하고 조작하는 것이 사용자들에게 쉽게 느껴졌다는 이야기입니다. 하지만, DBMS가 Relational DBMS만 있는 것은 아닙니다.

관계형 데이터베이스 관리 시스템	파일 시스템
오라클, MySQL, MS SQL, PostgreSQL	FAT, NTFS, ext4, XFS, ZFS, UDF, UnionFS, HDFS

NoSQL(Not Only SQL)				
XML DBMS	KVS DBMS (Key Value Store)	문서 지향 DBMS	HDF5	그래프 DBMS
BaseX	Memcached Bigtable Casandra	몽고 DB	Hierarchical Data Format 5	Neo4j

▲ DBMS의 종류

- **관계형 데이터베이스 관리 시스템** : 오라클, MySQL, MS SQL 등이 RDBMS를 구현한 것입니다.
- **XML DBMS** : 데이터를 XML 문서 형태로 저장하고, 요소를 중심으로 검색하는 데이터베이스입니다.
- **KVS DBMS** : KVS는 각 Row가 여러 개의 칼럼을 가질 수 있지만, 각 Row가 같은 수의 칼럼을 가질 필요가 없습니다. 결국 스키마가 필요 없는 DBMS입니다. 기존 RDB에 스키마가 필요 없는 기능을 추가한 DBMS라고 할 수 있습니다. 데이터 모양이 키와 값으로 구성됩니다.
- **문서 지향 DBMS** : 연관된 실체(사진, 문자, 이미지 등 데이터베이스에 있는 단위 데이터)를 묶어서 하나의 문서를 구성하며, 사용자에게는 데이터가 문서 형태로 저장되어 있는 것처럼 보여 주는 프로그램입니다. 문서는 문서를 포함할 수 있습니다.
- **HDF5** : 파일을 계층적으로 구성해서, 파일 안에 파일 시스템을 가지는 구조입니다. 파일을 확장한 형태입니다.

- **그래프 DBMS** : 객체 사이 관계에 맞추어 데이터를 저장하는 구조입니다. SQL과 비슷한 CypherQL을 사용합니다.

현재 일반 업체의 데이터베이스가 아닌 빅데이터 시장을 분석해 보면, NoSQL(Not Only SQL) 계열의 HBase, 카산드라, 몽고 DB, 레디스(Radis) 등이 사용됩니다.

NoSQL 데이터베이스가 종류가 많은 이유는 아래에서 소개하는 CAP(Consistency, Availability, Partition Tolerance) 정리(브루어 정리)에서 알 수 있듯이 모든 것을 만족하는 제품은 없기 때문입니다.

|06| CAP 정리

다음 세 가지 조건을 모두 만족하는 분산 컴퓨터 시스템이 없음을 증명한 정리입니다.

- **일관성(Consistency)** : 모든 노드가 같은 순간 같은 데이터를 볼 수 있습니다(조회).
- **가용성(Availability)** : 항상 데이터는 수정이 가능해야 합니다(쓰기).
- **파티션 수용성(Partition Tolerance)** : 메시지 전달에 실패하거나 시스템 일부가 망가져도 시스템은 계속 동작할 수 있습니다(확장).

## CHAPTER 03

빅데이터 정의 및 분석 기법

미래의 비즈니스를 위한 공통 플랫폼인 빅데이터의 정의와 그 가치를 알아보고 앞으로 진화 방향에 대해서 생각해 보겠습니다. 그리고 빅데이터를 분석하는 다양한 기법과 통제 방안에 대해서도 생각해 봅시다.

|01| 빅데이터의 정의

- 빅데이터는 통상적으로 사용되는 데이터 수집, 관리 및 처리 소프트웨어의 수용 한계를 넘어서는 크기의 데이터입니다. (출처 : 위키백과, 맥킨지 2011)
- 가트너 그룹의 더그 레이니(Doug Raney)는 2011년 빅데이터를 3V 모델로 정의했습니다.
  - 데이터 양(Volume), 데이터 입출력 속도(Velocity), 데이터 다양성(Variety)
- IBM은 3V에 정확성(Veracity)을 추가하여 4V로 정의합니다. 이외에 가변성(Variability)을 추가하여 4V로 정의하는 경우도 있습니다.

위키백과에서 빅데이터의 정의를 발췌하였지만, 빅데이터가 큰 사이즈와 4V를 가지는 것이라고 정의하는 것은 현실적 상황을 고려할 때 애매한 면이 있습니다. 그래서 저자의 개인적인 정의를 적어 봅니다.

빅데이터는 환경(스마트폰, 센서, 웹 서핑 정보)에서 자동으로 만들어지는 데이터를 말합니다. 이들의 특징은 기존 데이터와 달리 의식하지 않아도 저절로 만들어진다는 점입니다. 즉, IoT(Internet of Things)나 모바일, 웹을 포함하는 다양한 곳에서 자동으로 만들어지는 모든 자료를 통칭한다고 봅니다. 예로는 웹 로그 정보, SNS 정보, GPS 정보 등이 있습니다.

이런 데이터는 양도 많지만, 분석하기 위해서는 분석 방향에 맞춘 데이터 가공이 필요합니다. 그리고 1년 365일 계속 만들어지는 성질을 가집니다. 그러므로 데이터 마이닝 관련 분석은 물론 시계열 분석이 빅데이터 분석에 중요한 역할을 합니다.

|02| 빅데이터의 가치

- 빅데이터는 미래의 비즈니스를 위한 공통 플랫폼 역할을 수행합니다. 즉, 모든 기업이나 개인이 빅데이터를 사용할 수 있습니다.
- 빅데이터를 어떻게 활용하느냐가 미래 비즈니스를 좌우합니다. 그래서 많은 기업들이 빅데이터 활용에 관심을 가집니다.
- 빅데이터는 계속 만들어지고 있습니다. 그러므로 소비자나 사회의 변화를 읽는 기초 자료의 역할을 합니다.

|03| 빅데이터가 만드는 변화

- **사전 처리에서 사후 처리 방식으로 변경** : 수집된 데이터 중에서 필요한 것만 사용하던 방식에서, 이미 수집된 데이터를 분석 목적에 맞추어 수정, 조작한 다음 사용하는 방식으로 변경됩니다.
- **표본 조사에서 전수 조사로 변경** : 자동으로 만들어진 전수 데이터를 대상으로 분석을 수행합니다.
- **질보다 양으로 변경** : 데이터를 수집하는 것이 아니라, 이미 수집된 엄청난 양의 데이터를 대상으로 합니다.
- **인과관계에서 상관관계로 변경** : 기존의 인과관계 중심의 분석(무엇 때문에 무엇이 발생했다)에서, 이미 발생한 데이터 사이 상관관계 분석이 중요한 역할을 합니다. 즉, 어떤 데이터와 어떤 데이터가 어떤 관계가 있다는 것이 중요해집니다.

|04| 빅데이터 분석을 위한 기법

데이터 분석 기법은 다양하지만, 빅데이터 분석을 위해 주로 사용되는 기법을 정리하면 다음과 같습니다. 제시된 기법의 주요 특징은 통계 기법들이 주로 사용하는 모집단을 가정하지 않고, 현재의 데이터를 기반으로 분석한다는 점입니다.

- **연관 규칙 분석(Association Rule Analysis)** : 자료에 있는 항목들 사이 연관 규칙을 찾는 기법입니다.
- **군집 분석(Cluster Analysis)** : 모집단에 대한 사전 정보가 없는 상태에서 관측 값을 군집 여러 개로 나누는 기법입니다.
- **기계 학습(Machine Learning)** : 주어진 데이터를 통한 학습을 수행하고, 이 모델을 이용하여 특성을 예측하는 기법입니다.
- **소셜 네트워크 분석(Social Network Analysis)** : SNS와 같은 소셜 네트워크를 모델링하고 이것을 이용하여 영향력 있는 노드나 노드 분리와 같은 작업을 수행하는 기법입니다.

- **텍스트 마이닝(Text Mining)** : 페이스북이나 포털 텍스트 정보를 이용하여 단어 사이 연관관계를 파악하는 기법입니다.
- **시계열 분석(Time Series Analysis)** : 시간을 축으로 데이터 흐름이나 동향을 분석하고 예측하는 기법입니다.
- **회귀 분석(Regression Analysis)** : 독립 변수와 종속 변수 사이 연관관계를 함수로 표현하고, 이것을 이용해 예측하는 기법입니다.

|05| 데이터 활용 진화 방향

빅데이터는 다음 그림에서 확인할 수 있는 바와 같이 향후 예측을 중심으로 하는 방향으로 발전할 것으로 예상합니다. 예측을 위한 많은 기법들이 이 책에 소개되어 있으므로, 그것을 활용하면 됩니다.

향후에, 이 책에서 일부만 다루는 딥러닝을 이용한 예측 분야도 많이 활용될 것입니다. 데이터 분석 전문가가 알아야 하는 딥러닝은 R에서 제공하는 정도면 충분합니다. 데이터 분석 전문가가 이미지 인식(CNN)을 한다거나 자동 번역(RNN)을 하는 경우는 거의 없기 때문입니다.

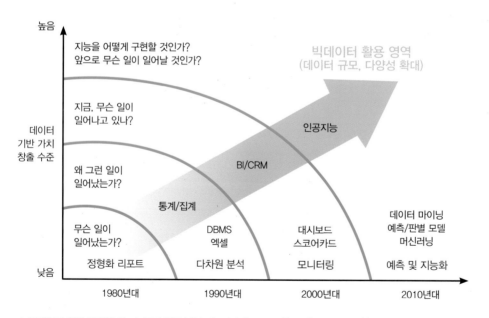

▲ 빅데이터 활용 발전(출처 : 노무라 연구소(2012), 디지에코 보고서(2017))

|06| 빅데이터 위기와 통제 방안

위기 요인	통제 방안
빅데이터를 통한 개인 사생활 침해 **예** 빅데이터를 통한 개인 일정 노출	동의제를 책임제로 변경(개인 정보 제공자의 동의에서 개인 정보 사용자의 책임으로 변경)
빅데이터를 통한 예측에 의한 문제 발생 **예** 은행 데이터를 통한 대출 거부	기존 책임 원칙을 강화
빅데이터 오용 문제 발생 **예** 잘못된 경제 지표로 사업 중단 결정	전문가 양성 및 알고리즘에 대한 접근권 허용

|07| 빅데이터의 미래

- **데이터 관점** : 미래에는 모든 것이 데이터화될 것입니다(Datafication). 그리고 데이터는 자동으로 만들어지고 관리될 것입니다.
- **분석 기술 관점** : 데이터를 분석하는 알고리즘이 다양화되고, 정교해지며, 인공지능 기술이 도입될 것입니다. 이것을 통하여 예측에 대한 부분이 강조될 것입니다.
- **인력 관점** : 데이터 과학(Data Science)에 관련된 전문 인력 수요가 증가할 것입니다.

## CHAPTER 04

데이터 사이언스

데이터 사이언스를 알아보고 업무 범위와 영역을 살펴봅시다. 데이터 분석 전문가가 알아야 하는 환경 분석과 데이터 사이언스에게 요구되는 것이 무엇인지 생각해 보겠습니다.

|01| 데이터 사이언스의 정의

- 데이터로부터 의미 있는 정보를 추출하는 학문입니다. 서로 다른 성질이나 형식의 데이터에 공통으로 있는 성질 또는 그것을 다루기 위한 기술 개발에 중점을 둡니다(출처 : 위키백과).
- 사용하는 기술은 수학, 통계학, 정보 공학, 패턴 인식, 기계 학습, 데이터 마이닝, 데이터베이스 등이 있습니다.
- 데이터 사이언스를 연구하는 사람을 데이터 사이언티스트(Data Scientist)라고 합니다.

|02| 데이터 사이언스 업무 범위

	과거에 대해	현재에 대해	미래에 대해
데이터 사이언티스트 역할	과거 내용에 대한 데이터 중심의 파악을 하고, 파악된 내용을 기반으로 목적에 부합하는 모델링과 평가 체계를 구축합니다.	현재 발생하는 일을 파악하고, 이 정보를 모델링에 반영합니다. 취해야 하는 행동에 대한 권고를 제공합니다.	개선된 모델을 통하여, 향후 발생할 상황을 예측하고, 최적화 및 시뮬레이션 수행을 통한 가이드를 제공합니다.

|03| 데이터 사이언스 영역

데이터 사이언스는 세 가지 분야를 다루게 됩니다.

- 컴퓨터 과학
- 수학과 통계학 기반의 분석력
- 비즈니스와 업무 관련 지식

데이터 사이언티스트에게 요구되는 역량은 다음과 같습니다.

- 데이터 분석 기술 및 방법론
- 스토리텔링 기술
- 커뮤니케이션 및 문서화 능력
- 비주얼라이제이션

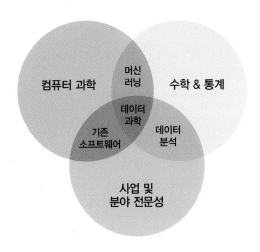

|04| 데이터 사이언스 관련 환경 분석

데이터 분석 전문가가 알아야 하는 기본적인 환경 변화 및 요구 자질을 정리합니다.

○ 외부 환경 변화

- **복잡한 세계화로 진화** : 비즈니스 환경이 다양성과 개성화로 변화하고 있습니다.
- **서비스 응대의 중요성 부각** : 제품 생산에서 서비스 중심으로 변화되고 있습니다.
- **공급자에 의한 시장 창조** : 기업 논리가 생산에서 시장 창조로 변화되고 있습니다.

○ 가치 패러다임 변화

- **1단계 디지털화(Digitalization)** : 모든 데이터의 디지털화가 수행됩니다.
- **2단계 연결(Connection)** : 인터넷과 모바일 기반의 정보 및 개인이 연결됩니다.
- **3단계 에이전시(Agency)** : 빠른 변화와 많은 데이터를 효과적으로 관리할 에이전시가 필요한 시대가 도래합니다(데이터 사이언스 시대).

○ 데이터 사이언스에게 요구되는 것

분석은 상황에 따른 가정과 관련되어 있다고 판단되는 데이터 해석에 기반을 두기 때문에 인간의 개입을 피할 수 없습니다. 그러므로 바람직한 결과를 위해서는 분석을 수행하고 해석하는 인간의 소양이 중요합니다. 특히 객관적인 입장에서 바라보는 자세가 필요합니다.

## CHAPTER 05

데이터 분석 및 기획

데이터 분석이 어떻게 진행되는지 알아보고 다양한 사례를 통해 이해를 높여 보겠습니다. 데이터 분석 기획에 대해서도 알아봅니다.

|01| 데이터 분석 과정

데이터 분석은 정의, 분해, 평가, 결정 단계를 반복해서 진행합니다.

- 문제 정의는 모든 분석의 기본입니다. 문제를 정의하기 위하여 고객으로부터 정보를 최대한 얻어야 합니다. 사실, 고객은 문제와 필요한 정보를 대부분 알고 있습니다. 단지, 자신이 안다는 것을 모르기 때문에 이것을 대화를 통해 도출해야 합니다. 문제가 정의되면 문제를 작은 단위로 분할합니다.
- 분해된 문제에 맞추어 데이터를 분석합니다. 이때, 자신의 가정을 명시적으로 밝히고 결론에 확신을 가지는 것이 중요합니다.
- 평가 및 결정은 분석가 생각을 전달하고 이를 통해 데이터를 기반으로 고객의 현명한 의사 결정을 돕는 것이지 그 이상의 의미를 가지면 안 됩니다.
- 통계나 분석을 위한 모델은 분리된 상황에 따라 다릅니다. 그러므로 분석할 대상을 정확히 구분하여 분리하는 것(멘탈 모델)이 필요합니다.

|02| 데이터 분석 과정 사례

앞에서 설명한 데이터 분석 과정에 대한 이해를 높이기 위하여 실제 사례를 들어서 설명하겠습니다.

- 고객이 '매출 향상'을 위한 방안을 의뢰하였습니다. → 분석의 시작
- 문제에 대한 상황 파악을 위해 고객과 질의응답 시간을 가졌습니다. → 문제 정의 및 분해
  - **예** 당신이 말하는 매출은 전체인가요? 아니면 특정 제품인가요? 특정 지역인가요?
    매출 향상은 어느 정도까지가 향상이라고 할 수 있나요?
    매출 향상을 원하는 이유가 무엇인가요?
    매출 향상을 위한 좋은 방안은 무엇이라고 생각하나요?

현재 매출 향상을 위해 사용하는 방법은 무엇인가요?

예산은 어느 정도 사용하나요?

경쟁사의 상세 매출 정보를 얻을 수 있나요?

- 요구사항을 명확히 정의한 이후 정의된 것을 달성하기 위하여 문제를 분해합니다.

  질문을 통하여 고객이 매출 향상을 원하는 제품이 자사의 '아이워시'인 것을 파악했습니다. → 문제의 정의 완료

  '아이워시' 제품 특징을 분석하고, 제품에 관련된 아래 사항에 분석의 초점을 맞추어 자료를 찾고 정리합니다. → 문제의 분해

  예 제품 고객층 : 나이대, 성별, 지역별(서울/지방, 도심/외곽)

  제품 광고 방법 : 현재 수행하고 있는 광고 조사

  제품이 현재 사용하는 프로모션

  제품의 가격 정책 : 가격대 분석, 할인 비율, 중간 상인 마진율

  제품의 사후 지원

  제품의 디자인 : 크기, 색상, 사용 방법

  제품에 대한 고객 불만 정리

- 분석가의 가정을 명시적으로 밝히고, 데이터에 근거하여 결론을 내립니다. → 상황 평가 후 결론
  - 이 단계에서 분석가는 상황 분석을 위한 자신의 시각을 가져야 합니다(멘탈 모델).
  - 만약 '아이워시' 매출이 문제인 경우, 가격 정책을 분석할 때는 가격 변동에 따른 매출 변화를 중점적으로 보아서, 가격 변동에 따른 재고 및 매출 변화를 분석해야 합니다. 일반적인 재고 변화에 대한 자료나, 전체 매출 변화 자료는 가격 정책을 분석하는 현 멘탈 모델에서는 의미가 없다는 점을 기억해야 합니다.
  - 분석가가 분석을 위한 목표나 방향이 불확실한 것 때문에 어려움을 느끼는 경우는 대부분 문제 정의와 분해가 제대로 되지 않은 것입니다. 그리고 분석 중에 발생하는 불확실한 자료는 반드시 구체화를 통해 명확하게 만들어야 합니다.

- 분석가의 결론을 문서 형태로 정리하여 제출합니다. → 결정된 사항의 정리(결정)

  분석가는 자신이 정의한 문제, 분해, 데이터, 분석 과정과 자신의 결론을 문서로 정리하여 제출합니다. 여기까지가 분석가의 역할입니다. 이것이 도움이 될지 아닐지 여부는 고객이 결정하는 것입니다.

- 새로운 상황이 발생하면 앞의 과정을 다시 반복합니다.

|03| 데이터 분석 기획의 정의

실제 분석을 수행하기에 앞서 분석을 수행할 과제 정의 및 의도한 결과를 도출할 수 있도록 하는 방안을 사전에 계획하는 것입니다. 분석은 분석 대상(What)과 방법(How)에 따라 네 가지로 나눌 수 있으며, 각 분류별로 취하는 행동도 구분합니다.

분석 대상(What)		
	Known	Un-Known
분석 방법(How) Known	Optimization	Insight
분석 방법(How) Un-Known	Solution	Discovery

- 분석 방법을 알고, 분석 대상을 알면, 분석을 수행하고 최적화(Optimization)한다.
- 분석 방법을 알고, 분석 대상을 모르면, 분석가의 통찰력(Insight)이 필요하다.
- 분석 방법을 모르고, 분석 대상을 알면, 적절한 해법(Solution)을 찾아본다.
- 분석 방법을 모르고, 분석 대상도 모르면, 다양한 시도를 통해 구체화한다(Discovery).

▲ 데이터 분석 기획 분류

- 분석을 목표 시점별로 분류하면, 단기 목표를 대상으로 하는 '과제 중심적인 접근 방식'과 장기적인 접근을 수행하는 '장기 마스터 플랜 방식'으로 구분할 수 있습니다.

	과제 중심적인 접근 방식	장기 마스터 플랜 방식
1차 목표	빠른 분석과 결론	정확성과 적용성
과제의 유형	빠른 결론과 효과	장기적인 관점
접근 방식	주어진 문제의 해결	궁극적인 문제의 정의

의미 있는 분석을 위하여 분석가가 갖추어야 할 조건은 다음과 같습니다.

- 분석 기술 및 IT 관련 기술
- 분석 주제에 대한 전문성
- 수학과 통계 분야에 대한 전문 지식

여기까지가 분석가의 3대 기본 역량이며, 추가할 것은 다음과 같습니다.

- 분석 대상을 다양한 분석 주제에 맞게 분리하는 것
- 분석가의 관리 역량(Project Management)과 리더십(Leadership), 의사소통 기술

분석 기획을 수행할 때 고려할 사항입니다.

- 분석을 위한 데이터 확보(Available Data)
- 분석을 위한 참고 자료 탐색(Proper Business Use Case)
- 장애 요소에 대한 사전 계획 수립(Low Barrier of Execution)

## CHAPTER 06

데이터 분석 방법론

방법론은 복잡하고 다양한 사람이 관여하는 환경에서 사용할 수 있는 절차와 방법을 정리한 것입니다. 다양한 데이터 분석 방법론을 알아보겠습니다.

|01| 방법론의 구성 요소와 모델 및 진행

○ 방법론 구성 요소

방법론은 다음과 같은 것들로 구성됩니다.

- 상세한 절차
- 실행 방법
- 도구와 기법
- 템플릿과 산출물

○ 방법론 특성에 따른 모델

- **폭포수 모델(Waterfall Model)** : 모델 각 단계를 순차적으로 진행하는 방법입니다. 앞 단계가 완료되어야 다음 단계를 시작할 수 있습니다.
- **나선형 모델(Spiral Model)** : 반복을 통해 점증적으로 개발하는 방법입니다. 일부를 만들고 고객 의견을 받은 다음, 기능을 개선, 보완, 확장하여 다시 고객의 의견을 받는 과정을 반복합니다.
- **프로토타입 모델(Prototype Model)** : 고객 요구가 명확하지 않은 경우, 일부를 개발하여 고객의 의견을 받고, 이것을 기반으로 개발하는 모델로, 초기 개발에 주로 사용합니다.

○ 방법론 진행

주어진 업무를 단계(Phase)−태스크(Task)−스텝(Step)/Activity로 분리하고 단위 업무를 식별한 다음 WBS(Work Breakdown Structure)를 구성하여 진행합니다.

|02| 데이터 분석 방법론

방법론 중 데이터 분석을 위해 고안된 방법론을 말합니다. 사용되는 방법론은 다음과 같습니다.

- KDD 분석 방법론
- CRISP-DM 분석 방법론
- 빅데이터 분석 방법론

|03| KDD 분석 방법론

Knowledge Discovery in Database의 약자로서 1996년 Fayyard가 프로 파일링을 기반으로 데이터베이스로부터 통계적 패턴이나 지식을 찾기 위한 방법을 체계적으로 정리한 것입니다.

○ KDD의 9개 프로세스

- 분석할 비즈니스 도메인 이해
- 분석할 데이터의 선택과 생성
- 데이터에 대한 정제 작업(노이즈나 결측치의 제거)
- 분석 목적에 맞는 변수를 찾고, 필요할 때 데이터의 차원을 축소 및 변경
- 분석 목적에 맞는 데이터 마이닝 기법 선정
- 분석 목적에 맞는 데이터 마이닝 알고리즘 선정
- 데이터 마이닝 수행
- 데이터 마이닝 결과 해석
- 발견된 지식 활용

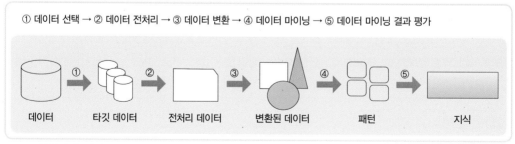

① 데이터 선택 → ② 데이터 전처리 → ③ 데이터 변환 → ④ 데이터 마이닝 → ⑤ 데이터 마이닝 결과 평가

데이터   타깃 데이터   전처리 데이터   변환된 데이터   패턴   지식

▲ KDD 분석 절차 5단계

|04| CRISP-DM 분석 방법론

Cross Industry Standard Process for Data Mining의 약자로서 1996년 유럽 다섯 개 업체들이 주도하여 만든 것입니다. 총 여섯 단계로 이루어져 있으며, 각 단계가 피드백에 의해 완성도를 높일 수 있도록 구성되어 있습니다.

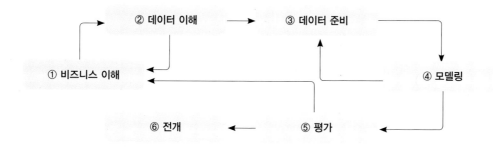

|05| 빅데이터 분석 방법론

빅데이터를 분석하기 위한 방법론은 계층적 프로세스 모델 형태를 가지며, 3계층으로 구성됩니다.

3계층은 단계-태스크-스텝으로 구성됩니다. 각 단계는 여러 태스크로 구성되며, 태스크는 여러 개의 스텝으로 구성됩니다.

빅데이터 분석을 위한 단계는 다음과 같습니다.

분석 기획	데이터 준비	데이터 분석	시스템 구현	평가 및 전개
• 비즈니스 이해 • 범위 설정 • 프로젝트 정의 • 프로젝트 계획 수립 • 프로젝트 위험 계획 수립	• 필요 데이터 정의 • 데이터 스토어 설계 • 데이터 수집 및 적합성 점검	• 분석용 데이터 준비 • 텍스트 분석 • 탐색적 분석 • 모델링 • 모델 평가 및 검증 • 모델 적응 • 운영 방안 수립	• 설계 및 구현 • 시스템 테스트 • 시스템 운영	• 모델 발전 계획 수립 • 프로젝트 평가 • 프로젝트 보고

## CHAPTER 07

분석 과제 발견

분석할 과제 발견은 문제에 대한 해답을 구하기 위하여 여러 과정을 단계별로 수행하는 방식인 하향식 접근 방법과, 문제를 정의하기 어려운 경우 데이터를 바탕으로 문제를 정의하고 해결 방안을 찾는 과정을 반복하여 지속적으로 개선하는 방식인 상향식 접근 방법으로 나누어 생각할 수 있습니다.

|01| 하향식 접근 방법

하향식 접근 방법(Top-Down Approach)은 문제 탐색, 문제 정의, 해결 방안 탐색, 타당성 검토의 네 단계를 거쳐서 이루어집니다.

|02| 상향식 접근 방법

- 데이터 분석을 통하여 필요한 지식과 문제를 발견하는 방식입니다.
- 데이터의 연관성, 유사성 등을 이용하여 잠재되어 있는 문제를 발견하는 방식입니다.

- 시행착오를 통하여 문제를 해결하는 방식으로, 프로토타이핑(모델의 생성, 평가, 개선 과정을 순환하는 방식) 접근법을 사용합니다.

|03| 분석할 과제의 정의

분석할 과제를 정의하는 것은 필수 과정입니다. 분석 과제 정의서는 다음 내용을 포함해야 합니다.

- 과제명
- 과제 중 분석할 것(분석명) 및 분석의 상세 내용(분석 정의)
- 소스 데이터
- 분석 방법
- 데이터 입수 및 분석의 난이도
- 분석 수행 주기
- 분석 결과에 대한 검증 주체
- 상세 분석 과정 정리

|04| 분석 프로젝트 관리 방안

분석 프로젝트는 다른 프로젝트 유형처럼 범위(Scope), 일정(Schedule), 품질(Quality), 원가(Cost), 통합(Integration), 조달(Procurement), 자원(Resource), 위험(Risk), 의사소통(Communication), 이해관계자(Stakeholder)에 대한 영역별 관리가 수행되어야 할 뿐 아니라, 다음 다섯 가지 속성에 대한 추가 관리가 필요합니다.

|05| 분석 프로젝트 추가 관리 대상

- 데이터 크기(Data Size)
- 데이터 복잡성(Data Complexity)
- 속도(Speed)
- 분석 복잡성(Analytic Complexity)
- 정확성과 정밀성(Accuracy and Precision)

## CHAPTER 08

분석 마스터 플랜과 분석 거버먼트

분석 프로젝트를 위한 마스터 플랜 수립 프레임워크와 분석 거버먼트를 알아보겠습니다. 분석 마스터 플랜은 '적용 우선순위 결정'을 진행한 다음 이것을 바탕으로 '분석 및 구현 로드맵 수립' 과정을 진행합니다.

|01| 분석 마스터 플랜

'전략적 중요도'와 '업무 성과/ROI(Return On Investment, 투자 대비 효과)', '실행 편리성'을 고려한 우선순위 결정에서 중요한 것은 '시급성'과 '난이도'입니다. 이것에 따라 분석 프로젝트는 I, II, III, IV로 나누어 생각할 수 있습니다.

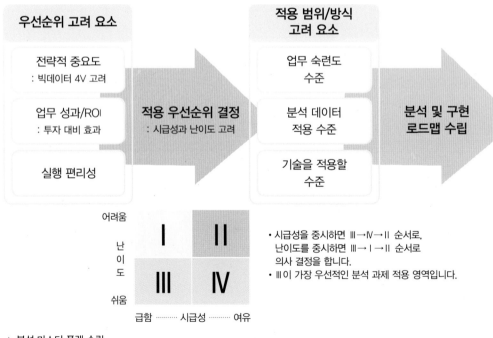

▲ 분석 마스터 플랜 수립

앞의 그림의 의미는 급하게 수행해야 하는 경우에 계획을 수립할 때 다음 순서로 수행하라는 의미입니다.

- 급하고 쉬운 것
- 쉽고 여유 있는 것
- 어렵고 여유 있는 것
- 급하고 어려운 것

설정된 기준에 의해 일정 계획을 수립하여 공유해야 합니다. 일정 계획에 대한 예는 다음과 같습니다.

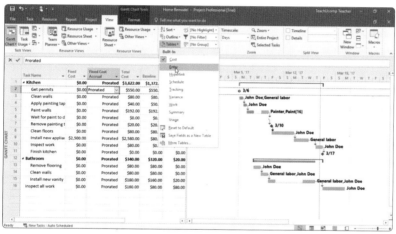

▲ MS-Project에서 일정 관리 계획을 수립한 예

웹 사이트 구축 일정

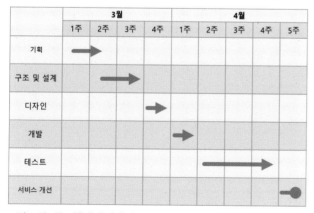

▲ 간트 차트를 이용해서 일정 관리 계획을 수립한 예

|02| 분석 거버넌스 체계

수요를 창출하는 시대에서 각 기업이 자신의 수준이나 목적에 맞추어 데이터를 활용하는 것은 기업의 경쟁력과 연결되는 과정으로, 기업에서 체계적인 데이터 관리는 필수 요구사항입니다.

이를 위해 기업 내부에 전문 조직과 인력을 양성하고 교육을 수행하는 과정이 필요합니다.

최종적으로 이러한 노력이 기업 문화로 내재화되도록 구성원의 사고를 변하게 하는 노력이 필요합니다. 이런 일련의 과정을 거버넌스 체계라고 합니다.

◉ 분석 거버넌스 체계 구성 요소

- 분석 기획 및 관리 수행 조직
- 과제 기획 및 운영 프로세스
- 분석 시스템
- 데이터
- 분석 교육 및 마인드 육성

이번 파트에서는 데이터 분석 전문가가 알아야 하는 기본 이론을 정리하였습니다. 이론은 데이터 분석 전문가를 유식하게 만들어 주는 역할을 합니다. 어느 정도 이해를 기반으로 암기할 필요가 있습니다.

다음 질문에 답을 구해 보고, 부족하다면 본문 내용을 확인하여 정확히 정리하기 바랍니다.

1 데이터는 무엇을 말하는가?

2 데이터와 정보는 무엇이 다른가?

3 요즘 유행하는 빅데이터를 정의하시오.

4 데이터 사이언스란 무엇을 말하는가?

5 데이터 분석의 과정을 정리하고, 실제 사례를 들어 보시오.

6 데이터 분석 기획은 어떻게 분류할 수 있는가?

7 데이터 분석 방법론의 종류와 특징을 정리하시오.

8 분석할 과제를 찾는 방법에 대하여 설명하시오.

9 분석할 과제의 정의에 필요한 요소는 무엇이 있는가?

10 분석 마스터 플랜 수립 절차에 대하여 설명하시오.

※ [복습]에 대한 답변은 정보문화사 홈페이지에서 예제 소스와 함께 확인할 수 있습니다.

데이터 분석 전문가로서 사용할 도구인 R을 설치하고 사용하는 방법을 알아봅니다. 다른 제품과 차별화되는 데이터 타입 및 프로그래밍 기능을 실습을 통해 학습하겠습니다.

이후에는 데이터 관리, 분석, 조정을 위하여 필요한 핵심 명령어를 공부하겠습니다. 이 책에서 소개하는 핵심 명령어는 실무에서 거의 매번 사용하는 것입니다. 정확하게 이해하고 활용할 수 있는 능력을 기르는 것이 중요합니다.

23개의 핵심 명령어를 학습한 다음에는 기본적으로 제공되는 명령어 외에 추가적인 기능을 제공하는 유명한 두 개의 패키지를 학습하게 됩니다. 두 개의 패키지는 자주 사용되기도 하지만, 다른 사람의 프로그램을 읽는 과정에서도 필요합니다. 잘 학습하기 바랍니다.

좋은 데이터 분석 전문가가 되려면 좋은 도구를 잘 사용해야 합니다. R은 좋은 도구입니다. 단순히 명령어를 많이 아는 것보다 명령어를 자유자재로 사용할 수 있도록 익히는 것이 중요합니다. 특수한 경우가 아니면 이 책에서 소개하는 명령어와 패키지만으로도 거의 모든 분석 작업을 할 수 있습니다.

지루하지 않게 설명은 최소한으로 줄이고, 실습을 통하여 익힐 수 있도록 내용을 구성하였습니다.

R 기초 사용법

## CHAPTER 01

소개 및 환경 구성

R은 오클랜드 대학교의 로스 이하카(Rose Ihaka)와 로버트 젠틀맨(Robert Gentleman)이 개발하였으며, 'www.r-project.org'에서 관련된 정보와 제품을 다운로드할 수 있습니다.

|01| R 설치

웹 브라우저에서 'www.r-project.org'로 이동하고 왼쪽 메뉴의 Download 항목에서 'CRAN'을 클릭합니다. 홈페이지 정책에 따라 화면 및 지원 기능이 바뀔 수 있습니다.

오픈 소스이므로 다양한 사이트에서 R 다운로드를 제공합니다.

한국어 버전으로 설치하려면 Korea 항목에서 임의의 링크를 클릭합니다. 트래픽 분산을 위해 다양한 사이트에 있는 것으로, 어떤 링크를 클릭해도 좋습니다.

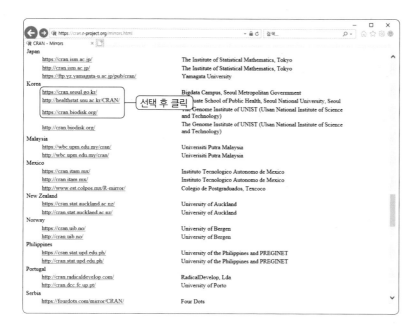

운영체제에 맞는 링크를 클릭하고 'install R for the first time'을 클릭하여 파일 다운로드를 진행합니다.

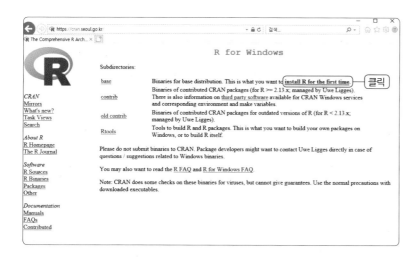

다운로드된 파일을 실행하여 R을 설치합니다.

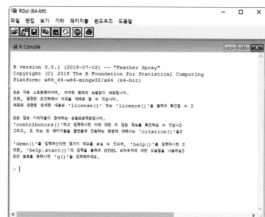

▲ R 설치 후 MDI 모드의 실행 화면

R은 수행할 때 운영체제 비트에 맞는 R을 관리자 모드로 실행해야 합니다. R 프로그램 아이콘을 마우스 오른쪽 버튼으로 클릭하고 [관리자 권한으로 실행]을 실행하여 관리자 모드로 수행합니다.

R은 대화형 모드와 배치 모드 두 가지가 지원됩니다.

• **대화형 모드** : 실시간으로 입력하고 결과를 확인하는 기능입니다.

• **배치 모드** : 수행하고자 하는 것을 파일로 만들고, 이것을 수행하는 기능입니다(반복할 때 유효).

|02| 배치 모드 실행

❶ R을 실행합니다.

❷ 저장하거나 읽어올 디렉터리 위치를 설정합니다.

　　예 >setwd("c:/temp")

❸ [파일]–[새 스크립트]를 실행합니다. 별도의 창이 표시됩니다.

❹ 새로 열린 윈도우에 실행할 R 명령을 차례대로 입력합니다.

❺ 새로 열린 윈도우를 선택한 상태에서, [편집]–[전부 실행하기]를 실행하면 입력된 명령어들이 순차적으로 실행됩니다.

❻ 새로 열린 창의 내용을 다음에 다시 사용하고 싶다면, 새로 열린 창을 선택한 상태에서 [파일]–[저장하기]를 실행합니다.

❼ 이후, 저장된 스크립트를 불러오고 싶으면 [파일]–[스크립트 열기]를 실행하면 됩니다.

배치 모드는 반복적인 키보드 입력에 대한 부담을 덜어 주는 기능입니다. 독자의 학습을 위해 이 책에서는 잘 사용하지 않지만, 실제 분석을 수행할 때는 대부분의 경우에 배치 모드로 만들어서 실행하는 것이 효과적입니다.

R은 기본 프로그램을 다운로드하여 설치한 다음, 다양한 분석 수행 중에 필요한 것이 있으면 추가로 다운로드하여 설치하는 형태로 운영됩니다.

소스 : 예제\2_01.R

```
> search()     // 현재 수행 중인 R이 로드한 패키지 목록을 보여 준다.
[1] ".GlobalEnv"         "package:stats"      "package:graphics"
[4] "package:grDevices"  "package:utils"      "package:datasets"
[7] "package:methods"    "Autoloads"          "package:base"
> install.packages("igraph")    // igraph 패키지를 설치한다.
……
> library(igraph)    // 설치된 igraph 패키지를 로드한다.
……
> search()    // igraph 패키지가 로드되었음을 확인한다.
 [1] ".GlobalEnv"         "package:igraph"     "package:stats"
 [4] "package:graphics"   "package:grDevices"  "package:utils"
 [7] "package:datasets"   "package:methods"    "Autoloads"
[10] "package:base"
```

|03| R 수행 조정 사항

R을 수행할 때 몇 가지 사항들을 조절할 수 있습니다.

- R 콘솔 창 폰트를 변경할 수 있습니다.
  - R을 설치한 디렉터리에서 etc/Rconsole 파일을 엽니다.
  - 파일 내용 중에서 font와 points를 변경하면, 폰트와 크기가 변경됩니다.
  - 예 fonts = TT Courier New → fonts = TT MS Gothic으로 바꿉니다.

    points = 20 → points = 12로 바꿉니다.
- R을 MDI(다중 문서 인터페이스)에서 운영하지 않을 수 있습니다. 다음 옵션을 설치하면 별도의 윈도우가 구동되므로 사용하기 편리합니다(저자의 생각에는 MDI에서 사용하지 않는 것이 좀 더 편한 것 같습니다).
  - R을 설치한 디렉터리에서 etc/Rconsole 파일을 엽니다.
  - MDI=no 앞에 있는 #을 삭제합니다.

## CHAPTER 02

기초 사용법

R 기초 사용법을 익히기 위해 다양한 예제를 실습해 보겠습니다. R을 계산기처럼 사용해 보고, 변수를 정의하고 사용해 봅니다. R에서 기본적으로 제공하는 데이터 세트도 사용해 보고 데이터를 저장하고 읽어 보겠습니다.

|01| R을 계산기처럼 사용

단순한 연산을 해 보고, 연산자의 종류를 알아본 다음 실제 적용해 보겠습니다. R에서 제공하는 수학 함수도 알아보겠습니다. 이러한 방법으로 R을 계산기처럼 사용할 수 있습니다.

소스 : 예제\2_02.R

```
> #                    // 주석을 넣고자 하는 경우에는 앞에 #을 붙인다.
> 1+2                  // 1+2를 계산한다.
[1] 3
> (11+54-13)*75/3      // 주어진 식을 계산한다.
[1] 1300

> # R에서 지원하는 연산자의 종류이다.
> # +, -, *, /         // 기본 연산자이다.
> # %/%                // 나눗셈의 몫을 구한다.
> # %%                 // 나눗셈의 나머지를 구한다.
> # **                 // 거듭제곱을 구한다.
> 7 %% 2               // 나눗셈의 나머지를 구한다.
[1] 1
> 7 %/% 2              // 7 나누기 2의 몫을 구한다.
[1] 3
> 2 ** 3               // 2의 3승을 구한다.
[1] 8
> sqrt(4)              // 루트 4를 구한다.
[1] 2

> # R에서 제공하는 수학 함수의 종류이다.
```

```
> # sin(x), cos(x), tan(x), sinh(x), asin(x) - 삼각 함수 계산
> # log(x), log10(x), log2(x) - 로그 계산
> # exp(x)
> # sqrt(x) - 루트 계산, trunc(x) - 소수점 이하를 버림
> quit()   // R의 종료
```

|02| 변수 정의 및 사용

변수를 할당하고 다양한 방법으로 활용 및 편집해 봅니다. 문구를 출력하고 내용을 저장하는 디렉터리를 지정해 보겠습니다.

소스 : 예제 \2_03.R

```
> rm(list=ls())       // 현재 로드된 R에 선언된 모든 변수를 지운다.
> ls()                // 현재 사용 중인 변수의 목록을 보여 준다.
character(0)          // 현재 사용 중인 변수가 없다.
> x <- 2              // x 변수를 선언하고, 2를 할당한다.
> x                   // 변수 x의 값을 확인한다.
[1] 2
> (k <- 3)            // 새로운 변수 k를 선언하고 3을 할당한 다음 k의 값을 보여 준다.
[1] 3
> z <- x+k            // 변수 x(2)와 k(3)의 값을 합해서 z에 할당한다.
> ( m <- x+k )        // 변수 x(2)와 k(3)의 값을 합해서 m에 할당하고, 값을 보여 준다.
[1] 5
> ls()                // k, x, z, m 변수가 사용 중임을 확인한다.
[1] "k" "m" "x" "z"
> rm(x)               // 사용 중인 변수 x를 지운다.
> ls()                // 변수 x가 지워진 것을 확인한다.
[1] "k" "m" "z"
> cat("I love you")   // 괄호 안의 내용을 화면에 출력한다.
I love you>           // 화면에 내용을 출력한 후에, 프롬프트가 이어서 보인다.
> cat("I love you \n")
// 화면에 내용을 출력한 후에, 새로운 라인에서 프롬프트가 보인다.
I love you
> setwd("c:/temp")    // 작업한 내용을 저장하는 디렉터리(위치)를 지정한다.
> getwd()             // 현재 설정된 파일의 저장 디렉터리를 확인한다.
[1] "c:/temp"
```

rm()	변수를 지우는 명령어이다.
ls()	현재 선언해서 사용 중인 변수 리스트를 확인한다.
cat("[텍스트]")	텍스트를 화면에 출력한다.
\n	출력할 때 새로운 줄을 만든다.
setwd("[경로]")	R이 작업할 파일을 찾는 위치를 설정한다.
getwd()	현재 설정된 작업할 파일 위치를 보여준다.

|03| 데이터 세트 사용

R에는 별도로 호출하지 않아도 분석할 수 있는 데이터 세트가 있습니다. 대표적인 데이터가 iris나 warpbreaks 등입니다. 데이터 세트를 분석 및 할당하며 자유자재로 사용해 봅시다.

소스 : 예제 \2_04.R

```
> head(iris)          // iris 데이터의 앞부분을 보여 준다.
> tail(iris)          // iris 데이터의 뒷부분을 보여 준다.
> View(iris)
// iris 데이터 내용을 새 윈도우를 열어서 테이블 형태로 보여 준다.
> summary(iris)       // iris 데이터의 기본 통계량을 보여 준다.

> data(warpbreaks)    // warpbreaks 데이터를 사용하겠다는 선언이다.
> head(warpbreaks)    // warpbreaks 데이터 앞부분을 보여 준다.
  breaks wool tension
1    26    A      L
2    30    A      L
3    54    A      L
4    25    A      L
5    70    A      L
6    52    A      L
> str(warpbreaks)     // warpbreaks 데이터 구성을 보여 준다.
'data.frame':    54 obs. of  3 variables:
 $ breaks : num  26 30 54 25 70 52 51 26 67 18 ...         // num은 숫자
 $ wool   : Factor w/ 2 levels "A","B": 1 1 1 1 1 1 1 1 1 1 ...    // A, B로 구성
 $ tension: Factor w/ 3 levels "L","M","H": 1 1 1 1 1 1 1 1 1 2 ... // L, M, H로 구성
(factor형이므로 L은 1로, M은 2로, H는 3으로 인식)
```

```
> attach(warpbreaks)    // warpbreaks를 고정으로 사용하겠다는 의미이다. detach() 명령어를 수행할 때까지 유효
                          하다.
```

```
> num <- factor(tension)
```
// warpbreaks 중 tension 부분을 Factor로 변환해서 num에 할당
```
> str(num)    // 만들어진 num의 모습을 확인
 Factor w/ 3 levels "L","M","H": 1 1 1 1 1 1 1 1 1 2 ...
```

```
> num2 <- factor(breaks)
```
// warpbreaks 중, 숫자 형태인 breaks를 factor로 변환해서 num2에 할당
```
> str(num2)    // factor로 변환된 num2를 확인
 Factor w/ 31 levels "10","12","13",..: 14 18 29 13 31 28 27 14 30 8 ...
```

```
> num3 <- as.numeric(breaks)    // as.character는 데이터를 문자로 변환하는 명령으로, warpbreaks 중 숫자
                                   인 breaks를 숫자로 변환해서 num3에 할당
> str(num3)    // num3가 숫자 형임을 확인
 num [1:54] 26 30 54 25 70 52 51 26 67 18 ...
```

```
> num3    // num3가 warpbreaks 중 breaks 부분을 전부 가져왔음을 확인
......
```

```
> detach(warpbreaks)    // warpbreaks 데이터를 메모리에서 지워 버림
```

```
> num3 <- as.numeric(breaks)    // detach되었으므로 데이터를 찾을 수 없음
에러: 객체 'breaks'를 찾을 수 없습니다.
```

명령어 정리

head([데이터 이름])	iris 데이터 앞부분 여섯 개를 보여 준다.
tail([데이터 이름])	iris 데이터 마지막 부분 여섯 개를 보여 준다.
View([데이터 이름])	엑셀과 유사한 창을 열고, iris 데이터를 보여 준다.
summary([데이터 이름])	iris 데이터를 구성하는 항목의 기초 통계량을 보여준다(최솟값, 1/4값, 중간값, 평균, 1/3값, 최댓값).
data([데이터 이름])	iris 데이터를 사용하겠다는 선언을 한다.
str([데이터 이름])	iris 데이터의 구성과 자료형을 보여준다.
attach([데이터 이름])	iris 데이터를 고정시켜서 사용한다. detach할 때까지 유효하다.
factor([데이터 구성])	iris 데이터를 팩터(factor)형으로 변환한다.
as.numeric([데이터 구성])	breaks 데이터를 숫자로 변환한다.
detach([데이터 이름])	iris 데이터를 메모리에 고정한 것을 해제한다.

|04| R에서 데이터를 파일에 저장하고 읽어 오기

○ 사용하는 변수나 데이터를 저장하고 사용하는 예

저장 디렉터리를 설정하고 100개의 숫자를 x 변수에 할당한 다음 확인해 봅니다. x 변수를 저장하고 지운 다음 다시 읽어와 보겠습니다.

소스 : 예제\2_05.R

```
> setwd("c:/temp")              // 작업할 내용을 저장할 디렉터리 설정
> x <- 1:100                    // 1~100까지의 숫자를 x 변수에 할당
> x                             // x 변수에 할당된 값 확인
 [1]   1   2   3   4   5   6   7   8   9  10  11  12  13  14  15  16  17  18  19
[20]  20  21  22  23  24  25  26  27  28  29  30  31  32  33  34  35  36  37  38
[39]  39  40  41  42  43  44  45  46  47  48  49  50  51  52  53  54  55  56  57
[58]  58  59  60  61  62  63  64  65  66  67  68  69  70  71  72  73  74  75  76
[77]  77  78  79  80  81  82  83  84  85  86  87  88  89  90  91  92  93  94  95
[96]  96  97  98  99 100

> save( x, file="number.Rdata")   // x 변수의 값을 "number.Rdata"로 저장
> rm(x)                           // x 변수를 지움
> ls()                            // x 변수가 지워짐을 확인
[1] "num"          "num2"        "num3"          "warpbreaks"
> load("number.Rdata")            // 파일 내용을 읽어 옴
> ls()                            // x 변수가 다시 설정됨을 확인
[1] "num"          "num2"        "num3"          "warpbreaks" "x"
```

명령어 정리

save(x, file="[파일 이름].Rdata")	변수 x를 파일에 저장한다.
load("[파일 이름].Rdata")	파일 내용을 읽어 온다.

○ 데이터를 CSV 형태로 만들고 저장하고 읽어 오는 예

데이터를 콤마(,)로 구분하는 CSV 형태로 만들 수 있습니다. 다음은 과일명, 과일값, 과일 수량을 이용하여 데이터 프레임을 만들고, 이것을 콤마로 구분하는 CSV 형태의 파일로 저장한 다음 읽어 오는 예입니다.

```
> no <- c(1,2,3,4)    // 아직 배우지 않았지만, 1,2,3,4를 no에 할당
> name <- c("Apple", "Banana", "Peach", "Cherry")    // 과일 이름을 name에 할당
> price <- c(100, 200, 300, 400)    // 숫자를 price에 할당
> qty <- c(5,7,2,9)    // 숫자를 qty에 할당


> fruit <- data.frame(No=no, Name=name, Price=price, Qty=qty)
// 앞의 네 개의 데이터를 묶어서 테이블 형태를 만든다.
> fruit    // 데이터 모양을 확인
  No   Name Price Qty
1  1  Apple   100   5
2  2 Banana   200   7
3  3  Peach   300   2
4  4 Cherry   400   9
> ls()    // fruit 변수가 있음을 확인
[1] "fruit"      "name"       "no"         "num"        "num2"
[6] "num3"   ·   "price"      "qty"        "warpbreaks"

> write.csv(fruit, file="fruit.csv")    // 테이블 형태 데이터를 write.csv로 저장
> rm(fruit)    // fruit 변수를 지움
> ls()    // fruit 변수가 지워졌음을 확인
[1] "name"       "no"         "num"        "num2"       "num3"
[6] "price"      "qty"        "warpbreaks"

> fruit <- read.csv("fruit.csv")    // fruit.csv 파일의 내용을 읽어서 fruit 변수에 할당
> fruit    // 변수가 다시 만들어진 것을 확인
  X No   Name Price Qty
1 1  1  Apple   100   5
2 2  2 Banana   200   7
3 3  3  Peach   300   2
4 4  4 Cherry   400   9
```

명령어 정리	
data.frame()	() 안의 데이터를 데이터 프레임 형으로 만든다.
[파일 이름].csv([데이터], file="[데이터 파일].csv")	[파일 이름]의 [데이터]를 [데이터 파일]에 저장한다.
read.csv("[파일 이름]")	파일을 읽는다.

○ 배치에서 작업하는 내용을 파일에 저장하는 예

작업한 내용을 파일로 저장하는 방법을 알아보겠습니다(Temp 폴더가 숨겨져 있어 보이지 않는 경우 탐색기 경로 표시줄에서 입력하여 찾아보세요).

소스 : 예제\2_07.R

```
> setwd("c:/temp")        // 작업할 내용을 저장할 디렉터리 설정
> sink("output.txt")
                          // 사전에 지정된 디렉터리에 'output.txt'라는 이름의 파일을 만듦. 이후에 작업하는 모든
                             결과를 저장(화면에 안 보임). 배치 작업을 할 때 유용한 기능
> cat("I love you\n")     // output.txt에 'I love you' 저장
> sink()        // sink 설정을 풀고 원 위치로 돌아감
```

명령어 정리

sink("[파일 이름]")	이후에 작업하는 결과를 파일에 저장한다.
sink()	sink 설정을 해제한다.

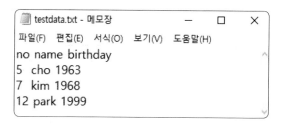

▲ 수행 결과

○ 텍스트 파일을 읽어 오는 예

예제 텍스트 파일(testdata.txt)을 다양한 방법으로 읽어와 분석해 보겠습니다. 각 단어는 공백으로 구분되어 있습니다. 이번 예제는 예제 파일 중 'testdata.txt'를 49쪽에서 소개한 setwd() 명령으로 지정한 작업 경로에 넣고 진행합니다. 이후 외부 파일은 setwd() 명령으로 지정한 경로에 넣어 사용합니다.

```
> x <- scan("testdata.txt", what="")     // setwd로 설정된 디렉터리에서 읽어 옴
Read 12 items
```

// 앞 페이지에 testdata.txt 파일의 모습이 있음(일반 TXT 파일), 데이터 사이 구분은 공백을 기준으로 수행

```
> x    // 데이터를 전체적으로 풀어서 읽어 옴, 모양 확인
 [1] "no"        "name"      "birthday" "5"        "cho"      "1963"      "7"
 [8] "kim"       "1968"      "12"        "park"     "1999"
```

```
> str(x)    // 읽어 온 데이터는 12개의 문자임을 확인, 배열과 비슷함
 chr [1:12] "no" "name" "birthday" "5" "cho" "1963" "7" "kim" "1968"  ...
```

```
> x[3]    // 읽어 온 것 중에서 세 번째를 출력
[1] "birthday"
```

// 데이터를 위와 같이 읽어 오는 것이 좋은 경우도 있다. 하지만 원래의 데이터 모양이 테이블 형태이므로 이것을 살리면서 읽고 싶다면, scan 말고, read.table 명령을 사용한다.

```
> y <- read.table("testdata.txt", header=T)    // 데이터를 살리면서 읽음
> y    // 읽어 온 데이터의 모양을 확인
  no name birthday
1  5  cho     1963
2  7  kim     1968
3 12 park     1999
> y[1,]    // 읽어 온 데이터의 첫 행을 읽어 옴, 데이터가 테이블 형태로 읽힘
  no name birthday
1  5  cho     1963
> y[,2]    // 수행해 보고 결과를 확인
> str(y)    // read.table로 읽어 온 데이터의 모양, scan과 다른 점 확인(read.table로 읽으면 테이블 형태로 읽어진다.
scan은 1차원 배열의 형태이다.)
'data.frame':   3 obs. of  3 variables:
 $ no      : int  5 7 12
 $ name    : Factor w/ 3 levels "cho","kim","park": 1 2 3
 $ birthday: int  1963 1968 1999
```

명령어 정리

scan("[파일 이름]", what="")	설정된 디렉토리에서 파일을 읽는다.
[데이터 이름][n]	벡터형으로 된 데이터에서 n번째 데이터를 뜻한다.
read.table("[파일 이름]", header=T)	테이블 형태의 데이터를 헤더를 살리면서 읽는다.
[데이터 이름][n,]	테이블형의 데이터인 y에서 n번째 열(row)을 말한다.
[데이터 이름][,n]	테이블형의 데이터에서 n번째 행(column)을 말한다.

◉ 엑셀 파일을 CSV 파일로 저장한 다음 읽어 오는 예

예제 파일 중 'exceldata.csv'를 지정한 작업 경로에 넣습니다. 'exceldata.csv'의 모양은 다음과 같습니다. CSV 파일은 콤마로 분리된 파일을 말하고, 엑셀에서 저장할 때, 문서의 타입 중에서 CSV를 선택하면 자동적으로 CSV 형태의 파일로 저장합니다. CSV 파일을 읽어 와서 조작한 다음 저장하고 나중에 사용하고 싶다면, write.csv, read.csv를 사용합니다.

소스 : 예제 \2_09.R

```
> excel <- read.csv("exceldata.csv")    // CSV 파일을 읽어서 엑셀에 저장한다.
> excel    // 읽은 데이터를 확인한다.
    no   name  birthday
1    5    cho      1963
2    7    kim      1968
3   12   park      1999
4   34   jung      2001
> excel[1,]
// 데이터가 테이블 형태로 읽혔음을 확인한다. 첫 번째 열(Row)을 보여 준다.
    no   name  birthday
1    5    cho      1963
> excel[,2]    // 두 번째 행(Column)을 보여 준다.
[1] cho  kim  park jung
Levels: cho jung kim park
> str(excel)    // 엑셀 데이터의 형을 보여 준다.
'data.frame':   4 obs. of  3 variables:
 $ no      : int  5 7 12 34
 $ name    : Factor w/ 4 levels "cho","jung","kim",..: 1 3 4 2
// 네 가지 데이터가 있다. cho, kim, park, jung은 알파벳순으로 각각 1, 3, 4, 2로 인식된다.
 $ birthday: int  1963 1968 1999 2001
```

명령어 정리

excel <- read.csv("[파일 이름]")	CSV 형 데이터를 읽어 와서 엑셀 변수에 저장한다.

## CHAPTER 03

데이터 타입

R에서 사용하는 다양한 데이터 타입과 종류들을 알아보고 벡터 데이터를 처리하는 방법을 알아보겠습니다.

|01| R에서 사용하는 데이터 타입

- R에서 일반적으로 사용하는 데이터 타입은 벡터, 행렬, 데이터 프레임, 팩터입니다.
- 스칼라(Scala) 형이 여러 개 모여서 벡터와 팩터를 구성합니다.
- 벡터(Vector)는 1차원의 형태로 여러 개 모아서 구성된 데이터입니다. 팩터(Factor)는 벡터와 비슷한데, 범주형에 주로 적용됩니다.

자료 형태	구성 차원	자료 유형	다른 형 데이터 공존 여부
스칼라(Scala)	단일	수치/문자/논리	불가
벡터(Vector)	1차원	수치/문자/논리	불가
팩터(Factor)	1차원	수치/문자	불가, 범주형 데이터
행렬(Matrix)	2차원	수치/문자/논리	불가
데이터 프레임(Data Frame)	2차원(테이블형)	수치/문자/논리	가능
배열(Array)	2차원 이상	수치/문자/논리	불가
리스트(List)	2차원 이상	수치/문자/논리	가능

○ 데이터 종류

- **범주형 데이터(Categorical Data)** : 사전에 정해진 특정 유형으로만 분류되는 경우의 데이터입니다.
  - 명목형(Nominal) : 값들 사이 크기 비교가 불가능한 데이터입니다.
    - 예 정치 성향을 좌우파로 나누는 경우
  - 순서형(Ordinal) : 값에 순서를 들 수 있는 데이터입니다.
    - 예 대, 중, 소형의 방

- **수치형 데이터(Numerical Data)** : 숫자로 되어 있는 경우의 데이터입니다.
  - 이산형(Discrete) : 이산적인 값을 가지는 데이터입니다.
    - 例 한 달 간 사고 횟수, 연간 출산율
  - 연속형(Continuous) : 연속적인 값을 가지는 데이터입니다.
    - 例 키, 체중, 혈압

다음 예시에서 breaks, wool, tension은 모두 1차원 형태의 데이터이지만, breaks는 벡터형(숫자가 여러 개 모여 있음)이고, wool은 팩터형(A, B가 여러 개 모여 있음)이라고 합니다. 당연히, tension도 팩터형입니다.

소스 : 예제 \2_10.R

```
> head(warpbreaks)      // warpbreaks 데이터의 앞부분을 보여 준다.
  breaks wool tension
1     26    A       L
2     30    A       L
3     54    A       L
4     25    A       L
5     70    A       L
6     52    A       L
> str(warpbreaks)       // warpbreaks 데이터의 구성을 보여 준다.
'data.frame':    54 obs. of  3 variables:
 $ breaks : num  26 30 54 25 70 52 51 26 67 18 ...       // num은 숫자
 $ wool   : Factor w/ 2 levels "A","B": 1 1 1 1 1 1 1 1 1 1 ...      // A, B로 구성
 $ tension: Factor w/ 3 levels "L","M","H": 1 1 1 1 1 1 1 1 2 ... // L, M, H로 구성
```

행렬(Matrix)은 2차원의 동일한 형태 데이터를 말합니다. 데이터 프레임은 2차원 데이터이지만 각 칼럼별로 다른 형의 데이터가 할당될 수 있습니다.

- **참고** : 행(Column)과 열(Row)에 대한 정리

	행 1	행 2
열 1	열 1, 행 1	열 1, 행 2
열 2	열 2, 행 1	열 2, 행 2
열 3	열 3, 행 1	열 3, 행 2

- 리스트(List)는 (키, 값)의 형태로 만들어진 데이터를 말합니다.

|02| 벡터 데이터 처리

벡터는 한 가지 종류의 스칼라 타입 데이터를 여러 개 저장한 것이며, 가장 많이 사용되는 자료형입니다.

● 벡터 데이터를 만드는 방법

벡터 데이터를 만드는 방법은 c(), seq(), req(), scan()을 이용하면 됩니다. R에서 사용되는 모든 자료형의 기본 사용법을 간단한 예를 통하여 익히도록 하겠습니다.

소스 : 예제 \2_11.R

```
> 1:10    // sequence 연산자(= : )를 이용하는 방법이다. 1~10까지 연속 만듦
 [1]  1  2  3  4  5  6  7  8  9 10
> 1:5 + 3    // 1~5까지 연속하여 만들어진 것에 각각 3을 더함
[1] 4 5 6 7 8
> ex <- c(1:10)  // 함수 c()를 이용하는 방법이다. 1~10까지 연속 만듦
> ex
 [1]  1  2  3  4  5  6  7  8  9 10
> seq(from=1, to=12, by=0.5)
// 함수 seq()를 이용하는 방법이다. 1~12까지 0.5 간격으로 연속하여 만든다.
 [1]  1.0  1.5  2.0  2.5  3.0  3.5  4.0  4.5  5.0  5.5  6.0  6.5  7.0  7.5
[15]  8.0  8.5  9.0  9.5 10.0 10.5 11.0 11.5 12.0
> rep(1:3, each=3)    // 함수 rep()를 이용하는 방법이다. 각각 세 번씩 나온다.
[1] 1 1 1 2 2 2 3 3 3
> rep(1:3, times=2, len=7)
// 1~3이 두 번 나오는데, 길이가 7이므로 1이 한 번 더 나온다.
[1] 1 2 3 1 2 3 1

> data <- scan()
// scan() 함수는 인자가 없으면 사용자 키보드에서 직접 입력받는다.
1: 12
2: 23
3: 23
4:
Read 3 items
> data
[1] 12 23 23
```

c()	c(1,2,3) 또는 c(1:10) 같은 형태로 벡터 데이터를 만든다.
seq()	시작과 끝 숫자를 정해 주면 설정한 간격으로 숫자를 만든다.
rep(1:3, each=3)	1을 세 번, 2를 세 번, 3을 세 번 만들어 벡터 데이터를 만든다.
scan()	사용자가 입력한 값을 벡터형 데이터로 만든다.

○ 벡터 데이터 생성 및 기본 함수의 사용

벡터 데이터를 만들고 평균과 범위를 구해 본 다음 정렬해 보고 개수를 출력합니다. 할당된 값을 선택하여 다른 변수에 할당해 보고 두 변수를 연결해 보겠습니다.

소스 : 예제 \2_12.R

```
> x <- c(1,2,3,4,5)    // 1,2,3,4,5를 x에 할당한다.
> x
[1] 1 2 3 4 5
> y <- c(5:1)    // 5에서 1까지 숫자를 만들어 y에 할당한다.
> y
[1] 5 4 3 2 1
> mean(x)    // x의 평균을 구한다.
[1] 3
> range(x)    // x 값의 범위를 구한다.
[1] 1 5
> sort(x, decreasing=TRUE)    // x의 값을 큰 것에서 작은 것으로 정렬한 후, 출력한다.
[1] 5 4 3 2 1
> length(x)    // x에 할당된 값의 개수를 출력한다.
[1] 5
> x    // 현재 x의 값을 확인한다.
[1] 1 2 3 4 5
> x[2]    // x의 두 번째 값을 보여 준다.
[1] 2
> xx <- x[5]    // x의 다섯 번째 값을 꺼내서 xx에 할당한다.
> xx
[1] 5

> x[3] <- 8    // 8을 x의 세 번째에 넣는다.
> x    // x의 값을 확인한다.
[1] 1 2 8 4 5
```

```
> (x[-3])    // x의 값 중에서 세 번째만 빼고 나머지를 보여 준다.
[1] 1 2 4 5
> xa <- x[-3]   // x의 값 중에서 세 번째만 빼고 나머지를 xa에 할당한다.
> xa
[1] 1 2 4 5
> x[2:4]   // x의 값 중에서 두 번째에서 네 번째 값을 뽑아서 출력한다. 다른 변수에 할당할 수 있다.
[1] 2 8 4

> x
[1]  1 2 8 4 5
> y
[1]  5 4 3 2 1
> z <- replace(x, c(2,4), c(12, 13))
// x 변수에서 두 번째를 12, 네 번째를 13으로 바꾼다.
> z
[1]   1 12  8 13  5
> w <- append(x, y)   // x와 y를 연결해서 w에 할당한다.
> w
[1]  1 2 8 4 5 5 4 3 2 1
```

명령어 정리

mean(x)	x 데이터의 평균을 구한다.
range(x)	x 데이터의 범위를 구한다.
sort(x)	x 데이터를 작은 것에서 큰 것으로 정렬한다. 반대는 decreasing=TRUE를 추가한다.
length(x)	x에 할당된 데이터 개수를 구한다.
(x[−n])	벡터형인 x에서 n번째를 빼고 나머지를 화면에 출력한다(= ()의 효과).
x[n:m]	벡터형인 x에서 n~m까지를 구한다.
replace([변수], [데이터 이름](n1,n2), c(n3, n4))	벡터형인 x에서 n1 번째는 m1, n2 번째는 m2를 할당한다.
append(x, y)	벡터형인 x, y를 합쳐서 w에 넣는다.

○ 벡터 데이터 조작

벡터 데이터를 조작하여 기본적인 사용법을 익혀 봅니다.

소스 : 예제 \2_13.R

```
> c(1,2)+c(5,4)   // 1+5, 2+4를 수행해서 결과를 보인다.
[1] 6 6
```

```
> c(1,2,3)+1    // 1, 2, 3 각각에 1을 더한다. 결과를 다른 변수에 할당할 수 있다.
[1] 2 3 4
> x
[1] 1 2 8 4 5
> x+1    // x에 할당된 값에 1을 더한다. 결과를 다른 변수에 할당할 수 있다.
[1] 2 3 9 5 6
```

◯ 벡터 데이터를 만드는 방법

다양한 간격 및 방법으로 벡터 데이터를 만드는 방법을 알아보겠습니다.

소스 : 예제 \2_14.R

```
> vector <- -5:5    // -5와 5 사이 값을 만들어 vector에 할당한다.
> vector
[1] -5 -4 -3 -2 -1  0  1  2  3  4  5
> vector2 <- c(-5, 5)    // -5와 5를 vector2에 할당한다.
> vector2
[1] -5  5
> vector3 <- c(-5:5)    // -5와 5 사이의 값을 만들어 vector3에 할당한다.
> vector3    // 만들어진 값을 확인한다.
[1] -5 -4 -3 -2 -1  0  1  2  3  4  5
> vector4 <- seq(from=-5, to=5, by=1)
// -5와 5 사이의 값을 1 단위로 만들어 할당한다.
> vector4
[1] -5 -4 -3 -2 -1  0  1  2  3  4  5
> vector5 <- seq(from=-5, to=5, by=0.5)
// -5와 5 사이의 값을 0.5 단위로 만들어 할당한다. by의 용도에 주목한다.
> vector5
 [1] -5.0 -4.5 -4.0 -3.5 -3.0 -2.5 -2.0 -1.5 -1.0 -0.5  0.0  0.5  1.0  1.5
[15]  2.0  2.5  3.0  3.5  4.0  4.5  5.0
> vector6 <- seq(15)    // 1부터 15까지 1 단위로 값을 연속하여 만들어 할당한다.
> vector6
[1]  1  2  3  4  5  6  7  8  9 10 11 12 13 14 15
```

명령어 정리	
vector <- n:m	n과 m 사이 값을 1 단위로 연속으로 만들어 vector에 할당한다.

○ 벡터 데이터 집합 연산

데이터를 만들고 집합을 연산해 봅니다.

소스 : 예제\2_15.R

```
> x <- c(1,2,3)         // x 데이터를 만든다.
> y <- c(3,5,6)         // y 데이터를 만든다.
> union(x,y)            // x, y의 합집합을 만들고 화면에 보여 준다. 다른 변수에 할당 가능하다.
[1] 1 2 3 5 6
> intersect(x,y)        // x, y의 교집합을 만들고 화면에 보여 준다.
[1] 3
> setdiff(x,y)          // x의 y에 대한 차집합을 만들고 화면에 보여 준다.
[1] 1 2
> is.element(2, x)      // 2가 x의 원소인지 검사하여 화면에 보여 준다.
[1] TRUE
> x <- c(sort(sample(1:99, 9)))   // 1과 99 사이에서 아홉 개의 데이터를 임의로 뽑아서 정렬하고 변수 x에
                                     할당한다.
> x
[1]  1 13 26 42 50 51 71 94 98
```

명령어 정리	
union(x,y)	벡터형 데이터 x, y의 합을 만든다.
intersect(x,y)	벡터형 데이터 x, y의 교집합을 만든다.
setdiff(x,y)	벡터형 데이터 x, y의 차집합을 만든다.
is.element(a, x)	a가 x의 원소인지 검사해서, TRUE/FALSE를 반환한다.
sample(n:m, l)	n~m 사이에서 한 개의 데이터를 랜덤으로 뽑아서 x에 할당한다.

○ 문자로 구성된 벡터 데이터 연산

문자형 벡터 데이터를 만들고 문자를 분석 및 재구성해 보겠습니다. grep 명령을 통해 원하는 문자가 포함된 데이터를 찾을 수도 있습니다.

소스 : 예제\2_16.R

```
> x <- c("A","B","A","D","C","F","C")    // 문자형 벡터 데이터를 만들고 x에 할당한다.
> x    // 변수 x는 아래 문자들로 구성된다.
[1] "A" "B" "A" "D" "C" "F" "C"
> unique(x)   // 벡터 데이터가 어떤 종류의 문자로 구성되었는지를 확인한다.
[1] "A" "B" "D" "C" "F"
```

```
> match(x, c("A"))    // 벡터 x의 데이터들이 A와 같은지를 하나씩 검사하고, A와 같으면 1을 보여 준다(NA은 같
지 않음).
[1]  1 NA  1 NA NA NA NA
> k <- paste(x[1], x[3])    // 벡터 x에서 첫 번째, 세 번째 문자를 뽑아서 새로운 변수 k에 할당한다.
> k    // 변수 k는 "A A"로 만들어진다.
[1] "A A"
> paste(x, collapse="%")
// x를 구성하는 문자열을 %로 연결하여 한 문자열을 구성한다.
[1] "A%B%A%D%C%F%C"
> paste(x, collapse='')
// x를 구성하는 문자열을 공백 없이 연결하여 한 문자열을 구성한다.
[1] "ABADCFC"
> m <- paste(x, collapse='')
// 벡터 x를 구성하는 문자열을 연결해서 한 개의 문자열을 구성한 다음 m에 할당한다.
> m
[1] "ABADCFC"
> substring(m, 2:5)
// m 문자열에서 2~last, 3~last, 4~last, 5~last를 뽑아 출력한다.
[1] "BADCFC" "ADCFC"  "DCFC"    "CFC"

> x <- c("Jungwon", "University", "Computer", "Science", "Communication")
> x
[1] "Jungwon"        "University"    "Computer"       "Science"
"Communication"
> grep("Co", x)    // 벡터 x에서 Co로 시작하는 것을 찾는다.
[1] 3 5             // 세 번째, 다섯 번째 데이터가 Co로 시작한다.
> grep('(om)',x)   // 벡터 x에서 om을 포함한 것을 찾는다.
[1] 3 5             // 세 번째, 다섯 번째 데이터가 om을 포함한다.
```

명령어 정리

unique()	벡터 데이터인 x가 어떤 종류로 구성되었는지 보여준다.
match()	x를 구성하는 데이터가 A와 같은지를 보여준다.
paste()	x를 구성하는 데이터를 %로 연결하여 한 개의 데이터로 만든다.
substring()	문자열 벡터 데이터 n에서 2~last, 3~last, 4~last, 5~last를 뽑아 낸다.
grep()	벡터 데이터 x에서 a로 시작하는 것을 찾는다.

○ 논리형 데이터로 구성된 벡터 연산

0과 1 사이 난수(임의의 수)를 만들고 조건에 적합한지 검사하겠습니다.

```
> x <- runif(5)    // 0과 1 사이의 난수 다섯 개를 만들어 x에 할당한다.
> x    // 만들어진 난수 확인
[1] 0.49455365 0.54509177 0.08308268 0.22747986 0.12000312
> (0.4 <= x) & (x <= 0.7)    // 만들어진 x 값이 조건에 맞는지 검사한다.
[1]   TRUE   TRUE FALSE FALSE FALSE    // 만들어진 데이터에 대한 검사 결과
> any( x > 0.9)    // x의 값들이 0.9보다 큰지를 확인한다.
[1] FALSE
> all( x < 0.9)    // 모든 x의 값들이 0.9보다 작은지를 확인한다.
[1] TRUE
> is.vector(x)    // x 값이 벡터인지 확인한다.
[1] TRUE
> is.factor(x)
// x의 값이 팩터인지를 확인한다(범주형이 아니므로, 팩터형이 아니다).
[1] FALSE
> x <- rnorm(5)
// 평균이 0인 정규 분포를 하는 변수 다섯 개를 만들어 x에 할당한다.
> x
[1]  2.0119201  0.1879744  0.7254698  0.1920224 -0.6306313
```

명령어 정리

runif(n)	0 ~1 사이 숫자를 n개 임의로 만든다.
any()	x에 있는 값들을 하나씩 할당한다. any(x)0.9)는 x의 값들이 0.9보다 큰지를 판단한다.
all()	모든 값이 조건에 맞는지 판단한다.
is.vector(x), is.factor(x)	x가 벡터형이면 TRUE, 팩터형이면 TRUE
rnorm(n)	평균이 0인 정규 분포를 하는 난수 n개를 만든다.

|03| 행렬 데이터 처리

행렬 데이터는 2차원 테이블 형태를 가지는 자료를 말하며 가장 많이 사용되는 자료형입니다. 간단한 예를 통하여 사용법을 익히겠습니다.

○ 숫자로 구성된 행렬 데이터 선언 및 연산

임의의 행렬 데이터를 만들고 행과 열을 이용한 다양한 연산을 해 보겠습니다.

```
> array1 <- c(1,2,3)    // 벡터 데이터를 만든다.
> array2 <- c(4,5,6)
> array3 <- c(7,8,9)
```

// 벡터 데이터를 모아서 행렬 데이터를 구성한다.

```
> mat1 <- rbind(array1, array2, array3)    // 열(Row)을 기준으로 모은다.
> mat1        // 만들어진 행렬 데이터를 확인한다.
       [,1] [,2] [,3]
array1    1    2    3        // 열을 기준으로 한 경우이다.
array2    4    5    6
array3    7    8    9
> mat2 <- cbind(array1, array2, array3)    // 행을 기준으로 모은다.
> mat2        // 만들어진 행렬 데이터를 확인한다.
      array1 array2 array3
[1,]       1      4      7
[2,]       2      5      8
[3,]       3      6      9
```

// 행렬 데이터에 대한 조작 예이다.

```
> apply(mat1, 1, max)    // mat1 데이터에서 열(1) 관점으로 최댓값을 뽑아라.
array1 array2 array3
     3      6      9
> apply(mat1, 2, max)    // mat1 데이터에서 행(2) 관점으로 최댓값을 뽑아라.
[1] 7 8 9
> colnames(mat1) <- c("A","B","C")    // mat1 데이터에 행 이름을 추가한다.
> mat1
       A B C
array1 1 2 3
array2 4 5 6
array3 7 8 9
```

```
> k <- c(1:9)    // 1부터 9까지 벡터 데이터를 선언한다.
> temp <- matrix(k, nrow=3)    // 데이터 열(Row)을 3으로 분리하여 행렬을 구성한다.
> temp        // 구성된 데이터의 모양 확인
       [,1] [,2] [,3]
[1,]      1    4    7
[2,]      2    5    8
[3,]      3    6    9
```

// matrix 명령을 사용하면 주어진 데이터를 matrix형으로 만든다. 이때 구성된 데이터는 [n,]을 이용하여 열을 참고할 수 있고, [,m]을 이용하여 행을 참고할 수 있다.

```
> temp*2     // 행렬 전체에 2를 곱한다.
     [,1] [,2] [,3]
[1,]    2    8   14
[2,]    4   10   16
[3,]    6   12   18
> temp * c(2,4,6)   // temp의 처음 열에 2를 곱하고, 두 번째 열에 4를 곱하고, 세 번째 열에 6을 곱하여 새로운 데
이터를 만든다.
     [,1] [,2] [,3]
[1,]    2    8   14
[2,]    8   20   32
[3,]   18   36   54
```

// 1부터 12까지 열두 개 숫자를 가지고 열이 세 개가 되도록 행렬 데이터를 구성한다. 이때, 열. 행의 이름을 다음과 같이 설
정한다.

```
> x <- matrix(1:12, nrow=3, dimnames=list(c("R1","R2","R3"),
c("C1","C2","C3","C4")))
> x    // 만들어진 데이터를 확인한다.
   C1 C2 C3 C4
R1  1  4  7 10
R2  2  5  8 11
R3  3  6  9 12
> x[7]     // 행렬 데이터의 일곱 번째 데이터를 가져온다.
[1] 7
> x[1,]    // 행렬 데이터의 첫 번째 열을 가져온다.
C1 C2 C3 C4
 1  4  7 10
> x[,2:4]  // 행렬 데이터의 두 번째에서 네 번째 행을 가져온다.
   C2 C3 C4
R1  4  7 10
R2  5  8 11
R3  6  9 12
> x[, -2]  // 행렬 데이터에서 두 번째 행을 빼고 나머지를 가져온다.
   C1 C3 C4
R1  1  7 10
R2  2  8 11
R3  3  9 12
> parData1 <- x[1,]
// 행렬 데이터에서 첫 번째 열을 가져와서 parData1에 할당한다.
> parData1
```

```
C1 C2 C3 C4
 1  4  7 10
> parData2 <- x[3,]
```
// 행렬 데이터에서 세 번째 열을 가져와서 parData2에 할당한다.
```
> parData2
C1 C2 C3 C4
 3  6  9 12
```
// parData1, parData2를 열 기준으로 합쳐서 parData를 만든다.
```
> parData <- rbind(parData1, parData2)
> parData    // 만들어진 데이터를 확인한다.
         C1 C2 C3 C4
parData1  1  4  7 10
parData2  3  6  9 12

> x    // 이미 만들어진 행렬 데이터 x의 모습을 확인한다.
   C1 C2 C3 C4
R1  1  4  7 10
R2  2  5  8 11
R3  3  6  9 12
> mean(x[2,])          // 행렬 데이터 x에서 두 번째 열의 평균을 구한다.
[1] 6.5
> apply(x, 1, sum)     // 행렬 데이터 x에서 열의 합을 구한다.
R1 R2 R3
22 26 30
> apply(x, 1, mean)    // 행렬 데이터 x에서 열의 평균을 구한다.
 R1  R2  R3
5.5 6.5 7.5            // (2+5+8+11)/4 = 6.5이다. 나머지도 동일하다.
> apply(x, 2, sum)     // 행렬 데이터 x에서 행의 합을 구한다.
C1 C2 C3 C4
 6 15 24 33
> colSums(x)           // 행렬 데이터 x에서 행의 합을 구한다.
C1 C2 C3 C4
 6 15 24 33
> rowSums(x)           // 행렬 데이터 x에서 열의 합을 구한다.
R1 R2 R3
22 26 30
```

apply(x, 1, sum)	행렬 데이터 x의 열(1)의 합을 구한다.
apply(x, 2, mean)	행렬 데이터 x의 행(2)의 평균을 구한다.
matrix()	행렬 데이터를 만든다.
colnames(x)	행렬 데이터 x의 column(행) 이름을 출력한다.
rownames(x)	행렬 데이터 x의 row(열) 이름을 출력한다.
colSums(x)	행렬 데이터 x의 column 합을 출력한다.
rowSums(x)	행렬 데이터 x의 row 합을 출력한다.
colMeans(x), rowMeans(x)	행렬 데이터 x의 행, 열의 평균을 출력한다.

○ 문자로 구성된 행렬 데이터 선언

문자로 구성된 벡터 데이터를 만들고 행과 열의 수를 각각 설정하여 행렬 데이터로 변환해 봅니다.

소스 : 예제\2_19.R

```
> chars <- c("A","B","C","D","E","F","G","H","I","J")
// 문자로 구성된 벡터 데이터를 만든다.
> Cmat1 <- matrix(chars)    // 벡터 데이터를 행렬 데이터로 변환한다.
> Cmat1
        [,1]
 [1,] "A"
 [2,] "B"
 [3,] "C"
 [4,] "D"
 [5,] "E"
 [6,] "F"
 [7,] "G"
 [8,] "H"
 [9,] "I"
[10,] "J"
> Cmat2 <- matrix(chars, nrow=5)
// 벡터 데이터를 5열(Row)의 행렬 데이터로 변환한다.
> Cmat2
        [,1] [,2]
[1,] "A"   "F"
[2,] "B"   "G"
[3,] "C"   "H"
[4,] "D"   "I"
[5,] "E"   "J"
```

```
> Cmat3 <- matrix(chars, ncol=5)
// 벡터형 데이터를 5행(Column)의 행렬 데이터로 변환한다.
> Cmat3
     [,1] [,2] [,3] [,4] [,5]
[1,] "A"  "C"  "E"  "G"  "I"
[2,] "B"  "D"  "F"  "H"  "J"
```

|04| 데이터 프레임 데이터 처리

데이터 프레임은 행렬과 동일한 형태를 가집니다. 다만, 행별로 다른 데이터 타입을 가질 수 있습니다. 간단한 예를 통하여 개념을 이해해 보겠습니다.

소스 : 예제 \2_20.R

```
> no <- c(1,2,3,4)
> name <- c("Minho","Juno","Mandy","Paul")
> ages <- c(52, 45, 32, 50)
> sex <- c("M", "M", "F", "M")

> Insa <- data.frame(No=no, Name=name, Age=ages, Sex=sex)
// 데이터를 만든다.
> Insa    // 데이터 프레임 형으로 만들어진 Insa 데이터를 확인한다.
  No  Name Age Sex
1  1 Minho  52   M
2  2  Juno  45   M
3  3 Mandy  32   F
4  4  Paul  50   M
> insa[1,]    // R은 대소문자를 식별한다. Insa와 insa는 다르게 인식한다.
에러: 객체 'insa'를 찾을 수 없습니다.
> Insa[1,]    // Insa 데이터에서 첫 번째 열을 추출한다.
  No  Name Age Sex
1  1 Minho  52   M
> Insa[, 2:4]    // Insa 데이터에서 두 번째부터 네 번째 행을 추출한다.
   Name Age Sex
1 Minho  52   M
2  Juno  45   M
3 Mandy  32   F
4  Paul  50   M
> Insa [, -3]    // Insa 데이터에서 세 번째 행을 빼고 나머지를 추출한다.
```

```
   No  Name Sex

1  1 Minho   M
2  2  Juno   M
3  3 Mandy   F
4  4  Paul   M
```

|05| 배열 데이터 처리

배열형 데이터는 행렬을 2차원 이상으로 확장한 것입니다. 이해하기 어려운 경우도 있지만, 기계 학습 분야로 공부할 경우에는 알아야 합니다. 간단한 예를 통하여 개념을 이해하겠습니다.

소스 : 예제 \ 2_21.R

```
> x <- array(1:24, dim = c(2,4,3))    // 1~24의 숫자로 2×4의 행렬을 세 개 만든다.
> x    // 만들어진 모습을 자세히 살펴보자.
, , 1    // 첫 번째 행렬을 의미한다.

     [,1]  [,2]  [,3]  [,4]       // 2×4 행렬의 모습. c(2,3,1)의 값은 6이다.
[1,]    1    3    5    7
[2,]    2    4    6    8

, , 2    // 두 번째 행렬을 의미한다.

     [,1]  [,2]  [,3]  [,4]
[1,]    9   11   13   15
[2,]   10   12   14   16

, , 3    // 세 번째 행렬을 의미한다.

     [,1]  [,2]  [,3]  [,4]
[1,]   17   19   21   23
[2,]   18   20   22   24

> x[1,,]    // 세 개의 2×4 행렬에서 첫 번째 열을 뽑아 오라.
     [,1] [,2] [,3]
[1,]    1    9   17
[2,]    3   11   19
[3,]    5   13   21
```

```
[4,]    7   15   23
> x[,1,]    // 세 개의 2×4 행렬에서 첫 번째 행을 뽑아 오라.
     [,1] [,2] [,3]
[1,]    1    9   17
[2,]    2   10   18
> x[1,3,]    // 세 개의 2×4 행렬에서 각 행렬의 [1,3]에 있는 값을 가져오라.
[1]  5 13 21
> x[2,4,3]    // 세 번째 행렬의 [2,4]에 있는 값을 가져오라.
[1] 24


> mean(x[1,,])    // 세 개의 행렬에서 첫 번째 열 값 평균을 구하라. (1+3+5+7+9+11+13+15+17+19+21+23)/12를 의
                      미한다.
[1] 12
> mean(x[,2,])    // 세 개의 2×4 행렬에서 두 번째 행의 평균을 구하라.
[1] 11.5
> mean(x[1,2,])    // (3+11+19)/3을 의미한다.
[1] 11
```

명령어 정리

array()	배열 데이터 타입을 만든다.

|06| 리스트 데이터 처리

리스트 형 데이터는 많이 사용되지 않지만, 특수한 경우에 사용되므로 간단하게 정리하겠습니다.

소스 : 예제\2_22.R

```
> ListData2 <- c("Minho", c(12,23,34))
// 리스트 형 데이터를 만들 때, 배열 사용 예이다.
> ListData2    // 만들어진 리스트 형 데이터를 확인한다.
[1] "Minho" "12"     "23"     "34"
> ListData2[2]    // 데이터의 두 번째 데이터를 추출하라.
[1] "12"
> ListData2[3]
[1] "23"
// 리스트 형 데이터는 (키, 값)의 형태로 구성되므로 일반적으로 다음과 같이 만들어진다.
> ListData3 <- list(name="Minho", age=56, sex="Male")    // 리스트 형 데이터 만듦
> ListData3
$name
```

```
[1] "Minho"

$age
[1] 56

$sex
[1] "Male"


> ListData3$name          // 리스트 형 데이터의 name에 해당하는 값을 추출하라.
[1] "Minho"
> ListData3[[1]]          // 리스트 형 데이터에서 첫 번째 배열의 원소를 추출하라(위와 동일).
[1] "Minho"
> ListData3[1]            // 리스트 형 데이터에서 첫 번째 원소의 정보를 보여라.
$name                     // name 항목이다.
[1] "Minho"               // 값은 Minho이다.
```

명령어 정리

list()	리스트 데이터를 만든다.
ListData$name	ListData를 구성하는 항목 중 name 항목을 지칭한다.

## CHAPTER 04

프로그래밍 기능

R 프로그래밍 기능은 R에서 제공하는 명령어들을 순차적으로 수행하는 경우에 사용하며, 사용자가 분석을 수행하면서 반복적으로 여러 명령을 수행해야 하는 경우에 사용하는 기능입니다. 이를 위하여 필요한 다양한 부가 기능(입력받기, 출력하기, 순환 및 반복하기)을 구비하고 있어서 다양한 목적으로 사용할 수 있습니다. 실제로 R에서 제공하는 많은 명령어가 기본 R 명령어와 프로그래밍 기능을 연결해 만들어졌습니다.

|01| R 프로그래밍 기능

R에서 기본적으로 제공하는 프로그래밍 기능의 전체 범위를 알아보겠습니다.

● R에서 제공하는 프로그래밍 기능

• 단위 작업을 분리하는 함수 기능
• 조건과 반복 기능
• 사용자 입력받기 및 메뉴를 통한 분기 기능
• 연산자와 인덱스를 포함한 부가 기능

R에서 현재 사용 중인 변수 목록을 보려면 ls()를 사용합니다. 프로그래밍 공부를 위하여 ls 소스를 참고할 수 있습니다. ls 소스를 살펴보고, 이후 ls 소스를 읽을 수 있도록 R 프로그래밍을 공부해 보겠습니다.

```
> ls()   // ls의 수행
 [1] "ages"      "array1"     "array2"     "array3"     "chars"      "Cmat1"
……
> ls   // ls의 소스를 보여 준다. R 프로그래밍 기법에 의해 작성된 것이다.
function (name, pos = -1L, envir = as.environment(pos), all.names = FALSE,
    pattern, sorted = TRUE)
{
```

```
    if (!missing(name)) {
        pos <- tryCatch(name, error = function(e) e)
        if (inherits(pos, "error")) {
            name <- substitute(name)
            if (!is.character(name))
                name <- deparse(name)
            warning(gettextf("%s converted to character string",
                sQuote(name)), domain = NA)
            pos <- name
        }
    }
    all.names <- .Internal(ls(envir, all.names, sorted))
    if (!missing(pattern)) {
        if ((ll <- length(grep("[", pattern, fixed = TRUE))) &&
            ll != length(grep("]", pattern, fixed = TRUE))) {
            if (pattern == "[") {
                pattern <- "\\["
                warning("replaced regular expression pattern '[' by  '\\\\['")
            }
            else if (length(grep("[^\\\\]\\[<-", pattern))) {
                pattern <- sub("\\[<-", "\\\\\\[<-", pattern)
                warning("replaced '[<-' by '\\\\[<-' in regular expression
pattern")
            }
        }
        grep(pattern, all.names, value = TRUE)
    }
    else all.names
}
<bytecode: 0x000000001a3c1e70>
<environment: namespace:base>
```

|02| 함수 선언과 사용

프로그래밍 기능에서 가장 많이 사용하는 기능인 함수를 선언하고 사용하는 방법을 실습을 통해 익혀
보겠습니다. 당연히 여러 명령을 한 번에 수행하는 방법을 알게 됩니다.

```
> rm(list=ls())    // 현재 사용하는 R의 변수를 모두 지운다.
> ls()    // 사용 중인 변수가 없음을 확인한다.
character(0)

> Function1 <- function() {    // 함수 Function1을 선언한다. 넘겨주는 변수는 없다.
+    x <- 10
+    y <- 20
+    result <- x+y
+    return(result)    // 함수가 result를 돌려 준다.
+ }
> Function1()    // 앞에서 선언한 함수를 사용한다.
[1] 30
```

// 매번 함수를 위와 같이 입력하면, 입력하기도 어렵지만 입력하는 중간에 잘못 타이핑하는 경우에 처음부터 다시 해야 하는 어려움이 따른다. 그래서 R의 [파일]–[새 스크립트] 명령을 통해 별도의 창을 열고, 사용할 함수를 여기에 입력한 후에, 입력한 창이 활성화된 상태에서 [편집]–[전부 실행하기]를 실행하면 다음과 같이 입력된 내용들이 자동 실행된다.

// 다음 내용을 앞의 그림과 같이 입력하여 자동 실행해 보세요.

```
> Function2 <- function(a,b) {
+    x <- a;
+    y <- b;
+    return(x+y)
```

```
+ }

> Function3 <- function(a,b) {
+     x2 <- a+1
+     y2 <- b+2
+     result <- Function2(x2,y2)
+     return(result)
+ }
```
// 여기까지 Function2, Function3에 대한 자동 실행(선언하는 작업)이 완료되었다.

```
> Function3(5,6)    // 자동 실행으로 선언된 Function3을 사용한다.
[1] 14
```
// Function2는 인수를 넘기고 결과를 받는 함수이고, Function3은 함수 안에서 함수를 불러서 사용하는 예를 보여 준다.

```
> ls()    // 현재 시스템의 변수를 확인한다. 함수 안에서 사용한 변수가 없음을 확인한다.
[1] "Function1" "Function2" "Function3"

> Function4 <- function() {    // 새로운 함수를 선언한다.
+     x <- 10    // 함수 안 변수 x를 선언한다.
+     y <- 20
+     x <<- 50    // R의 변수 x를 선언한다.
+     return(x+y)
+ }
> Function4()    // 함수 결과가 함수 안 변수 x, y를 대상으로 진행되었다.
[1] 30
> x    // 함수 안에서 선언한 R 변수가 여전히 유효함을 확인한다.
[1] 50
```

명령어 정리

Function1 <- function() { …… }	Function1이라는 이름의 함수를 선언한다.
Function2 <- function(a, b) { …… }	Function2라는 이름의 함수를 선언하는데, 변수 두 개(a, b)를 넘겨준다.
Function3 <- function(a) {……, return x }	Function3이라는 함수를 선언하고, 변수(a)를 넘기고, x를 넘겨받는다.

|03| 함수 저장 및 활용

선언된 함수를 저장한 다음 이후 다시 사용하는 방법을 알아봅니다.

소스 : 예제\2_24.R

```
> ls()     // 현재 사용 중인 변수를 확인한다. 앞 페이지의 내용과 연결된다.
[1] "Function1" "Function2" "Function3" "Function4" "x"

> save(Function1, Function2, Function3, x, file="myFile.Rdata")
// 위의 네 개의 변수(함수와 변수 통칭함)를 별도의 파일에 저장한다. 파일 저장 위치는 setwd로 설정할 수 있다.
> rm(list=ls())   // 모든 변수를 지운다.
> ls()
character(0)
> Function1()    // 모든 변수와 함수가 지워져서 오류 메시지가 표시된다.
Error in Function1() : 함수 "Function1"을 찾을 수 없습니다.

> load("myFile.Rdata")   // 파일로부터 저장된 것을 읽어 온다.
> ls()    // 읽어 온 것을 확인한다.
[1] "Function1" "Function2" "Function3" "x"
> Function1()   // 함수가 정상적으로 작동함을 확인한다.
[1] 30
```

|04| 조건문 사용

R에서 주로 사용하는 조건문은 if 와 switch입니다. 간단한 예를 통하여 조건문 사용법을 확인합니다. 마찬가지로 배치 파일에 넣어서 반복해서 사용할 수 있습니다.

소스 : 예제\2_25.R

```
> x <- runif(1)    // 0~1 사이 난수 한 개를 만들어 x에 할당한다.
> x
[1] 0.1152103

// if 문의 사용 예
> if( x > 0 ) print (abs(x))    // x의 값이 0보다 크면 x의 절대값을 출력한다.
[1] 0.1152103
> if ( x < 0 ) {    // x의 값에 따라서 다른 결과를 내는 if~ else~ 구문이다.
+     print(x)
+     print(" x is positive ")
+     print(abs(x))
+ } else {
+     print(x)
+     print(" x is negative ")
```

```
+     print(x)
+ }
[1] 0.1152103     // 선언된 if 문 수행 결과이다.
[1] " x is negative "
[1] 0.1152103

// if 문의 사용 예
> if ( x < 0.5 ) print(1-x) else print(x)
[1] 0.8847897
> ifelse ( x < 0.5, 1-x, x)
[1] 0.8847897

> data <- c(1:10)
> data
 [1]  1  2  3  4  5  6  7  8  9 10

// switch 문의 사용 예
> switch(data[3],     // data[3], 즉 3이 입력되는 경우에 대한 분기의 기능을 제공한다.
+     "1" = print("one"),
+     "2" = print("two"),
+     "3" = print("three"),
+     print("NOT")
+ )
[1] "three"   // switch 문의 수행 결과이다.
```

명령어 정리

if ([조건]) [명령문]	조건을 만족하면, [명령문]을 실행해라.
if ([조건]) [명령문1] else [명령문2]	조건을 만족하면 [명령문1]을 실행하고, 그 외에는 [명령문2]를 실행하라.
ifelse ([조건], [명령문1], [명령문2])	조건을 만족하면 [명령문1]을 실행하고, 그 외에는 [명령문2]를 실행하라.
switch ([기준], [조건1], [명령문1], [조건2], [명령문2], ……)	기준에 맞추어 [조건1]이면 [명령문1]을, [조건2]이면 [명령문2]를 실행하라.

|05| 반복문 사용

R에서 제공하는 반복 기능은 for, while, repeat입니다. 간단한 예를 통하여 반복문의 사용법을 확인합니다. 마찬가지로 배치 파일에 넣어서 반복해서 사용할 수 있습니다.

```
> sum <- 0
> for ( i in seq(1, 10, by=1)) sum <- sum+i    // for 문의 사용 예, 1,2,3 …… 10을 차례대로 넣고 이
값을 모두 더한다.
> sum
[1] 55


// 중첩된 for 문의 사용 예
// 1*1, 1*2, 1*3, 1*4, 1*5, 2*1, 2*2 …… 5*5의 값을 모두 더한다.
> multi <- 0
> for ( i in 1:5) {          // 중첩된 for 문의 사용 예
+    for ( j in 1:5) {
+        multi <- multi + i*j
+    }
+ }
> multi
[1] 225

// while 문의 사용 예, 앞의 for 문과 동일한 기능을 수행한다.
> sum <- 0
> i <- 0
> while ( i <= 10 ) {
+    sum <- sum +i
+    i <- i+1
+ }
> sum
[1] 55

// repeat 문의 사용 예, 앞의 for, while 문과 동일한 기능을 수행한다.
> sum <- 0
> i <- 0
> repeat {  // {} 안의 내용을 수행한다.
+    sum <- sum +i;
+    i <- i+1
+    if(i>10) break
+ }
> sum
[1] 55
```

● R 프로그래밍에 사용하는 연산자와 기호 정리

프로그램 제작에는 다양한 연산자와 기호가 사용됩니다. 프로그램에서 사용하는 연산자와 기호를 다음 표로 정리하였습니다. 앞에서 실습한 내용을 참고하면서 연산자 의미와 사용법을 익히기 바랍니다.

연산자	기능	연산자	기능
−	뺄셈	+	덧셈
!	부정	~	=
?	도움말	:	공차 1의 등차수열
*	곱셈	/	나눗셈
^	거듭제곱	%%	나머지
%/%	정수 나눗셈	%*%	행렬 곱
%0%	외적	%x%	크로네커 곱
==	같다	!=	같지 않다
〉=	크거나 같다(이상)	〉	크다
〈=	작거나 같다(이하)	〈	작다(미만)
&, &&	그리고	|, ||	또는
〈−	대입	〈〈−	영속 대입

기호	기능
x[i]	i번 째 요소에 접근합니다.
x[(i)]	i번 째 리스트 요소에 접근합니다.
x$a	x에서 a를 추출합니다.
x[i,j]	i행 j열 요소에 접근합니다.
x$"a"	x에서 a를 추출합니다.

|06| 사용자 입력받기

R 프로그래밍을 수행하면서, 프로그램 수행 중 사용자 입력을 받아서 작업을 수행하는 경우가 많습니다. 이런 경우에 어떻게 프로그래밍하는지 예를 들어 살펴보겠습니다.

다음 함수들은 직접 입력해도 되고 [파일]–[새 스크립트]를 실행해서 입력한 다음 마우스 포인터가 스크립트에 있는 상태에서 [편집]–[전부 실행하기]를 실행해서 수행해도 됩니다.

소스 : 예제 \2_27.R

```
// 함수를 선언한다. 함수는 사용자로부터 입력을 받으면 그것이 무엇인지 알려 준다.
> UserInput <- function() {
+     answer <- readline("Input Data : ")  // 입력 메시지를 보여 주고, 입력을 받는다.
+     if (substr(answer, 1, 1) == "n")         // 받은 입력 값에 따라 결과를 분리한다.
+         cat(" Your Input is N \n")
+     else
+         cat(" Your Input is Y \n")
+ }
> UserInput()    // 선언된 함수 사용
Input Data : y
 Your Input is Y


// 함수에 특정 값을 넘기고, 값에 대한 연산 방법을 나중에 입력하는 방식을 예제를 통해 학습한다.
> UserInput2 <- function(a, b) {      // 함수를 수행할 때, a, b 값을 제공한다.
+     answer <- readline("Calculate method : ")  // 어떤 연산을 수행할지 입력을 받는다.
+     m <- substr(answer,1,1)             // 입력받는 연산 기호가 무엇인지 식별한다.
+
+     switch(m,          // 입력받은 연산 기호에 따라 연산을 수행하고 결과를 보인다.
+         "*" = cat('Result: ',a*b,'\n'),
+         "/" = cat('Result: ',a/b,'\n'),
+         "+" = cat('Result: ',a+b,'\n'),
+         "-" = cat('Result: ',a-b,'\n'),
+         print("Not proper Calculate method")
// 연산 기호가 아니면 메시지를 출력한다.
+     )
+ }
> UserInput2(2,3)                       // 위의 함수를 사용한다.
Calculate method : +                   // 사용할 연산 기호를 입력한다.
Result:  5
> UserInput2(2,3)
Calculate method : *
```

```
Result:  6
```

```
// 입력을 받은 데이터에 조작을 가한 후, 결과를 변수에 넣는 방법을 알아본다.
> UserInput3 <- function() {
+     x <- readline("Input Data : ")   // 입력을 받는다. 입력이 x에 저장된다.
+     unlist(strsplit(x, " "))   // x에 저장된 값을 공백을 기준으로 나누어서 목록화한다.
+ }
> y <- UserInput3() // 함수 결과를 y 변수에 넣는다.
Input Data : a bcd ef ghi minho
> y
[1] "a"      "bcd"    "ef"     "ghi"    "minho"
```

명령어 정리

readline()	괄호 안 입력을 받는다.
substr("abcdedf", 1, 3)	abcdedf에서 첫 번째에서 세 번째를 뽑는다(abc).
unlist("abc def gh", " ")	"abc def gh"의 공백을 기준으로 나눈다.

|07| 메뉴 사용

R로 프로그램을 만들면서 메뉴를 사용하는 경우는 많지 않을 것입니다. 다만, 간단한 메뉴를 사용할
경우도 발생하므로 예제를 통하여 설명하겠습니다.

소스 : 예제 \2_28.R

```
// 다음 함수는 수행이 되면 메뉴를 보여 주고, 사용자 입력을 받는 기능을 한다.
> UserMenu <- function() {
+     answer <- menu(c("Incheon", "Seoul", "Busan"))   // 메뉴를 보여 준다.
+     if( answer == 1) {
+         cat("Your Input is Incheon \n")   // 입력 값(메뉴 선택)에 따른 동작
+     } else if (answer == 2) {
+         cat("Your Input is Seoul \n")
+     } else if (answer == 3) {
+         cat("Your Input is Busan \n")
+     }
+ }
> UserMenu()

1: Incheon
```

```
2: Seoul
3: Busan

선택: 2
Your Input is Seoul
>
// 프로그램 실행 도중 사용자가 입력한 값이 사전에 정의된 변수이면 그것의 영향을 받는다.
> k <- c("Incheon","Seoul","Busan")    // 변수 선언
> p <- get(readline())    // 프로그램 실행 중 입력을 받는다. 받은 입력을 p에 할당한다.
k    // 사용자가 입력으로 k를 넣는다.
> p    // p에 k가 할당되는데, 이때, k는 위에 설정된 값이 있으므로, 그것이 할당된다.
[1] "Incheon" "Seoul"    "Busan"
```

명령어 정리	
p <- get(realine("Input Data: "))	'Input Data:'가 출력된 다음 사용자가 변수 이름을 넣으면, 변수 내용이 p에 할당된다.

|08| 정규식 사용

다른 사람이 작성한 프로그램 소스를 읽기 위해서는 정규식에 대한 이해가 필수적입니다. 예제를 통해 정규식을 살펴보며, 단어를 다양하게 다루어 보겠습니다.

소스 : 예제 \2_29.R

```
> Data <- c("Game","GAME", "game", "gAME", "Tetris1", "game", "tetris5")
// 정규식에 대한 설명을 위한 샘플을 준비한다.

> grep("game", Data) // Data에서 game이라는 단어의 위치를 찾아라.
[1] 3 6
> grep("game", Data, value=TRUE)
// Data에서 game이라는 단어의 위치를 찾고 내용을 보여라.
[1] "game" "game"

> grep("^g+", Data, value=TRUE)
// ^는 첫 문자라는 의미, + 는 1회 이상이라는 의미이므로, 첫 문자가 g이고 이후에 다른 문자가 이어지는 문자를 찾아서, 문
자를 화면에 보여 주라는 의미
[1] "game" "gAME" "game"
> grep("G+", Data, value=TRUE)
// G로 시작하고 이후에 다른 문자가 이어지는 문자 찾기
```

```
[1] "Game"  "GAME"
```

```
> grep("ME$", Data, value=TRUE)
// $는 마지막 글자의 의미이므로, ME로 끝나는 문자를 찾으라는 의미
[1] "GAME"  "gAME"
> grep("[2-5]", Data, value=TRUE)    // 2,3,4,5를 포함한 문자열을 찾으라는 의미
[1] "tetris5"
> grep("[[:digit:]]", Data, value=TRUE)    // 숫자가 포함된 문자열을 찾으라는 의미
[1] "Tetris1" "tetris5"
> grep("[[:upper:]]", Data, value=TRUE)    // 대문자가 포함된 문자열을 찾으라는 의미
[1] "Game"      "GAME"      "gAME"      "Tetris1"
```

```
> x <- "abcd efgh"
> nchar(x)    // 문자열의 문자 수를 얻는다.
[1] 9
> y <- "xyz"
> paste(x,y)    // 두 개의 문자열을 합친다.
[1] "abcd efgh xyz"
> substr(x, 6,8)    // x 문자열에서 여섯 번째에서 여덟 번째 문자를 뽑는다.
[1] "efg"
> strsplit(x, split="c")    // x 문자열을 c를 기준으로 두 개로 나눈다.
[[1]]
[1] "ab"      "d efgh"
```

명령어 정리

grep ("game", Data)	Data에서 game이라는 단어의 위치를 찾는다.
nchar(x)	x 문자열의 문자 개수를 얻는다.
paste(x, y)	x, y 문자열을 합친다.
substr(x, 6, 8)	x 문자열에서 여섯 번째에서 여덟 번째까지의 문자를 뽑는다.
strsplit(x, split="c")	x 문자열을 c를 기준으로 분리한다.

gsub는 문자열 표현식, 대신할 문자, 대상 문자 형식으로 사용된다.

소스 : 예제 \ 2_30.R

```
> text <- "2017 Year 3 month 2day 5:45 afternoon"
> kkol <- gsub('(2017).+(:)','', text)
// text 내용 중 2017에서 : 사이 한 개 이상(+) 모든 문자(.)를 공백("")으로 만들어라.
> kkol    // 결과 확인
```

```
[1] "45 afternoon"
> kko2 <- gsub('45','',kko1)    // kko1에서 45를 공백으로 만들어라
> kko2    // 결과 확인
[1] " afternoon"
> kko2 <- "after happy moon"
> kko3 <- gsub('[a]','', kko2)
// kko2 문자열 중에서 하나라도 a를 포함한 것([]의 의미)이 있으면 공백으로 만들어라.
> kko3    // 결과 확인
[1] "fter hppy moon"
> kko4 <- gsub('(hppy)','',kko3)    // kko3의 문자열 중에서 hppy에 해당하는 문자열(()의 의미)이 있으면 공
백으로 만들어라.
> kko4
[1] "fter  moon"

> kko4 <- "(Minho) Happy Man"
> kko4
[1] "(Minho) Happy Man">
> kko5 <- gsub(' \\(Minho \\)', 'P', kko4)    // 문자열에 (Minho)를 P로 바꾸어라. \\는 문자 그대로
라는 의미
> kko5
[1] "P Happy Man"

> test <- c("$10.5", "$20.7", "$30.5")
> test
[1] "$10.5" "$20.7" "$30.5"
> test2 <- as.numeric(gsub( "[^[:digit:]]", "", test))
// 시작할 때 (^) 문자([:digit:])가 있는 것 모두([])를 공백으로 하고, 남은 것은 숫자로 바꾸어라.
> test2
[1] 105 207 305
> str(test2)
 num [1:3] 105 207 305
```

명령어 정리

gsub('(2017).+(:)',", text)	text의 내용 중 2017에서 : 사이의 한 개 이상(+)의 모든 문자(.)를 공백(' ')으로 만들어라.

○ R에서 정규화에 사용하는 기호

R 프로그래밍에서 사용하는 정규화를 위한 기호는 앞의 경우 외에도 여러 가지가 있습니다.

사용법	설명	사용법	설명
\\d	모든 숫자(아래 참조)	\\D	숫자가 아닌 것
\\s	공백(아래 참조)	\\S	공백이 아닌 것
\\w	단어	\\W	단어가 아닌 것
\\t	Tab	\\n	New Line
^	시작되는 글자(앞 페이지)	$	마지막 글자(앞 페이지)
*	모든 문자	[0–9]	모든 숫자
[ab]	a 또는 b	[^ab]	ab를 제외한 모든 문자
[A–Z]	영어 대문자	[a–z]	영어 소문자
i+	i가 1회 이상	i*	i가 0회 이상
i?	i가 0 또는 1회	i{n1, n2}	i가 n1에서 n2회 출현
i{n}	i가 연속적으로 n회 출현	i{n,}	i가 n회 이상 출현
[:alnum:]	문자와 숫자가 나옴	[:alpha:]	문자가 나옴
[:blank:]	공백이 나옴	[:cntrl:]	제어 문자가 나옴
[:upper:]	대문자가 나옴	[:lower:]	소문자가 나옴

 연습문제 EXERCISES

R을 잘 사용하기 위해서는 문자열을 잘 다루는 것이 중요합니다. 그런 의미에서 앞에서 학습한 내용을 간단한 연습을 통해 복습하겠습니다.

1 앞의 표를 참고하여 다음 경우에 대한 결과를 확인하세요.

소스 : 예제\2_31.R

```
> grep("\\d", c("Game","GAME","game","gAME","Tetris1","game","tetr
is5"), value=TRUE)
```

2 앞의 표를 참고하여 다음 경우에 대한 결과를 확인하세요.

소스 : 예제\2_32.R

```
> x
> strsplit(x, split="\\s")
```

※ [연습 문제]에 대한 답변 및 해설은 제공하지 않습니다. 앞서 배운 내용을 토대로 하는 것이기 때문입니다. 필요한 내용의 경우에만 예제 폴더 안에 수록하였습니다. 직접 실행하여 결과를 확인해 보고 생각해 보기를 권합니다. 단 해설이 있는 연습 문제는 별도로 표시하였습니다.

여기까지 진행하여 R에서 제공하는 프로그래밍 기능을 설명했습니다. 가능한 간단하고 명확하게 설명하고자 하였으나 복잡한 프로그램도 결국은 간단한 것들이 모여서 만들어진 것입니다. 앞에서 설명한 내용을 잘 숙지한다면, 업무를 하면서 필요한 프로그램은 거의 만들 수 있을 것입니다.

배운 내용을 연결한 종합 예제입니다. 복습하는 기분으로 자세하게 살펴보면 지금까지 배운 것을 복습하는 데 도움이 될 것입니다.

1 기본적인 수행을 익혀 봅시다.

소스 : 예제 \2_33.R

```
> print("This is a Sample Program")
> (y <- c(20:30))
```

2 'testmodule.R', 'testmodule2.R' 파일을 만들어서 저장하고 명령을 실행하여 결과를 확인해 봅니다.

▲ testmodule.R

▲ testmodule2.R

소스 : 예제 \2_34.R

```
> source("testmodule.R")
> y <- myfunc()
> y
> source("testmodule2.R")
> x <- myfunc2()
> x
```

명령어 정리

source([a])	이미 만들어진 R 스크립트인 [a]를 메모리에 읽는다. 사용할 준비가 완료된다.

## CHAPTER 05

데이터 조작 관련 명령어

설치가 필요 없는 데이터 조작 명령을 정리하는 시간입니다. 데이터 분석 전문가는 주어진 데이터를 필요에 따라 조작하는 능력이 필수입니다. R에서는 기본적인 데이터 조작 명령을 제공합니다. 특별한 경우가 아니면, 이것만으로도 충분히 원하는 결과를 얻을 수 있습니다.

|01| rbind, cbind 명령과 행렬 데이터 사용

열을 기준으로 행렬을 만드는 rbind와 행을 기준으로 행렬을 만드는 cbind 명령어를 사용해 보겠습니다.

소스 : 예제 \2_35.R

```
> x <- c(1,2,3)  // 벡터형 데이터를 만들어서 x에 할당한다.
> y <- c(4,5,6)  // 벡터형 데이터를 만들어서 y에 할당한다.

> z <- rbind(x,y)  // 벡터형 데이터 x, y를 열을 기준으로 합쳐서 행렬 z를 만든다.
> z  // 행렬 z가 벡터 x, y를 열을 기준으로 합쳐서 만들어졌음을 확인한다.
  [,1] [,2] [,3]
x    1    2    3
y    4    5    6

> zz <- cbind(x,y)  // 벡터형 데이터 x, y를 행을 기준으로 합쳐서 행렬 z를 만든다. 명령어가 cbind라는 점을 기억한다.
> zz  // 행렬 zz가 벡터 x, y를 행을 기준으로 합쳐서 만들었음을 확인한다.
     x y
[1,] 1 4
[2,] 2 5
[3,] 3 6

> z[1,]  // 행렬 데이터를 다루는 명령이다. z의 첫 번째 열을 보여 준다.
[1] 1 2 3
> z[,2]  // z의 두 번째 행을 보여 준다.
x y
```

```
2 5
> z[2,3]    // z의 두 번째와 세 번째 행에 있는 값을 보여 준다.
y
6
> z[-1,]    // z에서 첫 번째 열을 빼고 나머지를 보여 준다.
[1]  4  5  6
> z[,-2]    // z에서 두 번째 행을 빼고 나머지를 보여 준다.
  [,1] [,2]
x    1    3
y    4    6
> temp <- z[2,3]
// z에서 두 번째 열, 세 번째 행의 값을 가져와서 temp에 저장한다.
> temp
y
6


> z+2    // 행렬 z에 2를 더한다. z를 구성하는 전체 데이터에 2가 더해진다.
  [,1] [,2] [,3]
x    3    4    5
y    6    7    8
> 2*z +3    // 답을 예측해 보자.
  [,1] [,2] [,3]
x    5    7    9
y   11   13   15


> a <- c(10,11,12)
> b <- c(13,14,15)
> ab <- rbind(a,b)    // 새로운 행렬 ab를 정의하였다.
> z    // 데이터를 확인한다.
  [,1] [,2] [,3]
x    1    2    3
y    4    5    6
> ab    // 데이터를 확인한다.
  [,1] [,2] [,3]
a   10   11   12
b   13   14   15
> z + ab    // 두 행렬 데이터의 연산 예이다.
  [,1] [,2] [,3]
x   11   13   15
y   17   19   21
```

```
> ab - z   // 두 행렬 데이터의 연산 예이다. 다른 연산도 동일하게 적용된다. 다만, 연산이 적용되려면 두 행렬의 모양
            이 같아야 한다.
     [,1] [,2] [,3]
a     9    9    9
b     9    9    9
```

명령어 정리	
rbind(a,b)	벡터형 데이터인 a, b를 열(row)을 기준으로 합친다.
cbind(a,b)	벡터형 데이터인 a, b를 행(column)을 기준으로 합친다.

|02| apply 계열 함수 사용

apply 계열 함수는 데이터 조작을 수행하는 데 편리함을 제공합니다. R에서 제공하는 apply 계열 함수를 표로 요약하였습니다.

함수	설명	특징
apply()	배열 또는 행렬에 주어진 함수를 적용한 다음 그 결과를 벡터, 배열 또는 리스트로 반환	배열 또는 행렬에 적용
lapply()	벡터, 리스트 또는 표현식에 함수를 적용하여 그 결과를 리스트로 반환	결과가 리스트
sapply()	lapply와 유사하지만, 결과를 벡터, 행렬 또는 배열로 반환	결과가 벡터, 행렬 또는 배열
tapply()	벡터에 있는 데이터를 특정 기준으로 묶은 다음 각 그룹마다 주어진 함수를 적용하고 그 결과를 반환	데이터를 그룹으로 묶은 다음 함수를 적용
mapply()	sapply의 확장된 버전으로, 여러 개의 벡터 또는 리스트를 인자로 받아 함수에 각 데이터 첫째 요소들을 적용한 결과, 둘째 요소들을 적용한 결과, 셋째 요소들을 적용한 결과 등을 반환	여러 종류의 데이터를 사용할 수 있는 명령어

apply 계열 함수 중에서 가장 많이 사용되는 apply 함수를 중점적으로 예제를 살펴보겠습니다. apply의 최대 강점은 함수와 연계하여 사용할 수 있다는 것입니다. apply는 계산된 결과를 함수에 자동으로 넘겨서 함수가 별도의 조작을 하도록 만들 수 있습니다.

소스 : 예제\2_36.R

```
> sample <- matrix(1:20, ncol=5)   // 테스트를 위해 행렬 데이터 sample을 만든다. 벡터를 bind해도 되
                                      고, matrix를 써도 된다.
> sample   // 데이터를 확인한다.
     [,1] [,2] [,3] [,4] [,5]
[1,]    1    5    9   13   17
```

```
[2,]     2    6   10   14   18
[3,]     3    7   11   15   19
[4,]     4    8   12   16   20
> apply(sample, 1, sum)    // 열을 기준으로 합을 구한다.
[1] 45 50 55 60            // 45는 1+5+9+13+17의 합이다.
> apply(sample, 2, sum)    // 행을 기준으로 합을 구한다.
[1] 10 26 42 58 74         // 10은 1+2+3+4의 합이다.
> apply(sample, 1, mean)   // 열을 기준으로 평균을 구한다.
[1]  9 10 11 12
> apply(sample, 1, max)    // 열을 기준으로 최댓값을 구한다.
[1] 17 18 19 20
> rowSums(sample)     // 열의 합을 구한다.
[1] 45 50 55 60
> colSums(sample)     // 행의 합을 구한다.
[1] 10 26 42 58 74

// 다음 함수는 t를 넘겨받고, 최댓값을 구한 뒤에 여기에 2를 곱해서 돌려 준다.
> appfunction <- function(t) {
+     max(t) * 2
+ }
> apply(sample, 1, appfunction)  // 열을 뽑아서 함수에 넘긴다. 함수 t는 각 열별로 최댓값을 뽑고, 여기에 2
                                    를 곱해서 돌려 준다.
[1] 34 36 38 40           // 34는 1열의 최댓값 17*2의 값이다.
                          // 36은 2열의 최댓값 18*2의 값이다. 나머지는 동일하다.
```

명령어 정리	
apply(a, 1, [함수])	행렬형 데이터인 [a]에서 열(1)을 기준으로 [함수]를 적용한다.

apply는 데이터 조작에 많이 사용되는 명령어입니다. 특히, apply의 마지막 파라미터에 함수를 사용할 수 있어서, 유용하게 사용할 수 있습니다. 이외에 3차원 데이터인 array에도 적용할 수 있는데, 많이 사용되지 않으므로 여기에서는 설명하지 않겠습니다.

[알아두기] **sapply, mapply에 대한 간단한 예제**

리스트 형 자료를 받아서 sum 함수로 계산하여 벡터형으로 변환하는 sapply와 벡터 두 개를 받아 sum 함수로 계산하는 mapply를 사용한 예를 살펴보겠습니다.

```
> test1 <- c(1,2,3)     // 예제 데이터 만들기
> test2 <- c(4,5,6,7,8,9)

> test <- list(test1, test2)
> test
[[1]]
[1] 1 2 3

[[2]]
[1] 4 5 6 7 8 9

> sapply(test,sum)     // 리스트 형 자료를 받아서, sum 함수를 계산하고 벡터형으로 반환
[1]   6 39

> mapply(sum, test1, test2)     // 두 개의 벡터를 받아서 sum 함수로 계산하고 벡터로 반환
[1]  5  7  9  8 10 12
```

|03| summary, order, sample 명령 사용

R에서 제공하는 데이터 조작 명령어 중 사용 빈도가 높은 summary, order, sample 명령어를 실습을 통해 익히겠습니다.

소스 : 예제 \2_37.R

```
> head(iris)    // 사용할 데이터인 iris 모양을 확인한다.
  Sepal.Length Sepal.Width Petal.Length Petal.Width Species
1          5.1         3.5          1.4         0.2  setosa
2          4.9         3.0          1.4         0.2  setosa
3          4.7         3.2          1.3         0.2  setosa
4          4.6         3.1          1.5         0.2  setosa
5          5.0         3.6          1.4         0.2  setosa
6          5.4         3.9          1.7         0.4  setosa

> summary(iris)    // iris 데이터를 구성하는 행의 통계 정보를 요약해서 보여 준다.
  Sepal.Length    Sepal.Width     Petal.Length    Petal.Width          Species
 Min.   :4.300   Min.   :2.000   Min.   :1.000   Min.   :0.100   setosa    :50
 1st Qu.:5.100   1st Qu.:2.800   1st Qu.:1.600   1st Qu.:0.300   versicolor:50
```

```
Median :5.800    Median :3.000    Median :4.350    Median :1.300    virginica :50
Mean   :5.843    Mean   :3.057    Mean   :3.758    Mean   :1.199
3rd Qu.:6.400    3rd Qu.:3.300    3rd Qu.:5.100    3rd Qu.:1.800
Max.   :7.900    Max.   :4.400    Max.   :6.900    Max.   :2.500
```

> **order(iris$Sepal.Width)** // iris 데이터를 Sepal.Width를 기준으로 정렬했을 때, 열의 번호를 보여 준다.

```
  [1]   61   63   69  120   42   54   88   94   58   81   82   70   73   90   99  107  109  114  147
 80   91   93  119  135   60   68   83   84   95
 [30]  102  112  124  143   55   56   72   74   77  100  115  122  123  127  129  131  133  134    9
 59   64   65   75   79   97   98  104  108    2
 [59]   13   14   26   39   46   62   67   76   78   85   89   92   96  103  105  106  113  117  128
130  136  139  146  148  150    4   10   31   35
 [88]   53   66   87  138  140  141  142    3   30   36   43   48   51   52   71  111  116  121  126
144   24   50   57  101  125  145    7    8   12
[117]   21   25   27   29   32   40   86  137  149    1   18   28   37   41   44    5   23   38  110
 11   22   49   19   20   45   47  118  132    6
[146]   17   15   33   34   16
```

> **print(iris[60:65,])**   // 앞의 결과를 확인하기 위하여 iris 데이터 중 60~65를 출력한다.

```
   Sepal.Length Sepal.Width Petal.Length Petal.Width    Species
60          5.2         2.7          3.9         1.4 versicolor
61          5.0         2.0          3.5         1.0 versicolor  // 61이 2로 작다.
62          5.9         3.0          4.2         1.5 versicolor
63          6.0         2.2          4.0         1.0 versicolor  // 63이 2.2로 작다.
64          6.1         2.9          4.7         1.4 versicolor
65          5.6         2.9          3.6         1.3 versicolor
```

// 앞의 명령어 'order(iris$Sepal.Width)'는 정렬된 열의 순서를 보여 준다. 이번에는 정렬된 데이터를 확인하는 방법을 알아본다.

> **temp <- iris[order(iris$Sepal.Width),]**   // 데이터를 정렬하고, temp에 저장한다.

> **head(temp)**   // 저장된 내용의 앞부분을 보여 준다. Sepal.Width 기준으로 정렬된 것을 확인하자.

```
    Sepal.Length Sepal.Width Petal.Length Petal.Width    Species
61           5.0         2.0          3.5         1.0 versicolor
63           6.0         2.2          4.0         1.0 versicolor
69           6.2         2.2          4.5         1.5 versicolor
120          6.0         2.2          5.0         1.5  virginica
42           4.5         2.3          1.3         0.3    setosa
54           5.5         2.3          4.0         1.3 versicolor
```

```
// 정렬을 할 때, 한 가지 기준이 아닌 여러 개의 기준으로 정렬할 수 있다. Sepal.Width로 정렬하고, 이것이 같다면 Sepal.
Length를 적용하는 경우는 다음과 같다.
> temp2 <- iris[order(iris$Sepal.Width, iris$Sepal.Length),]
> head(temp2)
    Sepal.Length Sepal.Width Petal.Length Petal.Width    Species
61           5.0         2.0          3.5         1.0 versicolor
63           6.0         2.2          4.0         1.0 versicolor
120          6.0         2.2          5.0         1.5  virginica
69           6.2         2.2          4.5         1.5 versicolor
42           4.5         2.3          1.3         0.3     setosa
94           5.0         2.3          3.3         1.0 versicolor

> sample(1:10, 5, replace=TRUE)   // 1~10 사이의 숫자 중 다섯 개를 복원하면서 뽑는다.
[1] 2 6 5 2 2
```

명령어 정리

order(a$b)	a 데이터를 b 기준으로 정렬했을 때 열 번호를 보여 준다.

○ 샘플링 방법 정리

주어진 데이터에서 분석을 위한 데이터를 샘플링(Sampling)하는 것은 중요한 과정입니다. 여기에서는
샘플링을 위한 방법을 정리하겠습니다.

- **단순 임의 추출(Simple Random Sampling)** : 주어진 데이터에서 동일한 조건으로 데이터를 뽑는 방
  법입니다. 추출한 것을 복원하는 경우와 복원하지 않는 경우로 나뉩니다.
  예 Sample(1:10, 5, replace=TRUE) – 복원하는 경우

- **체계적 추출(Systematic Sampling)** : 주어진 데이터에서 시간적, 공간적으로 정의된 간격을 두고 데
  이터를 뽑는 방법입니다.
  예 세 번째마다 추출, 5초 간격으로 추출

- **층화 임의 추출(Stratified Random Sampling)** : 주어진 데이터를 몇 개의 계층(Stratum)으로 나누고,
  나눈 계층별로 데이터를 뽑는 방법입니다. 예 데이터를 서울과 지방으로 나누고 각각 데이터 추출

- **군집 추출(Cluster Sampling)** : 주어진 데이터를 군집으로 나누고 각 군집별로 데이터를 뽑는 방법입
  니다. 군집 분석에서 살펴보겠습니다. ▶330쪽 참고

- **다단계 추출(Multistage Sampling)** : 주어진 데이터를 단계별로 나누어 표본을 추출하는 방법입니다.
  예 고객 데이터를 VIP/Non VIP로 나누어 데이터 추출하고 VIP 데이터를 성별로 나누어 데이터를 추출

|04| split, subset, with, merge 명령 사용

R에서 제공하는 데이터 조작 명령어 중에서 사용 빈도가 높은 split, subset, with, merge 명령어를 실습을 통해 익히겠습니다.

소스 : 예제\2_38.R

```
> split(iris, iris$Species) // iris 데이터를 Species를 기준으로 분리하라.
$'setosa'   // Species 중 setosa로 분리된 부분
   Sepal.Length Sepal.Width Petal.Length Petal.Width Species
1           5.1         3.5          1.4         0.2 setosa
2           4.9         3.0          1.4         0.2 setosa
3           4.7         3.2          1.3         0.2 setosa
......

$versicolor // Species 중 versicolor로 분리된 부분
   Sepal.Length Sepal.Width Petal.Length Petal.Width    Species
51          7.0         3.2          4.7         1.4 versicolor
52          6.4         3.2          4.5         1.5 versicolor
53          6.9         3.1          4.9         1.5 versicolor
......

$virginica // Species 중 virginica로 분리된 부분
    Sepal.Length Sepal.Width Petal.Length Petal.Width   Species
101          6.3         3.3          6.0         2.5 virginica
102          5.8         2.7          5.1         1.9 virginica
103          7.1         3.0          5.9         2.1 virginica
......


> temp <- subset(iris, Species == "setosa")
// iris 데이터 중 Species가 setosa인 것을 뽑아서 부분 집합을 만들고, temp에 할당한다.
> head(temp)
  Sepal.Length Sepal.Width Petal.Length Petal.Width Species
1          5.1         3.5          1.4         0.2 setosa
2          4.9         3.0          1.4         0.2 setosa
3          4.7         3.2          1.3         0.2 setosa
4          4.6         3.1          1.5         0.2 setosa
5          5.0         3.6          1.4         0.2 setosa
6          5.4         3.9          1.7         0.4 setosa

> temp2 <- subset(iris, Species == "setosa" & Sepal.Length > 5.0)
// iris 데이터 중 Species가 setosa이고 Sepal.Length가 5.0보다 큰 것을 뽑아서 부분 집합을 만든 다음, temp2에 할당한다.
> head(temp2)
   Sepal.Length Sepal.Width Petal.Length Petal.Width Species
```

```
1          5.1              3.5              1.4              0.2   setosa
6          5.4              3.9              1.7              0.4   setosa
11         5.4              3.7              1.5              0.2   setosa
15         5.8              4.0              1.2              0.2   setosa
16         5.7              4.4              1.5              0.4   setosa
17         5.4              3.9              1.3              0.4   setosa
```

```
> temp3 <- subset(iris, select = c(Sepal.Width, Species))
```
// iris 데이터 중 Sepal.Width와 Species를 뽑아서 부분 집합을 만들고, temp3에 할당한다.
```
> str(temp3)      // 데이터가 150개, 전체임을 확인한다.
'data.frame':    150 obs. of  2 variables:
 $ Sepal.Width: num  3.5 3 3.2 3.1 3.6 3.9 3.4 3.4 2.9 3.1 ...
 $ Species    : Factor w/ 3 levels "setosa","versicolor",..: 1 1 1 1 1 1 1 1 1 1
...
> head(temp3) // 만들어진 temp3의 모습을 확인한다.
  Sepal.Width Species
1         3.5  setosa
2         3.0  setosa
3         3.2  setosa
4         3.1  setosa
5         3.6  setosa
6         3.9  setosa
```

```
> with ( iris,     // with를 사용하면, 이후에는 iris를 명시하지 않아도 된다.
+ {
+    print("Max of Sepal.Width\n")
+    print(max(Sepal.Width))     // 평균을 구하려면, mean을 사용한다.
+    print("Min of Sepal.Width\n")
+    print(min(Sepal.Width))
+ })
[1] "Max of Sepal.Width\n"
[1] 4.4
[1] "Min of Sepal.Width\n"
[1] 2
```

// merge 함수를 알아보기 위해 score, score2 데이터 세트를 만든다.
```
> score <- data.frame(name=c("Seoul","Busan","Daegu","KwangJu"),
population=c(1500, 200, 150, 70))
> score
    name population
```

```
1    Seoul         1500
2    Busan          200
3    Daegu          150
4  KwangJu           70
> score2 <- data.frame(name=c("KwangJu","Daegu", "Seoul", "Busan"), HighTemp =
c(35, 40, 32, 29))
> score2
     name HighTemp
1 KwangJu       35
2   Daegu       40
3   Seoul       32
4   Busan       29
> merge(score, score2)  // 각 name에 해당되는 값을 합친다. 단순히 순서에 의한 것이 아니고, 이름에 의해 정리
된다.
     name population HighTemp
1   Busan        200       29
2   Daegu        150       40
3 KwangJu         70       35
4   Seoul       1500       32
```

명령어 정리

subset([데이터 이름], [속성]=="[속성 값]")	[속성]이 [속성 값]인 것을 뽑아라.
with([데이터 이름], {……})	{ } 안의 명령을 서술할 때, [데이터]를 서술하지 않아도 된다.
merge([데이터 1], [데이터 2])	[데이터 1], [데이터 2] 데이터를 합친다.

|05| which, aggregate 명령 사용

R에서 제공하는 데이터 조작 명령어 중에서 사용 빈도가 높은 which, aggregate 명령어를 실습을 통해
익히겠습니다.

소스 : 예제\2_39.R

```
// which.min과 which.max 함수의 사용 예
> which.min(iris$Sepal.Length)
[1] 14
> which.max(iris$Sepal.Length)
[1] 132
```

```
> aggregate(Sepal.Width~Species, iris, mean)   // Species별로 Sepal.Width의 평균을 보여 준다.
      Species Sepal.Width
1      setosa       3.428
2  versicolor       2.770
3   virginica       2.974

> aggregate(Sepal.Width~Species, iris, max)   // iris 데이터에서 Species별로 Sepal.Width의 최대치를
보여 준다.
      Species Sepal.Width
1      setosa         4.4
2  versicolor         3.4
3   virginica         3.8
```

명령어 정리

which.min([데이터 이름]$[속성])	배열 안 가장 작은 값을 돌려 준다.
which.max([데이터 이름]$[속성])	배열 안 가장 큰 값을 돌려 준다.
aggregate([대상 변수]~[기준 변수], [목적 함수])	기준 변수를 중심으로 다양한 데이터를 통합하고 계산한다.

R에서 제공하는 데이터 조작 관련 명령어 중에서 많이 사용되면서 중요한 것을 정리하였습니다. 단순히 아는 것이 아니라, 필요한 시기에 자유롭게 사용할 수 있도록 익히는 것이 중요합니다. 학습한 명령어를 다시 한 번 확인하기 바랍니다.

```
rbind, cbind, apply, summary, order, sample, split, subset, with, merge, which,
aggregate
```

## CHAPTER 06

데이터 조작 관련 패키지 사용

R에서 기본적으로 제공하는 기능을 이용하면 대부분의 경우 데이터 조작이 가능합니다. 하지만, 보다 편리하고 빠른 작업을 위해 데이터 조작에 특화된 별도 패키지를 사용하기를 권합니다. 수십 개의 패키지가 준비되어 있지만 그 중에서 가장 많이 사용하는 dplyr, sqldf 패키지 사용법을 집중적으로 설명합니다.

|01| dplyr 패키지 사용

데이터 조작에 가장 많이 사용하는 패키지입니다. 실습을 통하여 dplyr 패키지를 사용한 데이터 조작 방법을 익히겠습니다.

소스 : 예제\2_40.R

```
> install.packages(c("dplyr", "hflights"))
```
// 필요한 패키지(dplyr), 데이터(hflights)를 설치한다. 여러 개를 동시에 설치하는 예이다. Secure CRAN mirrors 창이 표시되면 국가 및 지역을 선택하고 설치한다.

……
```
> library(dplyr)          // 설치된 dplyr 패키지를 사용하겠다고 선언한다.
```
……
```
> library(hflights)       // 설치된 hflights 데이터를 사용하겠다고 선언한다. hflights 데이터는 설치가 필요한 특수한
                                형태이다.
> head(hflights)          // 비행 기록에 대한 데이터가 출력된다.
```
……
```
> dim(hflights)           // 데이터의 레코드 수(227496)와 항목 수(21)가 표시된다.
[1] 227496       21
> str(hflights)           // 데이터 항목 구성을 확인한다. char, int로 되어 있다.
'data.frame':    227496 obs. of  21 variables:
 $ Year         : int  2011 2011 2011 2011 2011 2011 2011 2011 2011 2011 ...
 $ Month        : int  1 1 1 1 1 1 1 1 1 1 ...
 $ DayofMonth   : int  1 2 3 4 5 6 7 8 9 10 ...
 $ DayOfWeek    : int  6 7 1 2 3 4 5 6 7 1 ...
```

```
$ DepTime           : int  1400 1401 1352 1403 1405 1359 1359 1355 1443 1443 ...
$ ArrTime           : int  1500 1501 1502 1513 1507 1503 1509 1454 1554 1553 ...
$ UniqueCarrier     : chr  "AA" "AA" "AA" "AA" ...
$ FlightNum         : int  428 428 428 428 428 428 428 428 428 428 ...
$ TailNum           : chr  "N576AA" "N557AA" "N541AA" "N403AA" ...
$ ActualElapsedTime : int  60 60 70 70 62 64 70 59 71 70 ...
$ AirTime           : int  40 45 48 39 44 45 43 40 41 45 ...
$ ArrDelay          : int  -10 -9 -8 3 -3 -7 -1 -16 44 43 ...
$ DepDelay          : int  0 1 -8 3 5 -1 -1 -5 43 43 ...
$ Origin            : chr  "IAH" "IAH" "IAH" "IAH" ...
$ Dest              : chr  "DFW" "DFW" "DFW" "DFW" ...
$ Distance          : int  224 224 224 224 224 224 224 224 224 224 ...
$ TaxiIn            : int  7 6 5 9 9 6 12 7 8 6 ...
$ TaxiOut           : int  13 9 17 22 9 13 15 12 22 19 ...
$ Cancelled         : int  0 0 0 0 0 0 0 0 0 0 ...
$ CancellationCode  : chr  "" "" "" "" ...
$ Diverted          : int  0 0 0 0 0 0 0 0 0 0 ...
```

> **hflights_df <- tbl_df(hflights)**

// tbl_df 명령을 이용해서 기본 데이터를 테이블 형으로 변환한 다음, hflights_df에 할당한다. 변환하면, 명령어 수행 후의 결과나 다른 작업의 수행이 빠르고, 보기에 좋다.

> **head(hflights_df)**   // 원래 모양과 변환된 후의 모양을 비교해 보라.

......

> **filter(hflights_df, Month==1, DayofMonth==1)**

// 데이터(hflights_df) 항목 중 Month가 1이고, DayofMonth도 1인 데이터를 뽑아서 화면에 보여 준다. 이때, 전체 레코드가 보인다.

// '> filter(hflights, Month==1, DayofMonth==1)'을 수행하여 결과를 비교하라.

// hflights_df에서 ArrDelay, Month, Year를 뽑아서 temp에 할당한다.

> **temp <- select(hflights_df, ArrDelay, Month, Year)**

> **head(temp)**   // 만들어진 데이터 세트의 모양을 확인한다.

```
# A tibble: 6 x 3
  ArrDelay Month  Year
     <int> <int> <int>
1      -10     1  2011
2       -9     1  2011
3       -8     1  2011
4        3     1  2011
```

```
5      -3    1  2011
6      -7    1  2011
```

> **temp2 <- arrange(temp, ArrDelay, Month, Year)**

// temp 데이터 세트를 ArrDelay, Month, Year순으로 정렬하고, temp2에 할당한다.

> **head(temp2)**   // 정렬된 결과를 확인한다.

```
# A tibble: 6 x 3
  ArrDelay Month  Year
     <int> <int> <int>
1      -70     7  2011    // ArrDelay가 가장 작은 값(-70)부터 정렬되었다.
2      -57    12  2011
3      -56     8  2011
4      -56     8  2011
5      -55     8  2011    // ArrDelay가 같으면, Month 값이 작은 값이 먼저 나온다.
6      -55    12  2011
```

> **temp3 <- select(hflights_df, Year:DayOfWeek)**

// hflights_df 21개 항목 중에서 Year부터 DayOfWeek까지를 뽑아서 temp3에 저장한다. 만약, Year와 DayOfWeek만 뽑으려면, select(hflights_df, Year, DayOfWeek)라고 한다.

> **head(temp3)**   // temp3의 저장된 데이터를 확인한다.

```
# A tibble: 6 x 4
   Year Month DayofMonth DayOfWeek
  <int> <int>      <int>     <int>
1  2011     1          1         6
2  2011     1          2         7
3  2011     1          3         1
4  2011     1          4         2
5  2011     1          5         3
6  2011     1          6         4
```

> **temp5 <- select(hflights_df, -(Year:DepDelay))**

// 원 데이터에서 Year부터 DepDelay까지를 빼고, 나머지로 temp5를 구성한다.

> **head(temp5)**   // 데이터를 확인한다.

```
# A tibble: 6 x 8
  Origin Dest  Distance TaxiIn TaxiOut Cancelled CancellationCode Diverted
  <chr>  <chr>    <int>  <int>   <int>     <int> <chr>               <int>
1 IAH    DFW        224      7      13         0 ""                      0
2 IAH    DFW        224      6       9         0 ""                      0
3 IAH    DFW        224      5      17         0 ""                      0
4 IAH    DFW        224      9      22         0 ""                      0
```

```
5 IAH       DFW          224        9        9        0 ""                    0
6 IAH       DFW          224        6       13        0 ""                    0
```

> Delaytime <- mutate(hflights_df, gain=ArrDelay-DepDelay)

// 데이터(hflights_df) 항목 중에서 ArrDelay에서 DepDelay를 뺀 값을 별도의 gain 항목을 만들어 저장한다.

> head(Delaytime)   // 확인해 보자. 너무 커서 확인하기 어렵다.

……

// '>str(Delaytime)'을 이용하면 마지막에 gain이 만들어진 것을 볼 수 있다.

> Delaytime2 <- select(Delaytime, gain)   // Delaytime에서 gain을 뽑아서 Delaytime2에 저장한다.

> head(Delaytime2)   // 내용을 확인한다.

```
# A tibble: 6 x 1
   gain
  <int>
1   -10
2   -10
3     0
4     0
5    -8
6    -6
```

명령어 정리

dim([데이터 이름])	데이터의 레코드 개수와 항목 수를 보여준다.
tbl_df([데이터 이름])	데이터를 테이블 모양으로 변경한다.
filter([데이터 이름], [속성 1] == 1, [속성 2] == 1)	데이터에서 [속성 1]과 [속성 2]가 1인 데이터를 뽑아 낸다.
select([데이터 이름], [속성 1], [속성 2])	데이터에서 [속성 1], [속성 2]를 뽑아 낸다.
arrange([데이터 이름], [속성 1], [속성 2])	데이터를 [속성 1], [속성 2] 순서로 정리한다.
mutate([데이터 이름], [새 변수]=[기존 변수를 이용한 수식])	데이터에서 [기존 변수를 이용한 수식]을 구하여 [새 변수]에 할당한다.

연습문제
EXERCISES

gain=ArrDelay−DepDelay입니다. gain이 가장 적은 비행기 번호, 연도, 월을 구해 봅시다. 다음과 같이 작업하면 됩니다.

① gain을 기준으로 정렬합니다.

② 필요한 것을 추출합니다.

③ gain이 적은 것부터 정렬합니다.

주어진 데이터에 대한 간단한 연산을 하는 방법에 대하여 알아보고 데이터를 특정 항목으로 그룹화한 다음 처리하는 방식을 살펴봅니다. 그리고 dplyr 패키지가 가지는 연속 동작 기능도 사용해 볼 수 있습니다. 실무에서 많이 사용되며, dplyr 패키지의 강점이기도 합니다.

소스 : 예제 \ 2_41.R

```
// hflights_df 데이터에서 DepDelay 항목의 평균을 구해 보자.
// na.rm은 결측치를 제거하라는 의미이므로 그냥 사용하면 된다.
> summarise(hflights_df, delay=mean(DepDelay, na.rm=TRUE))
# A tibble: 1 x 1
  delay
  <dbl>
1  9.44 // DepDelay의 평균이 9.44이다. 즉 출발 평균 지연이 9.44분이다.


// 데이터의 두 항목(ArrTime, DepTime)의 차이에 대한 평균을 구해 보자.
> summarise(hflights_df, delay=mean(ArrTime-DepTime, na.rm=TRUE))
# A tibble: 1 x 1
  delay
  <dbl>
1  183.  // 도착과 출발 사이는 평균 183분의 차이가 있다는 의미이다.


> planes <- group_by(hflights_df, TailNum)
// 데이터(hflights_df)를 TailNum 항목으로 그룹화한 다음 planes에 저장한다.
> head(planes) // 데이터를 확인해 보자. 너무 커서 보기가 어렵다.
……
> str(hflights_df$TailNum)  // 그룹화하는 TailNum 데이터를 살펴보자.
 chr [1:227496] "N576AA" "N557AA" "N541AA" "N403AA" "N492AA" "N262AA" "N493AA"
"N477AA" "N476AA" "N504AA" "N565AA" "N577AA" "N476AA" "N552AA" "N462AA" ...


> MeanDistanceOfTailNum <- summarise(planes, count=n(), dist=mean(Distance,
na.rm=TRUE))
// 그룹된 데이터를 그룹별로 몇 개의 경우가 있는지(count), 각 그룹의 평균 운항 거리(Distance)는 얼마인지 구해 보자. 변수의 이름을 길지만 의미를 가지도록 지정하였다. 실무에서는 중요하다.
> head(MeanDistanceOfTailNum)   // 구한 값을 확인해 보자.
# A tibble: 6 x 3
  TailNum count  dist
  <chr>   <int> <dbl>
1 ""        795  939.
2 N0EGMQ     40 1095.
3 N10156    317  802.
4 N10575     94  632.
```

```
5 N11106    308  775.
6 N11107    345  768.
```

```
> CountDistanceCondition <- filter(MeanDistanceOfTailNum, count>20, dist<2000)
```
// MeanDistanceOfTailNum에서 count>20, dist<2000의 조건에 맞는 것을 뽑는다.
```
> head(CountDistanceCondition)  // 값을 확인한다.
# A tibble: 6 x 3
  TailNum count  dist
  <chr>   <int> <dbl>
1 ""        795  939.
2 N0EGMQ     40 1095.
3 N10156    317  802.
4 N10575     94  632.
5 N11106    308  775.
6 N11107    345  768.
```

// 앞에서 배웠던 것들을 총 복습한 다음 dplyr 패키지가 가지는 연속 동작 기능을 사용해 보자. 실무에서 많이 사용되며, dplyr 패키지의 강점이기도 하다.
```
> a1 <- group_by(hflights, Year, Month, DayofMonth)
```
// 데이터를 Year, Month, DayofMonth순으로 그룹화하여 a1에 저장한다.

```
> a2 <- select(a1, Year:DayofMonth, ArrDelay, DepDelay)   // a1에 저장된 데이터에서 Year-
```
DayofMonth, ArrDelay, DepDelay만 a2에 할당한다.
```
> a3 <- summarise(a2, arr=mean(ArrDelay, na.rm=TRUE), dep=mean(DepDelay,
na.rm=TRUE))
```
// a2 데이터에서 ArrDelay, DepDelay의 평균을 구해서 새로운 변수 arr, dep 변수에 저장한 다음, 전체를 a3에 저장한다.
```
> head(a3)
# A tibble: 6 x 5
# Groups:   Year, Month [1]
  Year Month DayofMonth   arr   dep
  <int> <int>    <int>  <dbl> <dbl>
1 2011    1         1   10.1  10.7
2 2011    1         2   10.5  15.7
3 2011    1         3    6.04 13.4
4 2011    1         4    7.97 11.9
5 2011    1         5    4.17  6.33
6 2011    1         6    6.07  5.28
> a4 <- filter(a3, arr>30 | dep >30)
```
// a3 데이터에서 조건에 맞는 것을 a4에 저장한다.
```
> head(a4)
```

```
# A tibble: 6 x 5
# Groups:    Year, Month [4]
    Year Month DayofMonth    arr    dep
   <int> <int>      <int>  <dbl>  <dbl>
1   2011     2          4   44.1   47.2
2   2011     3          3   35.1   38.2
3   2011     3         14   46.6   36.1
4   2011     4          4   38.7   27.9
5   2011     4         25   37.8   22.3
6   2011     5         12   69.5   64.5
```

// 마지막으로 앞에서 했던 과정들을 다음 명령어처럼 연속적으로 정의 및 수행할 수 있다. 수행해 보면, 동일한 결과를 얻을 수 있다. 명령어를 연결하기 위하여 %>%를 사용하고 있음을 확인하라.

```
> hflights_df %>% group_by(Year, Month, DayofMonth) %>%
summarise(arr=mean(ArrDelay, na.rm=TRUE), dep=mean(DepDelay, na.rm=TRUE)) %>%
filter(arr>30 | dep>30)
```

명령어 정리

summaries([데이터 이름], [새 변수]=[기존 변수를 요약 통계량 옵션])	수치형 값에 대한 요약 통계량을 계산한다.
group_by ([데이터 이름], [속성])	데이터를 [속성]으로 그룹화한다.

dplyr 패키지를 어떻게 사용하는지 충분히 파악했을 것입니다. 좀 더 관심이 있다면 dplyr 패키지에 대한 설명을 제공하는 웹 사이트를 통해 보다 자세한 정보를 얻을 수 있습니다.

• https://cran.r-project.org/web/packages/dplyr/vignettes/dplyr.html

|02| sqldf 패키지 사용

데이터 조작을 위하여 RDB의 SQL 문을 사용할 수 있도록 해 주는 패키지를 알아보겠습니다. SQL 문은 데이터베이스를 다루는 사람의 경우에 익숙하므로, 별도로 배우지 않아도 사용할 수 있습니다. 실제 사용해 보면 아주 쉽고 유용합니다(R은 작업 내용을 메모리에 올려 두고 사용합니다. 메모리 블락을 할당할 수 없다는 메시지가 표시되는 경우는 메모리가 충분하지 않기 때문입니다).

```
> install.packages("sqldf")  // sqldf 패키지를 설치한다.
> library(sqldf)    // sqldf 패키지를 사용하겠다고 선언한다.
......
> sqldf('select "Sepal.Width" from iris')
// iris 데이터에서 Sepal.Width를 뽑아서 화면에 표시한다.

......
> install.packages("sqldf")  // sqldf 패키지를 설치한다.
> library(sqldf)    // sqldf 패키지를 사용하겠다고 선언한다.
......
> sqldf('select "Sepal.Width" from iris')
// iris 데이터에서 Sepal.Width를 뽑아서 화면에 표시한다.

......
> sqldf('select avg("Sepal.Width") from iris where Species="versicolor"')
```

// iris 데이터에서 Species가 versicolor인 것 중에서 Sepal.Width의 평균을 구해서 보여 준다. avg 외에 sum, max, min, count 등을 사용할 수 있다.

```
  avg("Sepal.Width")
1                2.77
```

// 다른 명령어를 조합하여 위와 동일한 기능을 수행하는 예

```
> mean(subset(iris, Species=="versicolor")$"Sepal.Width")
[1] 2.77


> sqldf('select species, avg("Sepal.Width") from iris group by "Species"')
```

// Species로 묶은 다음 Sepal.Width의 평균을 구하여 화면에 보여 준다.

```
      Species avg("Sepal.Width")
1 setosa              3.428
2 versicolor          2.770
3 virginica           2.974


> sqldf('select * from iris where Species="setosa"')
```

// Species가 setosa인 모든 데이터를 보여 준다.

```
  Sepal.Length Sepal.Width Petal.Length Petal.Width Species
1          5.1         3.5          1.4         0.2  setosa
2          4.9         3.0          1.4         0.2  setosa
3          4.7         3.2          1.3         0.2  setosa
4          4.6         3.1          1.5         0.2  setosa
5          5.0         3.6          1.4         0.2  setosa

......
> sqldf('select * from iris where Species="setosa" limit 3')
```

// 위와 같이 보여 주는 데이터가 많은 경우. 세 개만 보여 주라는 명령어의 사용 예

```
   Sepal.Length Sepal.Width Petal.Length Petal.Width Species
1          5.1          3.5          1.4         0.2 setosa
2          4.9          3.0          1.4         0.2 setosa
3          4.7          3.2          1.3         0.2 setosa
```

> sqldf('select * from iris where Species="setosa" ORDER BY "Sepal.Width"')

// Species가 setosa인 것을 Sepal.Width로 정렬해서 보여 준다.

```
   Sepal.Length Sepal.Width Petal.Length Petal.Width Species
1          4.5          2.3          1.3         0.3 setosa
2          4.4          2.9          1.4         0.2 setosa
3          4.9          3.0          1.4         0.2 setosa
4          4.8          3.0          1.4         0.1 setosa
5          4.3          3.0          1.1         0.1 setosa
6          5.0          3.0          1.6         0.2 setosa
7          4.4          3.0          1.3         0.2 setosa
......
```

// iris 데이터에서 Species가 versicolor인 데이터 중에서 Sepal.Length가 3.5 이상인 데이터를 뽑는 작업을 수행한다. 한 번에 할 수도 있지만, 이해를 위하여 두 단계로 나누어 진행한다.

> temp <- sqldf('select * from iris WHERE "Species" = "versicolor"')

// 1단계 : iris 데이터에서 Species가 versicolor인 경우를 뽑는다.

> head(temp)

```
  Sepal.Length Sepal.Width Petal.Length Petal.Width     Species
1          7.0         3.2          4.7         1.4 versicolor
2          6.4         3.2          4.5         1.5 versicolor
3          6.9         3.1          4.9         1.5 versicolor
4          5.5         2.3          4.0         1.3 versicolor
5          6.5         2.8          4.6         1.5 versicolor
6          5.7         2.8          4.5         1.3 versicolor
```

> sqldf('select * from temp') // 데이터의 확인 작업

```
  Sepal.Length Sepal.Width Petal.Length Petal.Width     Species
1          7.0         3.2          4.7         1.4 versicolor
2          6.4         3.2          4.5         1.5 versicolor
3          6.9         3.1          4.9         1.5 versicolor
4          5.5         2.3          4.0         1.3 versicolor
......
```

> sqldf('select * from temp WHERE "Sepal.Length" > 3.5')

// 2단계 : 뽑힌 데이터에서 Sepal.Length가 3.5보다 큰 것을 뽑아 보여 준다.

```
  Sepal.Length Sepal.Width Petal.Length Petal.Width     Species
1          7.0         3.2          4.7         1.4 versicolor
2          6.4         3.2          4.5         1.5 versicolor
```

```
3              6.9        3.1        4.9          1.5 versicolor
......
```

명령어 정리	
sqldf()	괄호 안의 SQL 문을 수행한다.
avg()	괄호 안의 값의 평균을 구한다.

여기까지 Sqldf 패키지에 대한 설명을 마치겠습니다. 추가적으로 공부하길 원한다면 ① 두 개의 데이터 세트를 Join해서 조회하는 경우와 ② 데이터를 추가, 수정, 삭제하는 기능을 배우는 것을 추천합니다.

|03| 다른 패키지

사용 빈도가 높고 유용하게 사용할 수 있는 패키지 두 개를 소개하였습니다. 그 외 다른 패키지는 다음 표에 간단하게 정리합니다. R에는 데이터 조작을 포함하여 다양한 기능을 제공하는 패키지가 있습니다.

패키지	용도
plry	데이터를 분할(Split)하고 분할된 결과를 함수에 적용(Apply)한 다음 결과를 재조합(Combine)합니다.
reshape2	데이터 모양을 바꾸거나 요약합니다.
data.table	R 데이터 프레임을 대신할 수 있는 빠르고 편리한 데이터 타입입니다.
foreach	apply 계열 함수들과 for 문을 대신할 수 있는 반복문 구조입니다.
doParallel	멀티 코어를 사용한 프로그램의 병렬적 수행 기능입니다.
testthat	R 코드 기능 테스트를 위한 유닛 테스팅 프레임워크입니다.

패키지는 많이 아는 것이 중요한 것이 아니라, 본인에게 편한 것을 익혀서 활용하는 것이 중요합니다. 앞에서 소개한 패키지를 검토해 보고 유용하다고 판단되면 추가적으로 활용하면 좋습니다.

이 책에 있는 모든 내용이 중요하지만 그 중에도 이번 파트의 내용은 다른 파트 내용을 활용하기 위해서 공통적으로 사용되는 것이므로 더욱 중요합니다. **이해뿐만 아니라 암기하고 자연스럽게 사용할 수 있도록 연습을 해야 합니다.**

다음 내용을 보고, 답을 확신할 수 없다면 본문 내용을 다시 확인하기 바랍니다.

1 R의 환경 변수를 설정하는 방법은 무엇인가?

2 R의 대화형 모드와 배치형 모드의 차이는 무엇이며, 어떻게 사용하는가?

3 R에서 파일을 읽고, 파일로 저장하는 방법은 어떤 종류가 있는가?

4 R의 데이터 타입은 어떤 종류가 있으며, 각 종류는 서로 어떤 관계를 가지는가? 그리고, 실무에서 많이 사용하는 데이터 타입은 어떤 것이 있는가?

5 R의 프로그래밍 기능에서 함수를 선언하고 사용하는 방법은 무엇인가?

6 R의 프로그래밍에서 반복 및 순환을 지원하는 기능은 무엇인가?

7 데이터 조작을 위한 명령어 중에서 rbind, cbind는 어떻게 사용하는가?

8 summary, order, sample 명령어의 기능은 무엇인가?

9 split, subset, with, merge 명령어의 기능은 무엇인가?

10 dplyr 패키지에서 %.% 의 역할은 무엇인가?

11 sqldf 패키지는 어떤 특징을 가지는가?

※ [복습]에 대한 답변은 정보문화사 홈페이지에서 예제 소스와 함께 확인할 수 있습니다.

통계 분석 외에 데이터 마이닝이나 빅데이터 분석으로 넘어가면 분석을 위한 데이터가 내가 원하는 형태로 되어 있지 않은 경우가 많습니다. 특히 IoT 시대에 센서에 의해 만들어진 데이터는 거의 대부분 분석에 앞서 데이터 변형이 필요합니다.

Part 3에서는 데이터 분석 전문가로서 알아야 하는 데이터 분석 유형과 데이터 탐색 기법, 전처리 과정을 설명합니다. 데이터 분석이 무엇이며 구체적으로 무엇을 하는 것인지, 그리고 실제 수행하는 과정에서 필요한 기술을 알아보겠습니다.

구체적으로 데이터 전처리를 위해 데이터 확인, 결측 및 이상 값 처리, 특성 조작 등의 내용을 다루게 되고, 정확한 분석을 위한 데이터 정규화와 주성분 분석을 소개합니다. 마지막으로 변수를 제거하거나 중요 변수를 선발하는 기법을 학습하게 됩니다. 지루하지 않게 설명은 최소한으로 줄이고, 실습을 통하여 익힐 수 있도록 내용을 구성하였습니다.

데이터 분석 및
전처리 기법

## CHAPTER 01

데이터 분석 전문가 필요 역량

데이터 분석 전문가는 데이터를 기반으로 한 의사 결정(Data Informed Decision)을 지원하는 사람입니다. 데이터 분석 전문가가 갖추어야 하는 역량은 다음과 같습니다.

○ 데이터에 대한 업무 지식

목적에 따라 어떤 데이터를, 어디에서, 어떻게, 어떤 모양으로 수집하는지 알아야 하고, 수집된 데이터를 이해할 수 있어야 합니다. 그러기 위해서는 관련된 분야에 대한 지식과 경험이 있어야 합니다.

○ 통계 및 분석 방법 이해

데이터 분석을 위해 통계, 데이터 마이닝, 머신러닝(지도 학습/비지도 학습), 데이터 시각화(Data Visualization) 등 다양한 기법을 이해해야 합니다. 주어진 데이터를 대상으로 분석을 수행하는 경우도 있지만, 많은 경우에 어떤 결과를 어떤 기법을 사용하여 도출할 것인지를 결정하고 데이터를 역으로 수집합니다. 이런 경우 목적에 따른 분석 기법과 과정을 사전 결정하는 것이 중요합니다.

○ 분석 도구 이해

수집된 데이터 분석을 수행하는 도구에 대한 숙련도가 필요합니다. 엑셀, SAS, SPSS, R, 파이썬 라이브러리, Weka, NetLogo, Vensim 등 다양한 분석 도구를 분석 목적과 데이터 상태에 맞추어 사용할 수 있어야 합니다. R은 가장 편하면서 다양한 기능을 지원하는 분석 도구입니다.

○ 비즈니스 커뮤니케이션

분석을 정의하고, 수행하고, 결과 보고서를 만들고, 고객에게 전달하는 과정에 대한 숙련도가 필요합니다. 이를 위해 오피스, R의 그래픽 기능, 워드 등을 활용할 수 있어야 합니다.

## CHAPTER 02

데이터 분석의 유형

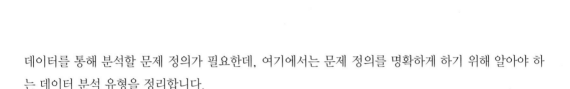

데이터 분석을 수행할 때, 가장 먼저 해야 하는 일은 '문제 정의'입니다. 데이터 분석을 시작하기 전 '데이터 분석을 통해 알고 싶은 것'을 구체적이고 명확하게 정의하지 않으면 어떻게 분석해야 하는지를 결정할 수 없습니다.

데이터를 통해 분석할 문제 정의가 필요한데, 여기에서는 문제 정의를 명확하게 하기 위해 알아야 하는 데이터 분석 유형을 정리합니다.

○ 서술적 분석

서술적 분석(Descriptive Analysis)은 주어진 데이터를 조작해서 결과를 얻는 것을 말합니다. 데이터를 계산 및 조작해서 얻어진 사실만을 표현하며 해석 과정이 없습니다. 주로 파이 그래프, 산점도(두 개의 연속형 변수 관계를 보기 위하여 직교좌표의 평면에 관측점을 찍어 만든 통계 그래프), 막대 그래프 등이 사용되며, 요약 테이블을 만드는 경우도 있습니다.

예 제품의 월별 매출 현황, 제품별/지역별 판매 현황

○ 탐구적 분석

탐구적 분석(Exploratory Analysis)은 여러 변수 사이 추세나 패턴, 관계를 찾는 것입니다. 모델링보다는 그래프를 통해 진행되는 경우가 많고, 데이터 분석 초기에 데이터 특성을 파악하고 가설을 수립하기 위해 사용합니다.

• 분석 주의 사항
  – 목표 지향(Target Oriented) : 분석의 목적을 염두에 두고 작업을 진행합니다. 흥미로운 내용이 발견되어도 목적에 맞지 않으면 보류하는 집중력이 필요합니다.
  – 재현성(Reproducibility) : 변수의 개수가 많은 경우, 변수 사이 관계에 대한 여러 종류의 그래프를 그리게 되는데, 종합적 분석을 위해 만들어진 자료의 체계적인 관리가 중요합니다.

○ 추정 분석

추정 분석(Inferential Analysis)은 샘플과 모집단 사이 관계를 탐구하는 분석이고 통계에 관련된 기법들이 여기에 포함됩니다. 대표적으로, 추정과 검정 작업을 수행하는 것을 생각할 수 있습니다. 이 책에서 관련된 내용을 상세하게 설명합니다.

○ 예측 분석

예측 분석(Predictive Analysis)은 머신러닝, 의사 결정 나무 등 다양한 기법을 사용하여 미래에 대한 예측을 수행하는 것입니다. 모델을 만들고 데이터를 이용해서 학습을 수행한 다음 이것을 이용하여 예측을 수행합니다. 예측 모델에 의사결정을 위한 변수를 포함한 것으로 생각하면 됩니다. 이 책에서 상세한 내용을 다루게 됩니다.

○ 인과 분석

인과 분석(Causal Analysis)은 독립 변수와 종속 변수 사이 인과 관계가 있는지를 확인하기 위한 분석입니다. 선형 회귀(Linear Regression)가 많이 사용되며, 변수가 여러 개인 경우에는 다변량 회귀(Multi-Variable Regression)가 사용됩니다. 변수가 범주형일 경우에는 로지스틱 회귀(Logistic Regression)가 사용됩니다. 이 책에서 상세한 내용을 다룹니다.

○ 기계론적 분석

기계론적 분석(Mechanistic Analysis)은 독립 변수가 어떤 과정을 통하여 종속 변수에 영향을 미치는지를 분석하는 것입니다. 분석 난이도가 높고, 다양한 방법이 있습니다. 이 책에서 다루는 많은 기법들을 연계하여 사용합니다.

|알아두기|

인과 분석 vs 기계론적 분석

인과 분석은 독립, 종속 변수 사이 인과 관계를 밝히는 것이고, 기계론적 분석은 독립 변수가 어떤 작용을 통해 종속 변수에 영향을 미치는지를 이해하는 것입니다. 동일한 데이터를 사용하지만 분석 목적이 다릅니다.

인과 분석 vs 예측 분석

예를 들어, 인과 분석은 금연 성공률에 영향을 미치는 변수가 무엇인지를 찾는 것이고, 예측 분석은 금연 성공률에 영향을 미치는 모든 요소를 적용하여 모델을 만든 다음 금연 성공률을 예측하는 것입니다.

## CHAPTER 03

데이터 탐색 과정

데이터 분석 첫 번째 단계는 분석할 데이터를 탐색하는 것입니다. 분석할 데이터를 탐색하는 방법을 알아보겠습니다.

데이터 탐색 과정을 이해하기 위하여 R에서 제공하는 iris 데이터를 대상으로 데이터에 대한 탐색을 진행하며 사례를 살펴보겠습니다.

소스 : 예제\3_01.R

```
> head(iris)    // iris 데이터의 앞부분을 확인한다.
......
  Sepal.Length Sepal.Width Petal.Length Petal.Width Species
1          5.1         3.5          1.4         0.2  setosa
2          4.9         3.0          1.4         0.2  setosa
3          4.7         3.2          1.3         0.2  setosa
4          4.6         3.1          1.5         0.2  setosa
5          5.0         3.6          1.4         0.2  setosa
6          5.4         3.9          1.7         0.4  setosa
// 다섯 개의 칼럼이 있다. Sepal은 꽃받침이고, Petal은 꽃잎을 의미한다.

> tail(iris)    // iris 데이터의 마지막 부분을 확인한다. 데이터가 150개 있다.
    Sepal.Length Sepal.Width Petal.Length Petal.Width   Species
145          6.7         3.3          5.7         2.5 virginica
146          6.7         3.0          5.2         2.3 virginica
147          6.3         2.5          5.0         1.9 virginica
148          6.5         3.0          5.2         2.0 virginica
149          6.2         3.4          5.4         2.3 virginica
150          5.9         3.0          5.1         1.8 virginica

> summary(iris)    // 데이터의 각 칼럼별 기본 통계량을 확인한다.
```

```
     Sepal.Length        Sepal.Width        Petal.Length        Petal.Width           Species
 Min.    :4.300     Min.    :2.000     Min.    :1.000     Min.    :0.100     setosa      :50
 1st Qu.:5.100     1st Qu.:2.800     1st Qu.:1.600     1st Qu.:0.300     versicolor  :50
 Median :5.800     Median :3.000     Median :4.350     Median :1.300     virginica   :50
 Mean    :5.843     Mean    :3.057     Mean    :3.758     Mean    :1.199
 3rd Qu.:6.400     3rd Qu.:3.300     3rd Qu.:5.100     3rd Qu.:1.800
 Max.    :7.900     Max.    :4.400     Max.    :6.900     Max.    :2.500

> str(iris)     // 데이터를 구성하는 칼럼 속성을 확인한다.
'data.frame':    150 obs. of  5 variables:        // 150개의 데이터, 5개의 변수
 $ Sepal.Length: num  5.1 4.9 4.7 4.6 5 5.4 4.6 5 4.4 4.9 ... // 숫자 변수
 $ Sepal.Width : num  3.5 3 3.2 3.1 3.6 3.9 3.4 3.4 2.9 3.1 ...
 $ Petal.Length: num  1.4 1.4 1.3 1.5 1.4 1.7 1.4 1.5 1.4 1.5 ...
 $ Petal.Width : num  0.2 0.2 0.2 0.2 0.2 0.4 0.3 0.2 0.2 0.1 ...
 $ Species     : Factor w/ 3 levels "setosa","versicolor",..: 1 1 1 ..
// 3 팩터 변수.

> plot(iris)     // 데이터를 구성하는 칼럼 사이 연관성을 그림으로 확인한다.
```

명령어 정리	
plot()	주어진 데이터를 기반으로 산점도를 그린다.

|01| 칼럼 사이 연관관계 파악하기

전체 칼럼 사이 연관관계를 그래프로 파악할 수 있습니다.

Sepal.Length와 Sepal.Width의 연관관계는 그림 왼쪽 위에서 확인할 수 있습니다. Patal.Width와 Species와의 연관관계는 그림 오른쪽 아래에서 확인할 수 있습니다.

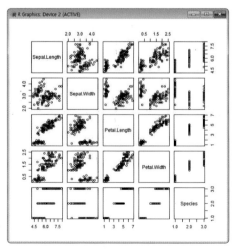

▲ iris 데이터 산점도 통합

|02| 정보 파악하기

칼럼 사이 연관성이 파악되었으므로, 이제 특정 칼럼에 대한 정보를 파악할 시간입니다. Iris 데이터 중 Sepal. Length의 데이터를 살펴보겠습니다.

```
> plot(iris$Sepal.Lehgth))
```

150개의 데이터가 4~8 정도에 걸쳐 있습니다. 데이터가 Length에 따라 어느 정도 무리지어 있음을 확인할 수 있습니다. 그래프를 자세히 분석하면 데이터가 가지는 특성을 발견할 수 있습니다.

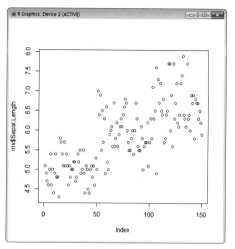

▲ iris 데이터 중 Sepal.Length 데이터 산점도

|03| 칼럼 사이 연관관계 분석하기

한 개의 데이터에 대한 분석이 마무리되었다면, 이제는 칼럼 사이 연관관계를 분석해 보겠습니다.

iris 데이터 중 Sepal.Length와 Petal.Length를 비교해서 분석하고 싶다고 가정하고, Sepal.Length, Petal. Length 데이터를 뽑아 새로운 데이터를 만든 다음 비교하고자 하는 데이터를 이용해서 그림을 그리겠습니다.

소스 : 예제\3_02.R

```
> Sepal_Length <- iris[,1]    // iris에서 Sepal.Length를 뽑아서 Sepal_Length에 할당
> Petal_Length <- iris[,3]    // iris에서 Petal.Length를 뽑아서 Petal_Length에 할당

> temp <- cbind(Sepal_Length, Petal_Length)  // 행렬을 만들고 새로운 데이터를 구성한다.

> boxplot(temp)    // 분석을 위한 그림을 그린다.
```

명령어 정리

boxplot()	boxplot 그림을 그린다.

그림을 통하여 두 칼럼이 가지는 값의 분포(데이터 평균
및 흩어짐 정도)가 다름을 확인할 수 있습니다. 데이터
사이 연관관계에 대한 분석은 이러한 과정을 거쳐서 다
양하게 진행할 수 있습니다.

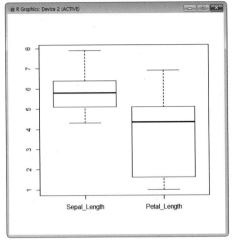

▲ Sepal.Length와 Petal.Length의 Boxplot

|04| 종류별 분포 확인하기

이번에는 Sepal.Length와 Sepal.Width가 각 종류별로 어떻게 분포가 되는지를 알아보겠습니다. 즉,
setosa라는 종은 Sepal.Length, Sepal.Width가 어떻게 분포되고, versicolor, virginica 종은 어떻게 분포
되는지를 알아보는 것입니다.

소스 : 예제 \3_03.R

```
> plot(iris$Sepal.Length, iris$Sepal.Width, pch=as.numeric(iris$Species))
// 각 종별 Sepal.Length, Sepal.Width를 비교한다.
```

그려진 그래프는 데이터에 있는 Sepal.Length, Sepal.
Width가 종(Species)에 따라서 어떻게 분포되는지를 보
여 주고 있습니다.

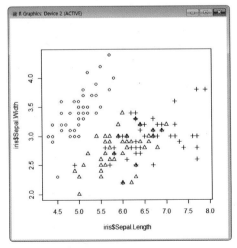

▲ Sepal.Length과 Sepal.Width의 Plot

여기에서는 데이터 분석이 주 관심사이므로, Petal.Length와 Petal.Width가 종(Speceis)에 따라서 어떤 분포를 보이는지, 실습을 통해 확인하기를 추천합니다. 추가적으로 Sepal.Length와 Petal.Length도 종에 따라서 어떻게 표현되는지 확인해 보았으면 합니다.

|05| 별도 패키지로 탐색하기

R에서 기본적으로 제공하는 것 외에 별도 패키지를 설치하여 데이터를 탐색할 수 있습니다.

소스 : 예제\3_04.R

```
> install.packages("caret")
> library(caret)    // 별도 패키지 설치
......
> featurePlot(iris[,1:4], iris$Species)
// iris의 네 개 데이터와 Species의 관계를 분석한다.
```

명령어 정리

featurePlot()	featurePlot 그림을 그린다.

그림을 통하여 각 Species별로 Sepal.Length, Sepal.Width, Petal.Length, Petal.Width가 어떤 형태로 분포되는지를 파악할 수 있습니다.

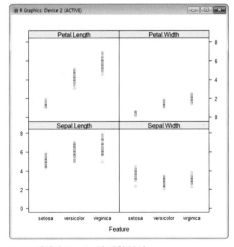

▲ iris 데이터 Species에 대한 분석

데이터 탐색은 위와 같이 주어진 데이터를 다양한 관점에서 바라봄으로써 향후 분석을 위한 기본적인 사항을 파악하는 것에 큰 의미가 있습니다. 대부분 그래프를 통하여 파악하는 경우가 많으므로, 그림을 통해 데이터를 탐색하였습니다. 특별한 경우가 아니면, 이 책에서 사용한 정도의 명령어와 그래프만으로도 데이터가 가지는 특성 대부분을 탐색할 수 있습니다.

## CHAPTER 04

데이터 전처리 - 데이터 클렌징

데이터 전처리는 데이터 분석을 수행하기 전 데이터에 대한 형식 변경이나 보완 작업을 수행하는 것을 말합니다.

데이터 전처리 절차 각각을 구분하여 자세하게 설명하겠습니다.

|01| 데이터 전처리

과거에는 필요한 데이터를 구성해서 분석을 수행하는 경우가 많아서 데이터 자체에 결함이 생기는 경우가 많지 않았습니다. 하지만, 최근 빅데이터 시대에 들어와 다양한 IoT 센서에서 자동적으로 만들어지는 데이터는 완벽하지 않고, 데이터 형식도 분석에 적합하지 않은 경우가 많습니다. 그래서 데이터 전처리 과정이 중요한 부분으로 인식되고 있습니다.

◎ 데이터 전처리 절차

① 데이터 확인
② 데이터 형식 변경
③ 결측 값 처리
④ 이상 값 처리
⑤ 특성 조작

|02| 데이터 확인

분석을 위해 데이터를 구성한 다음 데이터를 자세히 살펴보고 어떤 분석을 수행할지 고민해 보는 단계입니다.

◎ 변수 확인 단계

주어진 데이터에 대하여 다음을 확인합니다.

• 독립/종속 변수의 정의

- 각 변수의 유형(예 : 연속형, 범주형)
- 변수 데이터 타입(예 : 문자, 숫자)

○ 데이터 성격을 발견하는 단계

변수에 대한 기술적인 부분을 확인합니다.

• 각 변수에 대한 분석
각 변수에 대한 성격과 특이점을 파악하는 단계입니다. 히스토그램이나 기타 다른 그림과 통계 값을 활용하여 데이터의 특성을 파악합니다.

• 두 변수에 대한 분석

데이터 구성	분석을 위한 그래프	분석 방법
연속형 – 연속형	산점도를 통한 상호 관계 분석	상관(Correlation) 분석
범주형 – 범주형	누적 막대 그래프를 통한 상호 관계 분석	카이 제곱(Chi-Square) 분석(두 변수가 독립적인지 여부에 대한 분석)
범주형 – 연속형	누적 막대 그래프 또는 범주별 히스토그램을 이용한 분석	• 두 개인 경우 : t-test • 세 개인 경우 : ANOVA

• 셋 이상의 변수에 대한 분석
3차원 그림을 통하여 파악하거나, 변수를 두 개씩 짝을 지어 분석하는 방법을 사용합니다.

데이터의 구성과 이에 따른 분석을 위한 그래프는 무엇을 사용하는지, 그리고 사용할 수 있는 분석 방법은 무엇이 있는지 정리하였습니다.

지금 단계에서는 내용을 이해하고 데이터 구성에 따른 그래프를 중점적으로 보면 됩니다. 기타 분석 방법은 통계 부분에서 예를 들어 설명합니다.

|03| 데이터 형식 변경

데이터를 분석하고 데이터 형이 분석에 적합한지를 고려하여, 필요하다면 데이터 형식을 변경하는 작업을 수행합니다.

○ R에서 제공하는 데이터 형 변환 명령어

R에서 제공하는 명령어를 사용하는 대표적인 예를 정리하였습니다.

함수	의미
as.factor(x)	주어진 객체 x를 팩터로 변환
as.numeric(x)	주어진 객체 x를 숫자를 저장한 벡터로 변환
as.character(x)	주어진 객체 x를 문자열을 저장한 벡터로 변환
as.matrix(x)	주어진 객체 x를 행렬로 변환
as.array(x)	주어진 객체 x를 배열로 변환
as.data.frame(x)	주어진 객체 x를 데이터 프레임으로 변환

이해를 돕기 위하여 제공된 표 외에 각각 대표적인 경우에 사용하는 명령어를 별도로 정리하였습니다.

- **벡터 → 행렬** : cbind(), rbind(), as.matrix(), matrix(vec, n, m)은 vec을 n×m 행렬로 변환
- **벡터 → 데이터 프레임** : as.data.frmae(vec), as.data.frame(rbind(vec))
- **행렬 → 벡터** : as.vector(matrix)
- **행렬 → 데이터 프레임** : as.data.frame(matrix)
- **데이터 프레임 → 벡터** : dfm[1,] , dfm[,1]
- **데이터 프레임 → 행렬** : as.matrix(dfm)

간단한 예제를 통해 데이터 변환을 제공한 표와 명령어를 이해해 보겠습니다. 더 깊은 내용은 이후에 분석 및 데이터 변환 작업을 수행하면서 익히겠습니다.

소스 : 예제 \3_05.R

```
> x <- 0:2   // 데이터 구성한다.
> x
[1] 0 1 2
> str(x)    // 데이터 속성을 파악한다.
 int [1:3] 0 1 2   // 숫자이다.


> x1 <- as.numeric(x)    // 숫자로 변환한다.
> x1
[1] 0 1 2
> str(x)    // 원래 숫자이기 때문에 변화가 없다.
 int [1:3] 0 1 2


> x2 <- as.data.frame(x1)    // 데이터 프레임으로 변환한다.
> x2    // 한 개의 칼럼을 가지는 데이터 프레임으로 변환되었다. 확장하고자 하면 동일한 것을 하나 더 만들어서,
cbind(x2, x4)를 이용하여 데이터를 구성한다.
  x1
```

```
1   0
2   1
3   2
> str(x2)     // 변환된 것을 확인한다.
'data.frame':   3 obs. of  1 variable:
 $ x1: num  0 1 2

> x3 <- as.character(x1)    // 문자로 변환한다.
> x3
[1] "0" "1" "2"
> str(x3)     // 변환된 것을 확인한다.
 chr [1:3] "0" "1" "2"

> x4 <- as.factor(x1)     // 범주형인 Factor로 변환한다.
> x4
[1] 0 1 2
Levels: 0 1 2
> str(x4)  // 0, 1, 2의 세 개 팩터가 있다는 것을 보여 준다.
 Factor w/ 3 levels "0","1","2": 1 2 3
```

명령어 정리

as.data.frame()	데이터를 데이터 프레임 형으로 변환한다.
as.character()	데이터를 문자로 변환한다.
as.factor()	데이터를 팩터형으로 변환한다.

데이터 전처리 과정에 대한 연습입니다. 다음 명령어를 실행하고 어떤 역할을 하는지를 식별해 보세요. 가장 간단한 전처리 과정입니다.

소스 : 예제 \3_06.R

```
> str(iris)
'data.frame':   150 obs. of  5 variables:
 $ Sepal.Length: num  5.1 4.9 4.7 4.6 5 5.4 4.6 5 4.4 4.9 ...
 $ Sepal.Width : num  3.5 3 3.2 3.1 3.6 3.9 3.4 3.4 2.9 3.1 ...
 $ Petal.Length: num  1.4 1.4 1.3 1.5 1.4 1.7 1.4 1.5 1.4 1.5 ...
 $ Petal.Width : num  0.2 0.2 0.2 0.2 0.2 0.4 0.3 0.2 0.2 0.1 ...
 $ Species     : Factor w/ 3 levels "setosa","versicolor",..: 1 1 1
 1 1 1 1 1 ...
```

```
> View(iris)
> head(iris)
  Sepal.Length Sepal.Width Petal.Length Petal.Width Species
1          5.1         3.5          1.4         0.2  setosa
2          4.9         3.0          1.4         0.2  setosa
3          4.7         3.2          1.3         0.2  setosa
4          4.6         3.1          1.5         0.2  setosa
5          5.0         3.6          1.4         0.2  setosa
6          5.4         3.9          1.7         0.4  setosa
> NewData <- iris[, 1:4]
> head(NewData)
  Sepal.Length Sepal.Width Petal.Length Petal.Width
1          5.1         3.5          1.4         0.2
2          4.9         3.0          1.4         0.2
3          4.7         3.2          1.3         0.2
4          4.6         3.1          1.5         0.2
5          5.0         3.6          1.4         0.2
6          5.4         3.9          1.7         0.4
> names(NewData) <- c("SepalLength", "SepalWidth", "PetalLength",
"PetalWidth")
> head(NewData)
  SepalLength SepalWidth PetalLength PetalWidth
1         5.1        3.5         1.4        0.2
2         4.9        3.0         1.4        0.2
3         4.7        3.2         1.3        0.2
4         4.6        3.1         1.5        0.2
5         5.0        3.6         1.4        0.2
6         5.4        3.9         1.7        0.4
> NewData2 <- NewData$SepalLength
> head(NewData2)
[1] 5.1 4.9 4.7 4.6 5.0 5.4
> NewData3 <- NewData[1:4,]
> NewData3
  SepalLength SepalWidth PetalLength PetalWidth
1         5.1        3.5         1.4        0.2
2         4.9        3.0         1.4        0.2
3         4.7        3.2         1.3        0.2
4         4.6        3.1         1.5        0.2
```

names()	데이터 프레임 형 데이터에 라벨을 추가한다.

|04| 결측 값 처리

일반적인 분석 환경은 데이터를 만드는 것이므로 결측 값(Missing Value, 존재하지 않는 값)이 많이 발생하지 않지만, 빅데이터 시대에는 자동으로 만들어지는 많은 데이터를 대상으로 하므로 결측 값 발생 가능성이 높습니다. 결측 값은 분석에 잘못된 결과를 가져올 수 있으므로 적절한 조치가 필요합니다.

◉ 결측 값의 처리 방법

- 삭제(Deletion) : 결측 값이 발생한 모든 관측치를 삭제하거나(전체 삭제), 결측이 발생한 변수를 삭제하는 방법(부분 삭제)이 있습니다. 삭제는 결측 값이 무작위로 발생하는 경우에 적용합니다.
- 다른 값으로 대체(Replacement) : 결측 값을 평균 값, 최빈 값, 중간 값 중 하나로 대체하는 방법(일괄 대체 방법)과 범주형 데이터를 활용해서 유사한 유형의 평균 값으로 대체하는 방법(유사 유형 대체 방법)이 있습니다.

  대체 방법은 결측 값이 발생한 데이터가 다른 데이터와 관계가 있는 경우에 사용합니다.
- 예측 값 삽입(Insert) : 결측 값이 없는 데이터를 사용해서 결측 값을 예측하는 모델을 만들고 이것을 통하여 결측 값을 예측하는 방법입니다. 회귀(Regression) 분야에서 주로 사용되는데, 결측 값이 많으면 사용하기 어렵습니다.

◉ 결측 값 삭제

결측 값의 처리 사례로, 결측 값을 삭제해 보겠습니다.

소스 : 예제 \ 3_07.R

```
> iris_test <- iris    // iris에서 테스트를 위한 데이터를 만든다.


> iris_test[c(5, 7, 8, 20, 60, 100), 1] <- NA
// 테스트 데이터 5, 7, 8, 20, 60, 100의 첫 번째 칼럼에 결측 값을 임의로 넣는다.
> iris_test[c(1, 2, 3), 3] <- NA
// 테스트 데이터 1, 2, 3의 세 번째 칼럼에 결측 값을 임의로 넣는다.
```

```
> iris_test[!complete.cases(iris_test),]
```
// 결측 값이 있는 데이터를 출력한다. 명령 수행 결과를 확인한다.

	Sepal.Length	Sepal.Width	Petal.Length	Petal.Width	Species
1	5.1	3.5	NA	0.2	setosa
2	4.9	3.0	NA	0.2	setosa
3	4.7	3.2	NA	0.2	setosa
5	NA	3.6	1.4	0.2	setosa
7	NA	3.4	1.4	0.3	setosa
8	NA	3.4	1.5	0.2	setosa
20	NA	3.8	1.5	0.3	setosa
60	NA	2.7	3.9	1.4	versicolor
100	NA	2.8	4.1	1.3	versicolor

```
> mapply(mean, iris_test[1:4], na.rm=TRUE)   // 결측 값을 빼고 나머지 데이터의 평균을 구한다.
Sepal.Length  Sepal.Width  Petal.Length   Petal.Width
    5.874306     3.057333      3.806803      1.199333
```

명령어 정리

!complete.cases()	데이터에 결측 값이 있는지의 여부를 판단한다.

○ 다른 값으로 대체

결측 값의 처리 사례로, 다른 값으로 대체해 보겠습니다.

소스 : 예제\3_08.R

```
> install.packages("DMwR")   // 결측 값 처리를 지원하는 패키지
> library(DMwR)

> iris_test[!complete.cases(iris_test),]
```
// 앞의 iris_test 데이터를 이어서 사용한다. 결측 값이 있는 데이터를 확인한다.

	Sepal.Length	Sepal.Width	Petal.Length	Petal.Width	Species
1	5.1	3.5	NA	0.2	setosa
2	4.9	3.0	NA	0.2	setosa
3	4.7	3.2	NA	0.2	setosa
5	NA	3.6	1.4	0.2	setosa
7	NA	3.4	1.4	0.3	setosa
8	NA	3.4	1.5	0.2	setosa
20	NA	3.8	1.5	0.3	setosa

```
60            NA          2.7         3.9         1.4 versicolor
100           NA          2.8         4.1         1.3 versicolor
```

```
> centralImputation(iris_test[1:4]) [c(1,2,3,5,7,8,20,60,100),]
```
// 중앙 값을 이용하여 결측 값을 채운다.
```
    Sepal.Length Sepal.Width Petal.Length Petal.Width
1            5.1         3.5         4.4         0.2
2            4.9         3.0         4.4         0.2
3            4.7         3.2         4.4         0.2
5            5.8         3.6         1.4         0.2
7            5.8         3.4         1.4         0.3
8            5.8         3.4         1.5         0.2
20           5.8         3.8         1.5         0.3
60           5.8         2.7         3.9         1.4
100          5.8         2.8         4.1         1.3
```

```
> test <- centralImputation(iris_test[1:4]) [c(1,2,3,5,7,8,20,60,100),]
```
// 중앙 값을 이용해서 결측 값을 test에 할당한다.

```
> mapply(mean, test[1:4], na.rm=TRUE)
```
// test의 평균 값을 구한다. 앞 페이지에서 결측 값을 뺀 것과 비교해 보기 바란다.
```
Sepal.Length  Sepal.Width Petal.Length  Petal.Width
   5.5000000    3.2666667    3.0000000    0.4777778
```
// knnImputation은 결측 값을 보완하기 위한 단순한 중앙 값이 아니라 k 최근 이웃 분류 알고리즘을 사용하여 k개 인접 이웃 값의 가중 평균으로 대체한 예이다.
```
> knnImputation(iris_test[1:4]) [c(1,2,3,5,7,8,20,60,100),]
    Sepal.Length Sepal.Width Petal.Length Petal.Width
1       5.100000         3.5     1.516369         0.2
2       4.900000         3.0     1.474809         0.2
3       4.700000         3.2     1.465061         0.2
5       5.126393         3.6     1.400000         0.2
7       5.121179         3.4     1.400000         0.3
8       5.135950         3.4     1.500000         0.2
20      5.322481         3.8     1.500000         0.3
60      5.782111         2.7     3.900000         1.4
100     5.977315         2.8     4.100000         1.3
```

```
> test2 <- knnImputation(iris_test[1:4]) [c(1,2,3,5,7,8,20,60,100),]
```
// knn을 적용한 데이터를 test2에 할당한다.

```
> mapply(mean, test2[1:4], na.rm=TRUE)
// knn을 적용한 것의 평균을 구한다. 앞의 결측 값, 중앙 값과 비교하라.

Sepal.Length  Sepal.Width Petal.Length  Petal.Width
   5.2406032    3.2666667    2.0284709    0.4777778
```

명령어 정리	
centralImputation()	결측 값을 중앙 값을 이용하여 채운다.
knnImputation()	결측 값을 k 최근 이웃 분류 알고리즘을 사용하여 k개의 인접 이웃 값 가중 평균으로 대체한다.

결측 값 처리 방법 중에서 예측 값 삽입(Insert)은 별도 실습이 없이 내용을 이해하는 것으로 마무리합니다. 많이 사용되지 않고, 실무에서 크게 유용하지 않기 때문입니다. 다만, 데이터 분석 전문가로서 삽입 기법도 있다는 것을 알고 있는 것으로 충분합니다.

|05| 이상 값 처리

이상(Outlier) 값은 다른 데이터와 동떨어진 데이터를 말합니다. 데이터를 Boxplot이나 Histogram을 이용하여 시각화하면 볼 수 있으며 변수 두 개 사이 이상 값을 찾기 위해서는 plot을 사용합니다.

◎ 이상 값 처리 방법

- **단순 삭제** : 데이터를 삭제하는 방법입니다. 단순 오타이거나 비현실적 자료, 처리 과정 오류인 경우에 적용합니다.
- **다른 값으로 대체** : 평균이나 최빈 값, 중간 값 등으로 대체하는 방법입니다.
- **변수화** : 이상 값에 대한 파악을 통해 이상 값을 별도의 변수로 취급하는 방법입니다.
  - **예** 근무 연수와 연봉에 대한 데이터가 있을 때, 특정 근무 연수에 비정상적으로 고액 연봉을 받는 이상 값이 있는 경우(예 : 의사), 전문직을 변수로 고려함으로써 이상 값을 처리할 수 있습니다.
- **리샘플링** : 이상 값을 삭제하고, 나머지 데이터를 이용해서 다시 분석하는 방법입니다.
  - **예** 근무 연수와 연봉에 대한 데이터가 있을 때, 특정 근무 연수에 비정상적으로 고액의 연봉을 받는 이상 값이 있는 경우(예 : 의사), 전문직을 변수로 고려함으로써 이상 값을 빼고, 나머지 데이터로 분석 작업을 할 수 있습니다.
- **케이스를 분리하여 분석** : 이상 값을 포함한 모델과 포함하지 않은 모델을 분리하여 분석하는 방법입니다.

⊕ 근무 연수와 연봉에 대한 데이터가 있을 때, 특정 근무 연수에 비정상적으로 고액의 연봉을 받는 이상 값이 있는 경우(예 : 의사), 전문직을 포함한 분석과 포함하지 않은 분석을 따로 할 수 있습니다.

이상 값 발견을 위해 다음을 입력하여 boxplot를 이용해 iris 데이터를 살펴봅니다.

```
> boxplot(iris)
```

Sepal.Width에 위아래로 몇 개의 데이터(원 모양)가 일반적인 범주를 벗어나 있음을 확인할 수 있습니다.

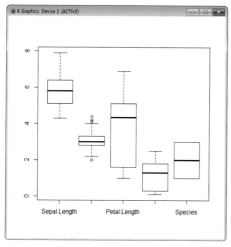

▲ iris 데이터의 이상 데이터 확인

다음은 iris 데이터에서 Sepal.Length와 Sepal.Width 사이 연간관계에서 이상 값을 발견하기 위하여 plot를 사용하는 예입니다.

소스 : 예제 \ 3_09.R

```
> plot(iris$Sepal.Length, iris$Sepal.Width)
```

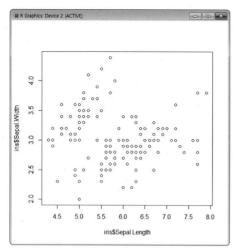

▲ iris 데이터의 이상 데이터 확인

|06| 특성 조작

특성 조작(Feature Engineering)은 기존 변수로 데이터를 유용하게 만드는 방법으로 데이터의 추가나 변경은 없습니다.

○ 특성 조작 방법

- Scaling : 변수 단위를 변경하거나, 변수 변환을 사용하는 방법입니다.
  - 예 데이터 산점도를 그릴 때, 월 단위에서 일 단위로 변환해서 흐름을 자세히 파악하는 경우
- Binning : 연속형 변수를 범주형 변수로 만들어서 사용하는 방법입니다.
  - 예 남자 키에 대한 데이터를 160 미만, 160~170, 170~180, 180 이상으로 변환하여 분석하는 경우
- Transform : 기존 변수를 이용해서 다른 변수를 만드는 방법입니다.
  - 예 날짜 데이터를 기반으로 계절 변수(봄, 여름, 가을, 겨울)를 만드는 경우
- Dummy : 범주형 변수를 연속형 변수로 변환하는 방법입니다.
  - 예 성별 변수를 Male/Female로 변환하는 경우

성별	Male	Female
Male	1	1
Female	0	1
Female	0	0

## CHAPTER 05

추가적인 데이터 전처리 기법

데이터의 전처리 과정을 마치기 전에 많이 사용하지는 않지만, 특수한 경우 적용하는 두 가지 중요한 기법을 소개합니다. 하나는 주어진 데이터의 분포를 정규화하는 것이고, 다른 하나는 데이터의 변수 구성을 바꾸는 것입니다. 데이터 전처리에서 간혹 사용되므로 여기에서 간단한 사례를 제공합니다.

|01| 데이터 정규화 – 데이터 변형

변수 값 분포를 표준화하는 것입니다. 표준화는 변수에서 평균을 빼거나, 변수를 전체 데이터의 표준편차로 나누는 작업을 말하며, 이렇게 하면 변수 값 평균이 0이 되고 분포도 일정해집니다. R의 Scale 함수를 사용합니다.

소스 : 예제 \3_10.R

```
> head(iris)
  Sepal.Length Sepal.Width Petal.Length Petal.Width Species
1          5.1         3.5          1.4         0.2  setosa
2          4.9         3.0          1.4         0.2  setosa
3          4.7         3.2          1.3         0.2  setosa
......
```

```
// iris 데이터의 1~4 칼럼 데이터를 정규화한다. 이후, 여기에 Species를 추가한다.
// 원 데이터 평균이 0이 되고 분포도 일정하게 변환된다.
// 이렇게 변환한 데이터는 모델의 정확성을 높이는 데 많은 도움을 준다.
> cbind(as.data.frame(scale(iris[1:4])), iris$Species)
   Sepal.Length  Sepal.Width  Petal.Length   Petal.Width  iris$Species
1   -0.89767388   1.01560199  -1.33575163  -1.3110521482       setosa
2   -1.13920048  -0.13153881  -1.33575163  -1.3110521482       setosa
3   -1.38072709   0.32731751  -1.39239929  -1.3110521482       setosa
......
```

명령어 정리	
scale()	데이터를 정규 분포를 하도록 바꾼다.

|02| 주성분 분석 – 데이터 개수 축소

데이터에 변수가 많은 경우, 변수 수를 줄이는 차원 감소 기법입니다. 데이터에 있는 변수와 상관없는 새로운 변수로 재표현하는 방법입니다.

소스 : 예제 \3_11.R

```
> baseData <- c(1:10)    // 설명을 위한 데이터를 만든다.
> baseData2 <- baseData+runif(10, min=-3, max=3)    // 임의의 데이터 만들기
> baseData3 <- baseData+baseData2+runif(10, min=-7, max=7)

> (TestData <- data.frame(baseData, baseData2, baseData3))
// 앞에서 만든 세 개의 데이터를 연결하여 데이터 프레임형 데이터를 만든다.
   baseData  baseData2   baseData3
1         1 -1.9035122  -5.4363073
2         2 -0.3182465   2.5058974
3         3  3.9722872  13.7883205
......

> Result <- princomp(TestData)    // 만든 TestData를 대상으로 주성분 분석을 수행한다.
> summary(Result)    // 분석 결과를 보여 준다.
Importance of components:
                            Comp.1      Comp.2      Comp.3
Standard deviation       9.3242998  2.04718710  1.09435529
Proportion of Variance   0.9416385  0.04539069  0.01297085
Cumulative Proportion    0.9416385  0.98702915  1.00000000
```
// Proportion of Variance는 각 변수의 설명력으로 Comp1은 94%, Comp2는 4%, Comp3는 1%이다. Comp1, Comp2만 있으면 98%의 설명력을 가진다.

```
> Result$scores[, 1:2]
```
// 변수 세 개로 구성된 데이터를 변수 두 개로 변환한 모양을 보여 준다. 즉, 원래 데이터를 구성하는 변수 세 개를 새로운 변수 두 개로 변환한다.
```
            Comp.1      Comp.2
 [1,]   17.0121345   0.9957543
 [2,]    9.0215209   2.5596520
 [3,]   -2.8578191   3.3779672
......
```

명령어 정리	
princomp()	주성분 분석을 수행한다.

## CHAPTER 06

효과적인 분석을 위한 변수 제거 및 선택

데이터 전처리 기법 중에서 정규화와 주성분 분석 외에 의미 없는 데이터를 제거하는 기법을 정리하겠습니다.

|01| 0에 가까운 분산을 가지는 변수 제거

분산이 0에 가까운 변수는 제거해도 큰 영향이 없으므로 제거해 보겠습니다.

소스 : 예제 \3_12.R

```
> library(caret)    // 필요한 라이브러리를 포함한다.
> install.packages("mlbench")
> library(mlbench)    // 필요한 데이터를 포함한다.
> nearZeroVar(iris, saveMetrics=TRUE)
// iris 데이터를 대상으로 0에 가까운 분산을 가지는 변수가 있는지 확인한다.
             freqRatio percentUnique zeroVar   nzv
Sepal.Length  1.111111     23.33333    FALSE FALSE
Sepal.Width   1.857143     15.33333    FALSE FALSE
Petal.Length  1.000000     28.66667    FALSE FALSE
Petal.Width   2.230769     14.66667    FALSE FALSE
Species       1.000000      2.00000    FALSE FALSE
// nzv에 TRUE가 없으므로 해당 변수가 없다.


> data(Soybean)
// iris가 설명에 적합하지 않아서, 다른 데이터를 이용하여 보완한다.
> head(Soybean)    // 데이터를 점검한다.
……


> nearZeroVar(Soybean, saveMetrics=TRUE)
// Soybean 데이터를 대상으로 0에 가까운 분산을 가지는 변수가 있는지 확인한다.
              freqRatio    percentUnique     zeroVar       nzv
Class          1.010989      2.7818448       FALSE      FALSE
```

```
date            1.137405    1.0248902    FALSE    FALSE
plant.stand     1.208191    0.2928258    FALSE    FALSE
precip          4.098214    0.4392387    FALSE    FALSE
ext.decay       3.681481    0.4392387    FALSE    FALSE
mycelium       06.500000    0.2928258    FALSE     TRUE
int.discolor   13.204545    0.4392387    FALSE    FALSE
shriveling     14.184211    0.2928258    FALSE    FALSE
roots           6.406977    0.4392387    FALSE    FALSE
```
// mycelium의 nzv의 값이 TRUE이므로 분산이 0에 가까운 변수임을 확인할 수 있다. 즉, myCelium을 제거해도 결과에 큰 영향이 없다.

명령어 정리

nearZeroVar()	0에 가까운 분산을 가지는 변수가 있는지 확인한다.

|02| 상관관계가 높은 변수 제거

상관관계가 높은 칼럼을 선정해 제외하고 데이터를 새롭게 구성해 보겠습니다.

소스 : 예제\3_13.R

```
> library(caret)    // 필요한 라이브러리를 포함한다.
> head(iris)
// iris 데이터를 대상으로 상관관계가 높은 변수를 제거하는 과정을 진행한다.
  Sepal.Length Sepal.Width Petal.Length Petal.Width Species
1          5.1         3.5          1.4         0.2  setosa
2          4.9         3.0          1.4         0.2  setosa
3          4.7         3.2          1.3         0.2  setosa
4          4.6         3.1          1.5         0.2  setosa
5          5.0         3.6          1.4         0.2  setosa
6          5.4         3.9          1.7         0.4  setosa

> findCorrelation(cor(subset(iris, select=-c(Species))))
// 상관관계가 높은 칼럼을 선정한다.
[1] 3
> Myiris <- iris[,-c(3)]
// 상관관계가 높은 칼럼을 빼고, 새로운 데이터를 구성한다.
> head(Myiris)
```

```
  Sepal.Length Sepal.Width Petal.Width Species
1          5.1         3.5         0.2  setosa
2          4.9         3.0         0.2  setosa
3          4.7         3.2         0.2  setosa
4          4.6         3.1         0.2  setosa
5          5.0         3.6         0.2  setosa
6          5.4         3.9         0.4  setosa
```

// iris가 상관관계에 대한 설명에 적합하지 않아서, 다른 데이터를 이용해서 보완한다.

```
> library(mlbench)
> data(Vehicle)
> head(Vehicle)  // 데이터 확인
……


> findCorrelation(cor(subset(Vehicle, select=-c(Class))))
```
// 상관관계가 높은 칼럼을 선정한다.
```
[1]  3  8 11  7  9  2

> cor(subset(Vehicle, select=-c(Class))) [c(3,8,11,7,9,2), c(3,8,11,7,9,2)]
```
// 상관관계가 높은 칼럼 사이 상관관계를 확인한다.
```
                  D.Circ      Elong Sc.Var.Maxis    Scat.Ra Pr.Axis.Rect       Circ
D.Circ         1.0000000 -0.9123072    0.8644323  0.9072801    0.8953261  0.7984920
Elong         -0.9123072  1.0000000   -0.9383919 -0.9733853   -0.9505124 -0.8287548
Sc.Var.Maxis   0.8644323 -0.9383919    1.0000000  0.9518621    0.9382664  0.8084963
Scat.Ra        0.9072801 -0.9733853    0.9518621  1.0000000    0.9920883  0.8603671
Pr.Axis.Rect   0.8953261 -0.9505124    0.9382664  0.9920883    1.0000000  0.8579253
Circ           0.7984920 -0.8287548    0.8084963  0.8603671    0.8579253  1.0000000


> myVehicle <- Vehicle[,-c(3,8,11,7,9,2)]
```
// 상관관계가 높은 칼럼을 빼고, 새로운 데이터를 구성한다.
```
> head(myVehicle)
```

명령어 정리

findCorrelation()	상관관계가 높은 칼럼을 선정한다.

|03| 카이 제곱 검정을 통한 중요 변수 선발

카이 제곱 검정을 통해 중요 변수를 선발해 보겠습니다.

소스 : 예제 \3_14.R

```
> install.packages("FSelector")
> library(FSelector)
> library(mlbench)

> data(Vehicle)    // 데이터의 모습은 앞 페이지 슬라이드에 있다.

> (cs <- chi.squared(Class ~., data=Vehicle))    // 카이 제곱 검정으로 변수들의 중요성을 평가한 결과
             attr_importance
Comp               0.3043172
Circ               0.2974762
D.Circ             0.3587826
Rad.Ra             0.3509038
Pr.Axis.Ra         0.2264652
Max.L.Ra           0.3234535
Scat.Ra            0.4653985
Elong              0.4556748
Pr.Axis.Rect       0.4475087
Max.L.Rect         0.3059760
Sc.Var.Maxis       0.4338378
Sc.Var.maxis       0.4921648
Ra.Gyr             0.2940064
Skew.Maxis         0.3087694
Skew.maxis         0.2470216
Kurt.maxis         0.3338930
Kurt.Maxis         0.2732117
Holl.Ra            0.3886266

> cutoff.k(cs,3)    // 변수 중에서 중요한 세 개만 선별한 예
[1] "Sc.Var.maxis" "Scat.Ra"        "Elong"
```

명령어 정리	
chi.squared()	카이 제곱 검정으로 변수의 중요성을 평가한다.
cutoff.k()	변수 중에서 중요한 것을 선별한다.

데이터 분석이 수행되려면 먼저 기본이 되는 데이터가 정확해야 합니다. 특히 IoT에 기반하여 만들어지는 데이터는 기존 데이터보다 데이터 자체에 대한 신뢰와 형태가 문제 되는 경우가 많습니다. 그래서 데이터 분석과 전처리 과정이 중요합니다. 다음 질문에 답해 보고, 부족한 것은 본문 내용을 확인하여 보완하기 바랍니다.

1 데이터 분석 전문가가 가져야 하는 필요 역량은 어떤 것이 있는가?

2 데이터 분석 유형을 나누어 보고, 각 항목을 설명하시오.

3 R에서 제공하는 iris 데이터를 기반으로 데이터를 탐색하는 과정을 수행하시오.

4 데이터 전처리 절차 5단계를 설명하시오.

5 결측 값을 처리하는 방법은 어떤 것이 있는가?

6 이상 값을 처리하는 방법은 어떤 것이 있는가?

7 데이터 정규화를 수행하는 이유는 무엇인가?

8 전처리에서 주 성분 분석을 수행하는 이유는 무엇인가?

9 전처리에서 변수를 제거하는 방법은 어떤 것이 있는가?

10 전처리에서 중요 변수를 선발하는 방법은 무엇인가?

※ [복습]에 대한 답변은 정보문화사 홈페이지에서 예제 소스와 함께 확인할 수 있습니다.

데이터 분석 전문가의 주요 업무는 데이터를 분석하고 분석 결과를 사용자가 이해
할 수 있는 형태로 정리하여 제공하는 것입니다. 이를 위하여 데이터 분석 기술과
이것을 표현하는 데이터 시각화 기법은 반드시 갖추어야 하는 기본 능력입니다.

Part 4에서는 데이터 시각화가 무엇을 말하는 것인지를 정의하고, 시각화를 위해
필요한 다양한 그래픽 기술을 공부합니다. R은 어떤 분석 패키지보다 강력한 그래
픽 기능을 제공하므로 이번 파트의 내용을 잘 이해한다면 멋진 그래픽을 활용할 수
있는 능력을 갖추게 됩니다.

보다 상세하게 설명하면, 전체 그래프의 구성 요령과 그래픽 옵션을 공부한 다음
R에서 그래픽을 그리는 절차를 공부합니다. 이것을 마친 다음에는 막대, 점, 히스
토그램을 포함한 기본 그래픽을 그리는 방법을 공부하고, 이어서 sunflower, stars
등 멋진 그래픽을 그려 보겠습니다. 마지막으로, 기본적으로 제공하는 그래픽 기
능 외에 ggplot2, lattice와 같이 추가적인 그래픽 패키지를 설치하여 이들을 활용하
는 방법을 공부하겠습니다. 지루하지 않게 설명은 최소한으로 줄이고, 실습을 통
하여 익힐 수 있도록 내용을 구성하였습니다.

데이터 시각화
의미와 기법

## CHAPTER 01

데이터 시각화 의미

데이터 시각화는 데이터를 그래프로 표현하는 것으로, 데이터에 대한 분석을 위해 사용하거나, 고객에게 전달하고자 하는 것을 정리하는 목적으로 사용합니다.

데이터 시각화는 '데이터를 보여 주고', '적절한 비교를 하고', '연관된 여러 변수를 보여 준다'는 세 가지 조건을 만족해야 합니다.

데이터 시각화에 대하여 알아보기 위하여 다음과 같은 데이터를 받았다고 가정해 보겠습니다.

해당 연도(Year)에 임금 협상을 했는지(Nego), 남자/여자인지(Sex) 그리고 인상률(Incentive)이 얼마였는지에 대한 자료입니다. 대략 3000개 정도의 데이터가 있고, 다음에 보이는 것은 그 중 앞부분입니다.

소스 : 예제 \4_01.R

```
> employee <- read.csv("employees_kr.csv")
> head(employee)
  num Incentive Nego Sex Year
1   1      12.1 TRUE   M 2005
2   2       8.9 TRUE   F 2006
3   3       8.8 TRUE   M 2007
4   4       7.1 TRUE   F 2008
5   5      10.2 TRUE   M 2009
6   6       7.0 TRUE   F 2005
```

앞의 자료를 보고 무엇을 알 수 있습니까? 막연하고 어찌할 바를 모르겠다면, 데이터 시각화를 사용하면 됩니다. 먼저 간단하게 연도별 인상률을 히스토그램을 이용하여 그래프로 표현하겠습니다. 아직 그래프를 그리는 법은 배우지 않았지만, 자세한 설명을 읽으면서 진행하겠습니다.

소스 : 예제 \ 4_02.R

```
> sub2008 <- subset(employee, employee$Year == 2008)
// employee에서 2008년 데이터를 뽑아서 sub2008을 만든다.
> head(sub2008)
    num Incentive Nego Sex Year
4    4       7.1 TRUE   F 2008
9    9       8.2 TRUE   M 2008
14  14      13.4 TRUE   F 2008
19  19       8.4 TRUE   M 2008
24  24       8.0 TRUE   F 2008
29  29       6.8 TRUE   M 2008


> hist(sub2008$Incentive)  // 2008년에 대한 히스토그램을 그린다.


> sub2009 <- subset(employee, employee$Year ==2009)
// employee에서 2008년 데이터를 뽑아서 sub2009을 만든다.
> hist(sub2009$Incentive)  // 2009년에 대한 히스토그램을 그린다.
```

명령어 정리

hist()	히스토그램을 그린다.

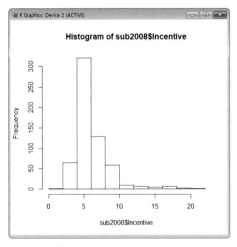
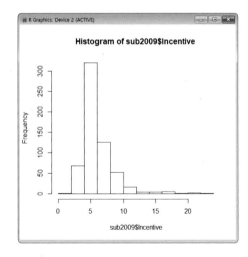

▲ 연도별 인센티브 히스토그램

앞과 같이 그림을 그려 보면, 연도에 따라서 임금 인상률(Incentive)이 큰 차이가 없음을 알 수 있습니다. 주어진 데이터가 가지는 특성을 하나 파악했습니다.

이번에는 성별에 따라서 임금 인상률이 차이가 있는지를 알아보겠습니다.

소스 : 예제 \ 4_03.R

```
// 앞과 동일하게 주어진 자료에서 필요한 부분을 가지는 부분 자료를 만든다.
> subMan <- subset(employee, employee$Sex == "M")
> hist(subMan$Incentive)
> subWoman <- subset(employee, employee$Sex == "F")
> hist(subWoman$Incentive)
```

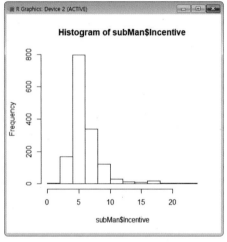 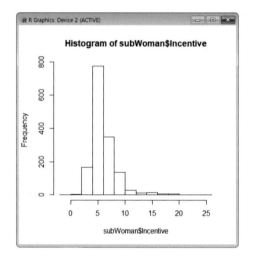

▲ 남녀에 따른 인센티브 히스토그램

위의 그림을 통해서 성별 기준으로도 큰 차이가 없음을 알 수 있습니다. 또 하나의 특성을 파악했습니다. 이번에는 협상 여부에 따른 임금 인상률의 차이를 확인하겠습니다.

소스 : 예제 \ 4_04.R

```
// 필요한 부분 집합을 만들어서 그림으로 비교한다.
> subNego <- subset(employee, employee$Nego == "TRUE")
> hist(subNego$Incentive)
> subNoNego <- subset(employee, employee$Nego == "FALSE")
> hist(subNoNego$Incentive)
```

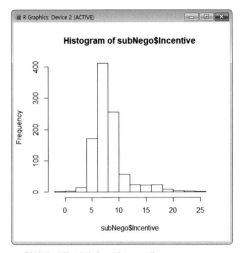 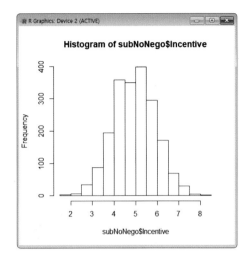

▲ 협상에 따른 인센티브 히스토그램

그림을 보면, 협상을 한 경우와 하지 않은 경우에 임금 인상률의 차이가 크게 나는 것을 확인할 수 있습니다. 이런 방식을 사용해서 주어진 데이터가 가지는 특성을 하나씩 파악하는 것이 중요합니다. 데이터 시각화를 통해 파악된 특성들은 데이터 분석 방향과 최종 결과 및 보고서 제작을 위한 시작점이 됩니다. 데이터 시각화를 위해 필요한 R의 다양한 그래픽 기능을 알아보겠습니다.

다음 데이터는 홈쇼핑 업체 매출에 영향을 미치는 요인을 찾기 위한 자료입니다. 이것을 통하여 얻을 수 있는 결과가 무엇인지 생각해 보세요. 참고로 다음 데이터 시각화는 엑셀을 이용하여 수행하였습니다(데이터 시각화는 R만 사용하는 것이 아니고, 어떤 프로그램도 사용할 수 있습니다).

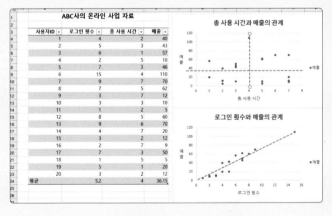

※ 해설은 예제 파일 '연습 문제' 폴더에 있습니다.

## CHAPTER 02

R 그래프 그리기 절차

데이터 시각화를 위해서는 데이터를 기반으로 그래프를 그리는 것이 중요합니다.
R 패키지는 그래픽 분야에서 탁월한 기능을 보유하고 있습니다.

R은 제공하는 기능도 다양하지만 실제 그래픽 화면의 품질도 훌륭합니다. 다만, 기능이 많으므로 배우기가 쉽지 않습니다. 그래서 독자들의 이해를 높이기 위하여 다음 절차에 따라 설명합니다.

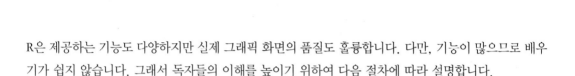

그래프 구성 결정(Chapter 3) : 윈도우 하나에 몇 개의 그림을 그릴 것인지 결정합니다.

그래프 명령어 구성(Chapter 4) : R이 제공하는 그래프 명령어 구성과 사용 옵션을 정리합니다.

실제 그래프를 만드는 과정 수행(Chapter 5) : 그래프를 만드는 과정을 단계별로 나누어 학습합니다.

R에서 제공하는 다양한 기본 그래픽 익히기(Chapter 6) : 막대, 점, 히스토그램, 파이 그래프

R에서 제공하는 그래픽 부가 기능 익히기(Chapter 7) : 꺾은선, 선분, 화살표, 사각형, 문자열, 그래프 조합

R에서 제공하는 멋진 그래픽 익히기(Chapter 8) : Sunflower, Stars, Persp, Contour

외부 패키지를 이용한 그래픽 익히기(Chapter 9~10) : ggplot2, lattice

## CHAPTER 03

R 그래프 전체 구성 결정

윈도우 하나에 그래프를 한 개만 그릴 것인지, 여러 개 그릴 것인지, 그리고 여러 개를 그린다면 어디에 어떤 그래프를 그릴 것인지를 결정하는 것을 공부합니다.

그래프는 R이 가지는 강점 중의 하나이며 여러 가지 방법이 있는데, 그 중에서 가장 많이 사용되는 방법을 설명합니다.

|01| split.screen으로 그래프 화면 전체 구성 결정

설명을 위하여 기본적인 R 그래프를 그려 보겠습니다.

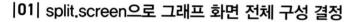

```
> plot(1:10)    // 산점도를 그린다.
```

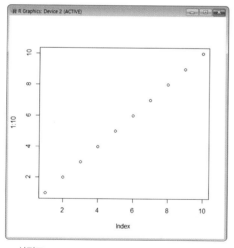

▲ 산점도

plot 명령어로 그래프를 그리게 되면 R은 기본 설정에 따라 별도의 윈도우를 열고 한 개의 그래프를 그리게 됩니다. 대부분의 경우에는 윈도우 한 개에 그래프 한 개를 그리는 방식을 적용하는데, 특수하게 윈도우 하나에 그래프를 여러 개 표현해야 하는 경우가 있습니다. 윈도우 한 개에 위아래로 그래프 두 개를 그리고자 하면 split.screen 명령을 사용합니다.

소스 : 예제\4_05.R

```
> split.screen(c(2,1))  // 하나의 윈도우 위아래로 그래프를 두 개 그린다. 좌우로 두 개를 그리려면 c(1,2)를 사
                           용한다.
[1] 1 2

// 그려진 윈도우에 그림을 그릴 위치를 지정하고 그림을 그린다.
> screen(1)       // 위아래 중에서, 윗부분에 그래프를 그린다.
> plot(1:10)      // 윗부분에 그려질 그래프이다.

> screen(2)       // 위아래 중에서, 아랫부분에 그래프를 그린다.
> plot(10:1)      // 아랫부분에 그려질 그래프이다.
```

명령어 정리	
split.screen()	하나의 윈도우에 그림을 여러 개 그릴 수 있다.
screen()	그림을 그릴 위치를 지정한다.

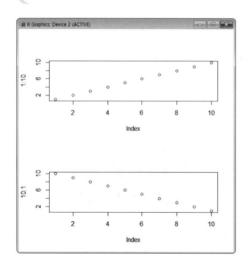

한 단계 더 나가서, 그림이 그려진 상태에서 새로운 그림을 추가해 보겠습니다. 예를 들어, 위 상태에서 아랫부분 그림에 새로운 그래프를 추가하고 싶다면, 다음과 같이 하면 됩니다.

```
> split.screen(c(2,1))
[1] 1 2
> screen(1)
> plot(1:10)
> screen(2)
> plot(10:1)      // 여기까지는 앞과 동일하다.


> screen(2)       // 아랫부분에 추가하는 것이므로 screen(2)를 선언한다.
> plot(1:10)      // 기존 그래프에 plot(1:10)이 추가되어 보여진다.
```

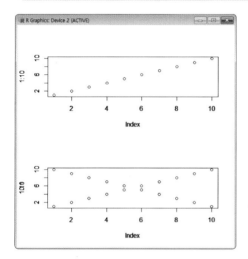

이제 다음과 같은 작업을 할 수 있습니다.

• 윈도우 하나에 그림을 여러 개 그릴 수 있습니다.
• 어느 위치에 그림을 그릴 것인지 결정한 수 있습니다.
• 이미 그려진 그림에 다른 그림을 추가로 그릴 수 있습니다. 이때, 기본 그림은 지워지지 않습니다.

그림을 그리는 윈도우는 지우지 않고, 윈도우 안 그림만 지운 다음 다시 그림을 그리는 방법을 알아보 겠습니다.

screen을 선언하지 않고 plot을 수행하면, 기존 그래프는 지워지고, 마지막 선언된 screen 명령어 위치 에 새로 그래프를 그립니다.

다음 명령을 입력하면 앞에 있던 전체 그래프를 지우고, 새로 screen(2)에 그래프를 그리게 됩니다. 마 지막 설정이 screen(2)이기 때문입니다.

```
> plot(1:100)
```

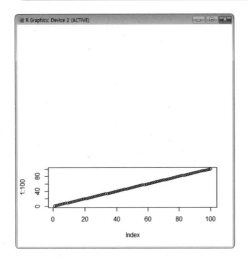

소스 : 예제 \4_07.R

연습문제
EXERCISES

명령 수행 결과를 예상하고 수행해 보세요.

```
> split.screen(c(2,3))
[1] 1 2 3 4 5 6
> screen(3)
> plot(1:10)
> screen(4)
> plot(10:1)
> screen(1)
> plot(1:100)
> screen(6)
> plot(100:1)
```

※ 해설은 예제 파일 '연습 문제' 폴더에 있습니다.

|02| par, mfrow로 그래프 화면 전체 구성 결정

mfrow를 사용하면 그림을 여러 개 그릴 수 있으며, 순서대로 그림이 그려집니다. 그래서 그림을 그릴 때, 여러 그림을 순서대로 윈도우 하나에 그리는 경우 유용하게 사용할 수 있습니다. 특히, R 명령어 한 개가 그림 여러 개를 순서대로 만드는 경우 mfrow를 미리 선언해 놓으면 R 명령이 수행해서 보여주는 여러 그림을 전부 볼 수 있습니다. 뒷부분에서 확인하게 될 것입니다.

소스 : 예제\4_08.R

```
> par(mfrow=c(2,1))    // 화면 위아래에 두 개의 그래프를 그리도록 설정한다.

> plot(1:10)    // 위쪽에 그래프를 그린다.
> plot(10:1)    // 아래쪽에 그래프를 그린다.
```

명령어 정리	
par()	한 창에 그래프를 여러 개 그린다.
mfrow	행부터 채운다.
mfcol	열부터 채운다.

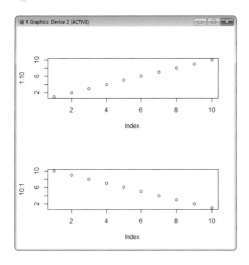

다양한 R 그래프 옵션

R로 그래프를 그리다 보면, 다양한 효과를 넣어야 하는 경우가 생깁니다. R에는 효과를 위한 옵션이 많이 준비되어 있습니다.

R 그래프 옵션은 실제 눈으로 보아야 기억할 수 있는 내용입니다. 산점도를 이용하여 사용 가능한 옵션 종류와 의미를 알아보겠습니다.

소스 : 예제\4_09.R

```
> x <- seq(1,10, 0.1)  // 벡터형 자료를 만든다.
> y <- exp(x)   // x를 기반으로 y를 만든다.
> plot(x,y)
```

명령어 정리

exp()	지수 함수(거듭제곱의 지수를 변수로 하는, 미분해도 바뀌지 않는 함수)이다.

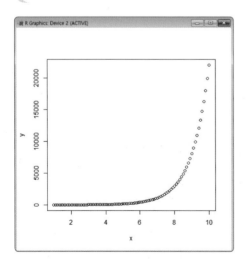

위와 같이 그림을 그리면, 그림 자체는 그려지는데, 그림에 대한 설명이 없어서 그림을 이해하기 어렵

습니다. 예를 들어 x가 의미하는 것은 무엇인지, y가 의미하는 것은 무엇인지 알 수 없습니다. 그리고 무엇을 그린 것인지에 대한 정보가 있다면 좀 더 이해하기 쉬울 것입니다. 이러한 정보를 표시하기 위한 그래프 옵션을 살펴보겠습니다.

기본 옵션

main="Title"	제목 설정
sub ="sub-Title"	부제목 설정
xlab="Minho", ylab="Chl"	x축과 y축 제목 설정
ann=F	x, y축 제목을 설정하지 않음
tmag=2	제목에 사용되는 문자 확대율 지정
axes=F	x, y축을 표시하지 않음
axis	x, y축 이름을 사용자의 지정 값으로 표시

그래프 타입 지정

type ="p"	점 모양 그래프(기본 값)
l	선 모양
b	점과 선 모양
c	"b"에서 점을 생략한 모양
o	점과 선을 중첩한 모양
h	각 점에서 x축까지의 수직선 그래프
s	왼쪽 값을 기초로 계단 모양으로 연결한 모양
S	오른쪽 값을 기초로 계단 모양으로 연결
n	축만 그리고 그래프는 그리지 않음

선 모양 선택

lty=0, lty="blank"	투명 선
lty=1, lty="solid"	실선
lty=2, lty="dashed"	대쉬 선
lty=3, lty="dotted"	점선
lty=4, lty="dotdash"	점선과 대쉬 선
lty=5, lty="longdash"	긴 대쉬 선
lty=6, lty="twodash"	두 개의 대쉬 선

색 기호 설정

col=1, col="blue"	기호 색 지정 1 : 검은색, 2 : 빨간색, 3 : 초록색, 4 : 파란색, 5 : 연파란색, 6 : 보라색, 7 : 노란색, 8 : 회색
pch=0, pch="문자"	점 모양 지정, 숫자마다 모양이 할당되어 있음
bg="blue"	그래프 배경색
lwd="숫자"	선을 그릴 때, 선 굵기
cex="숫자"	점이나 문자 굵기

옵션이 너무 많아서 혼돈될 것으로 생각됩니다. 다음 예를 통해 옵션을 사용해 보겠습니다.

소스 : 예제\4_10.R

```
> plot(x,y, main="Minho Graph", xlab="Time", ylab="Income increase")
```

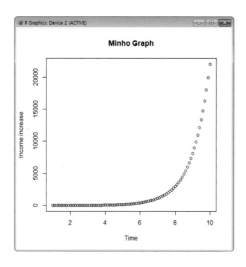

그래프가 이전보다 읽기가 쉬워졌습니다. 전체 그래프 제목도 있고, x, y축이 의미하는 것을 명시하였습니다. 이로 인해 시간과 수입에 대한 그래프임을 알 수 있습니다.

위의 예를 통해서 그래프 옵션을 어떻게 사용하는지를 확인하였습니다. 이제, 동일한 방법으로 실습을 통해 나머지 옵션을 확인하기 바랍니다. 다만, 지금 모두 해 볼 필요는 없습니다. 앞으로 이어지는 내용에서 많은 옵션을 사용할 것입니다.

## CHAPTER 05

R 그래프 그리기

다양한 옵션을 하나하나 적용해 보면서 그래프를 그려 보겠습니다. 여기서 해 보는 과정은 R에서 그래프를 그리는 가장 일반적인 과정입니다.

|01| 그래프에 사용할 데이터 확보하기

그래프에 사용할 데이터를 확보합니다.

소스 : 예제\4_11.R

```
> abc <- c(260, 300, 250, 280, 310)
> def <- c(180, 200, 210, 190, 170)
> ghi <- c(210, 250, 260, 210, 270)
```

|02| 확보된 데이터를 기반으로 기본 그래프 그리기

설정된 데이터 중, abc를 이용해서 꺾은선 그래프를 그립니다.

소스 : 예제\4_12.R

```
> plot(abc, type="o", col="red", ylim=c(0,400), axes=F, ann=F)
// type이 "o"이면 점과 선을 연결해서 꺾은선 그래프가 그려지고, "p"이면 점만 표시된다.
// color는 red이므로 붉은색이다.
// y축의 범위는 0~400으로 정한다.
// axes=F이므로 X, Y축을 표시하지 않는다.
// ann=F이므로 X, Y축의 이름을 표시하지 않는다.
```

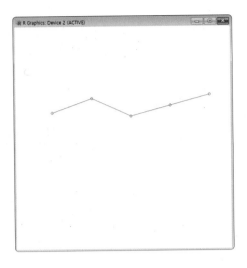

|03| x축과 y축 넣기

x축과 y축을 넣습니다.

소스 : 예제 \4_13.R

```
> axis (1, at=1:5, lab=c("A","B","C","D","E"))  // 1은 x축을 말하며, at은 x축의 값이 1~5까지라는
의미이다. 그리고 각각의 이름이 A, B, C, D, E라는 뜻이다.
> axis (2, ylim= c(0, 400))  // 2는 y축을 말하며, 범위는 0~400이다.
```

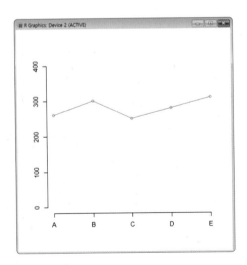

|04| 그래프에 제목과 x, y축의 의미 설정하기

그래프의 메인 타이틀과 색, 폰트를 설정합니다.

소스 : 예제 \4_14.R

```
> title(main="Fruit", col.main="red", font.main=4)
> title(xlab="Day", col.lab="black")  // x축의 이름과 색을 설정한다.
> title(ylab="Price", col.lab="blue")  // y축의 이름과 색을 설정한다.
```

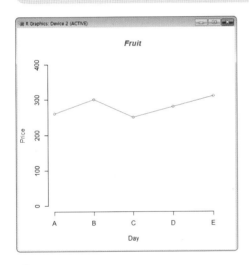

|05| def, ghi 데이터를 그래프에 추가하기

기존 그래프에 추가로 그래프를 그릴 때, lines를 사용합니다. 이 작업은 선택 사항입니다.

pch는 0~25번까지 번호마다 표시가 할당되어 있는데, 22번은 사각형 모양입니다. pch와 type에 대한 상세한 내용은 웹에서 확인할 수 있습니다(www.statmethods.net/advgraphs/parameters.html).

```
> lines(def, type="o", pch=21, col="green", lty=2)  // lty=2는 대시 선이다.
> lines(ghi, type="o", pch=22, col="blue", lty=2)
```

명령어 정리

lines()	선을 그린다.

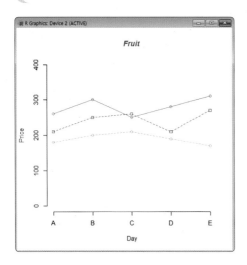

○ 그래프에 설명을 위한 주석 추가하기

주석 위치를 지정하고 내용, 색, 크기를 설정하여 추가합니다.

```
> legend(4, 400, c("Orange", "Appple", "Banana"), cex=0.8,
col=c("red","green","blue"), pch=21, lty=1:3)
// 주석 위치는 (4, 400)이다.
// 주석 내용과 색을 지정한다. 그 외 pch, lty는 이미 설명한 내용이다.
// cex는 글자 크기를 설정한다.
```

명령어 정리

legend()	그림에 주석을 추가한다.

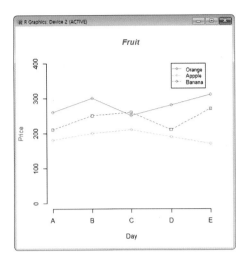

R에서 제공하는 다양한 그래픽 옵션과 그래픽을 그리는 단계를 구분하여 하나씩 설명하였습니다. 대부분의 경우에 R에서 그래픽을 그린다면 이러한 과정을 따르게 되어 있습니다.

|알아두기| **기존 그래프에 다른 그래프를 추가하기 – par(new=T)**

기존 그래프에 다른 그래프를 추가하는 다른 방법이 있습니다. Screen 명령어와는 방식이 다르므로 예를 통해 확인하기 바랍니다.

소스 : 예제 \4_17.R

```
> plot(10:1)          // 그래프를 그린다.
> par(new=T)          // 현 그래프를 유지한다.
> plot(1:10)          // 현 그래프에 추가해서 그린다.
> par(new=T)          // 현 그래프를 유지한다.
> plot(c(6,6,6,6,6), type="o", col="red")    // 그래프를 추가한다.
```

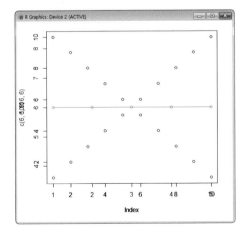

## CHAPTER 06

기본 R 그래프 그리기

가장 많이 사용되는 R 그래픽 기능인 막대, 점, 히스토그램, 파이, 상자 그래프를 그리는 방법과 알아야 할 사항을 실습을 통해 정리합니다.

데이터 분석 전문가 하는 일 중에 가장 중요한 작업이 데이터 특성을 파악하는 것인데, 이때, 가장 많이 사용되는 것은 복잡한 그래프가 아닌 점, 막대, 히스토그램, 파이, 상자 그래프 등의 간단한 기본 그래프입니다. 분석 업무에서는 기본 그래프를 잘 사용하는 것이 중요합니다.

|01| 막대 그래프 그리기

막대 그래프를 그려 봅니다. 데이터가 어떤 모양을 가지는지 살펴보세요.

소스 : 예제 \4_18.R

```
> x <- c(50, 40, 32, 68, 120, 92)    // 그래프를 위한 데이터를 설정한다.
> barplot(x, names="Total Sale Amount")    // 막대 그래프를 그린다.
```

명령어 정리	
barplot()	막대 그래프를 그린다.

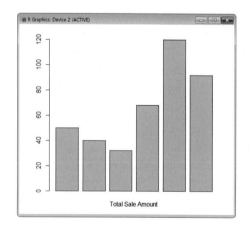

데이터 특성을 파악하고 표현하기 위해 막대 그래프를 사용하는 방법을 배우겠습니다.

행렬형 데이터 두 개를 기반으로 막대 그래프를 그리는 예입니다.

소스 : 예제 \ 4_19.R

```
> X_matrix <- matrix(c(50, 40, 32, 68, 120, 92),3,2)
// (50, 40, 32, 68, 120, 92) 데이터를 3×2 행렬로 구성한다.
> X_matrix   // 구성된 데이터를 확인한다.
      [,1] [,2]
[1,]   50   68
[2,]   40  120
[3,]   32   92

> split.screen(c(1,2))   // 윈도우 하나에서 그림 두 개를 보고자 한다.
[1] 1 2
> screen(1)   // 왼쪽에 그림을 그린다. 값이 어떻게 보이는지 확인하라.
> barplot(X_matrix, names=c("Korea", "America"))
> screen(2)
// 오른쪽에 그림을 그린다. beside=T가 있으면 값이 어떻게 보이는지 확인하라.
> barplot(X_matrix, names=c("Korea", "America"), beside=T)
```

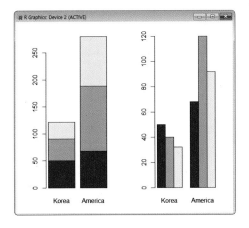

그림을 보면 다음 사항을 확인할 수 있습니다.

- Korea, America를 세 가지 물건(관점)으로 비교하고 있습니다.
- Korea보다 America가 전체 볼륨이 두 배 이상 큽니다.
- Korea는 첫 번째 물건이 전체의 절반 정도를 차지합니다.
- America는 세 개의 물건이 비교적 균등한 비중을 가지며, 두 번째 물건이 중요합니다.

이 사항을 확인하기 위하여 다음 질문에 답해 봅시다.

- 왼쪽과 오른쪽 그림 중에서 어느 것이 편한가요?
- 분석가가 편한 그림과 고객이 편한 그림의 관점에서 확인해 봅시다. 어느 것을 사용하는 것이 좋다고 판단되나요?

데이터 분석 전문가에게는 복잡한 기술이나 정교한 그래프를 그리는 기술보다 데이터를 정확하게 파악하고, 간단하고 읽기 쉽게 표현하는 것이 더 중요하다는 점을 기억하기 바랍니다.

앞의 예에서 beside를 사용하였는데, 이와 비슷한 옵션을 정리하였습니다.

◎ 막대 그래프(바 그래프) 옵션

함수	의미
angle, density, col	막대를 칠하는 선의 각도, 수, 색을 지정합니다.
legend	오른쪽 윗부분에 범례를 그립니다.
names	각 막대의 라벨을 정의합니다.
width	각 막대의 상대적인 폭을 정의합니다.
space	각 막대 사이의 간격을 지정합니다.
beside	T이면 각각의 값마다 막대를 그립니다.
horiz	T이면 막대를 옆으로 눕혀서 그립니다.

◎ 옵션 이해를 위한 예

그림 옵션을 잘 사용하면, 그림을 읽기 쉽고 직관적으로 이해할 수 있도록 표현할 수 있습니다. 즉, 매우 중요합니다.

소스 : 예제\4_20.R

```
> abc <- c(50, 40,32, 68, 120, 92)
> barplot(abc, main="abc", xlab="Season", ylab="Sales", names.
arg=c("A","B","C","D","E", "F"), border="blue", density=c(10,30, 50, 80, 90,92))
```

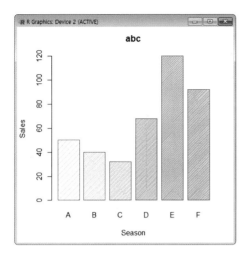

|02| 막대 그래프 응용하기

막대 그래프는 실무에서 많이 사용합니다. 그런 점에서 좀 더 복잡한 형태에 익숙해질 필요가 있습니다. 다음 예를 통하여 막대 그래프 의미와 활용에 익숙해지기 바랍니다. 그래프를 통한 의미 파악에 주목하세요.

소스 : 예제\4_21.R

```
> abc <- c(110, 300, 150, 280, 310)    // 시즌별(A,B,C,D,E) 야구공 판매 현황
> def <- c(180, 200, 210, 190, 170)    // 시즌별 축구공 판매 현황
> ghi <- c(210, 150, 260, 210, 70)     // 시즌별 비치볼 판매 현황
> B_Type2 <- matrix(c(abc,def,ghi), 5,3)    // 그림을 그리기 위하여 데이터를 구성한다.
> B_Type2    // 구성된 데이터의 의미를 파악한다.
      [,1] [,2]  [,3]
[1,]  110  180   210    // 1번 시즌(A)에 야구공(110), 축구공(180), 비치볼(210) 판매
[2,]  300  200   150
[3,]  150  210   260
[4,]  280  190   210
[5,]  310  170    70

> barplot(B_Type2, main="Ball Type별 시즌의 판매량", xlab="Ball Type", ylab="
매출", beside=T, names.arg=c("BaseBall","SoccerBall","BeachBall"),
border="blue",col=rainbow(5), ylim=(c(0,400)))    // 막대 그래프를 그린다.
> legend(16, 400, c("A 시즌","B 시즌","C 시즌","D 시즌","E 시즌"), cex=0.8,
fill=rainbow(5))    // 그림의 이해도를 높이기 위해 범례를 추가한다.
```

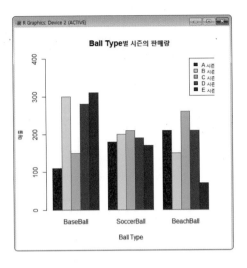

그래프를 통해 알 수 있는 것은 다음과 같습니다.

- 야구공(BaseBall), 축구공(SoccerBall), 비치볼(BeachBall)의 시즌별 매출 현황
- 전체 매출은 야구공이 크지만, 축구공은 시즌에 따른 매출 변동이 적습니다.

이외에 그래프를 통해 알 수 있는 것이 무엇이 있나요? 최소한 세 개 이상 찾아보세요.

⊙ 동일 데이터를 이용하여 시즌별로 볼 타입에 따른 매출 출력하기

동일한 데이터를 이용하여 시즌별 매출을 그래프로 표현해 보겠습니다.

소스 : 예제 \4_22.R

```
> barplot(t(B_Type2), main="시즌별 볼타입에 따른 판매량", xlab="Season",
  ylab="Price",beside=T,  names.arg=c("A","B","C","D", "E"), border="blue",
  col=rainbow(3), ylim=(c(0,400)))

> legend(16, 400, c("BaseBall","SoccerBall","BeachBall"), cex=0.8,
fill=rainbow(5))
// 필요하다면 Legend를 이용하여 설명을 추가한다.
```

만들어진 그래프는 각 시즌(A, B, C, D, E)별로 공 판매를 보여 줍니다.

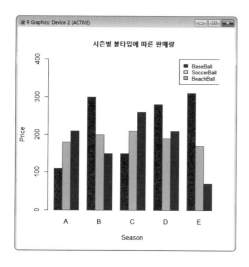

그래프에서 알 수 있는 것을 생각해 보겠습니다.

- A 시즌에는 야구공 매출이 가장 작고, 비치볼 매출이 가장 큽니다.

이 외에 무엇을 알 수 있을까요? 만약 야구공을 만드는 사람일 경우, 제품 생산 계획을 현명하게 세우는 방법을 생각해 보기 바랍니다. 동일하게 비치볼과 축구공의 경우에도 생산 계획을 세워 보기 바랍니다.

◎ 데이터 누적 형태로 보여 주는 예

데이터 분석 전문가로서 일반 그래프와 누적 형태를 보고 어떤 것이 더 잘 표현되었는지를 파악해 보기 바랍니다. 이 과정은 아주 중요합니다.

소스 : 예제 \4_23.R

```
> barplot(t(B_Type2), main="시즌별 볼타입에 따른 판매량(누적 표시형)",
xlab="Season", ylab="매출", names.arg=c("A","B","C","D","E"), border="blue",
col=rainbow(3), ylim=(c(0,1000)))

> legend(4.5,1000, c("BaseBall", "SoccerBall","BeachBall"), cex=0.8,
fill=rainbow(3))
```

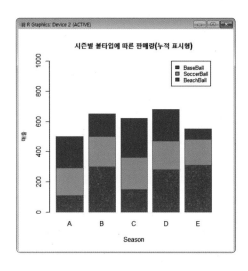

이와 같이 막대 그래프는 보고서 성격에 따라 다양한 관점과 모습으로 보일 수 있습니다. 앞에서 제시한 예를 잘 살펴보고, 이것을 자유자재로 사용할 수 있도록 익히는 것이 중요합니다.

1 앞에서 제시한 세 가지 막대 그래프가 무엇을 의미하는지 정리해 보세요.

2 각 그래프가 보여 주는 정보가 비즈니스를 수행하는 입장에서 어떻게 유용한지에 생각해 보세요(야구공, 축구공, 비치볼 제조업체 입장).

3 제시된 자료를 기반으로 본인만의 그래프를 만들어 보기 바랍니다.
예 Baseball, Socker Ball을 대상으로 분석을 위한 그래프를 그려 보세요.

|03| 점 그래프 그리기

R에서 점 그래프를 그릴 수 있습니다. 다음 예를 통해 알아보겠습니다.

소스 : 예제 \4_24.R

```
> x  // 데이터 모습 확인
[1]  50  40  32  68 120  92
> dotchart(x, labels=c("A","B","C","D","E","F"), pch=22)
```

dotchart()	산점도를 그립니다.

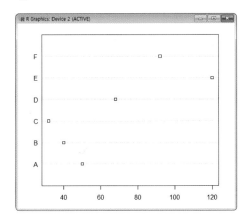

|04| 히스토그램 그리기

히스토그램은 도수분포를 나타내는 그래프로, 변수의 구간별 빈도 수를 나타냅니다. 145쪽에서 히스토그램을 사용하는 예를 확인하기 바랍니다.

소스 : 예제 \4_25.R

```
> x <- c( 1,2,1,4,5,4,5,2,3,5,2,6,7,3,7,8,6,5,4,7,7,6,5,7,8,9,8)
> hist(x, xlim=c(0,10), ylim=c(0,6), nclass=12, main="Call number of #1 Topic")
```

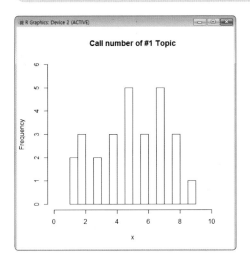

|05| 원 그래프 그리기

◎ 기본 원 그래프 그리기

다음은 가장 기본적인 원 그래프(Pie chart)입니다. 옵션을 사용하지 않아서 가독성이 좋지도 않고 보기에 편하지 않습니다. 색은 지정하지 않아도 자동으로 입혀집니다.

소스 : 예제 \ 4_26.R

```
> T_sales <- c(210, 110, 400, 550, 700, 130)
> pie(T_sales)
```

명령어 정리	
pie()	파이 그래프를 그립니다.

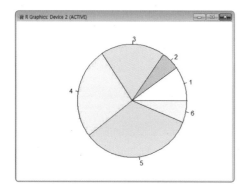

◎ 보기 편하게 개선하기

옵션을 사용하여 보기 편한 그림으로 개선해 보겠습니다.

소스 : 예제 \ 4_27.R

```
> pie(T_sales, init.angle=90, col=rainbow(length(T_sales)), labels=c("Monday",
"Tuesday", "Wednesday", "Thursday", "Friday", "Saturday"))   // 원 그래프를 그린다.

> legend(1,1,c("Monday", "Tuesday", "Wednesday", "Thursday", "Friday",
"Saturday"), cex=0.8, fill=rainbow(length(T_sales)))
// 그려진 원 그래프에 가독성을 위하여 레전드를 추가한다.
```

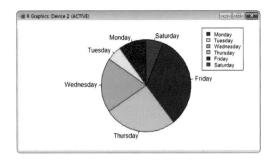

○ 원 그래프 옵션

원 그래프는 옵션을 활용하는 것이 중요합니다. 옵션을 알아보겠습니다.

데이터 구성	분석 방법
angle, density, col	각도, 밀도, 색상 지정
labels	각 파이 부분 이름을 지정
radius	원형 크기 결정
clockwise	회전 방향 결정(기본은 반시계 방향)
init.angle	시작되는 지점 각도

|06| 3차원 파이 그래프 그리기

파이 그래프는 영향을 미치는 항목을 직관적으로 표현하기 좋은 그래픽 도구입니다. 이제 이것을 3차
원으로 보여 주는 방법을 공부하겠습니다.

소스 : 예제 \4_28.R

```
> install.packages("plotrix")        // 3차원 파이 그래프를 위한 패키지 설치
> library(plotrix)                   // 패키지 사용 선언


// 파이 그래프를 위한 데이터 값을 설정한다.
> T_sales <- c(210, 110, 400, 550, 700, 130)
> week <- c("Monday", "Tuesday", "Wednesday", "Thursday", "Friday", "Saturday")
> ratio <- round(T_sales/sum(T_sales) * 100, 1)
> label <- paste(week,"\n",ratio, "%")

> pie3D(T_sales,main="주간 매출 변동", col=rainbow(length(T_sales)), cex=0.8, labels=label)
// 파이 그래프를 그린다.
```

round()	나머지를 버린다.
pie3D()	파이 그래프를 그린다.

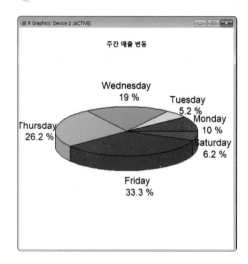

연습문제
EXERCISES

3차원 파이 그래프를 보기 좋게 다듬어 보겠습니다.

1 레이블을 넣어 보세요.

2 기본 명령어에 explode=0.05를 추가해 보고 변경되는 모습을 확인해 보세요.

※ 해설은 예제 파일 '연습 문제' 폴더에 있습니다.

|07| 박스 그래프 그리기

앞에서 정의한 것을 그대로 활용하여 박스 그래프를 그려 보겠습니다. 박스 그래프는 데이터가 어떤 범위에 걸쳐 존재하며, 데이터를 대표하는 평균 값이 데이터의 분포 중 어느 위치에 있는지를 쉽게 파악할 수 있습니다. 특히, 이상 값을 파악하는 방법으로 많이 사용됩니다. 즉, 특정 데이터가 전체 데이터의 범주를 벗어나는지, 또는 얼만큼 벗어나는지를 확인하기 위한 좋은 방법입니다.

소스 : 예제 \4_29.R

```
> abc    // 앞에서 정의한 것을 그대로 활용한다.
[1] 110 300 150 280 310
> def
[1] 180 200 210 190 170
> ghi
[1] 210 150 260 210  70

> boxplot(abc,def,ghi)
```

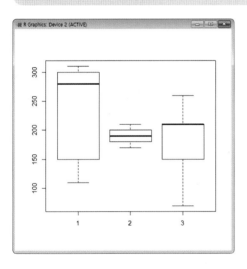

소스 : 예제 \4_30.R

```
> boxplot(abc,def,ghi,col=c("yellow","cyan","green"),
+     names=c("BaseBall","SoccerBall","BeachBall"), horizontal=TRUE)
```

```
// col은 박스 내부의 색을 지정하는 데 사용한다.
// names는 각 막대의 이름을 지정하는 데 사용한다.
// horizontal=TRUE는 상자를 수평으로 그린다.
// range는 막대의 끝에서 사각형까지의 길이를 지정하고, width는 박스의 폭을 지정한다.
// notch=TRUE이면 상자의 허리를 가늘게 표시한다.
```

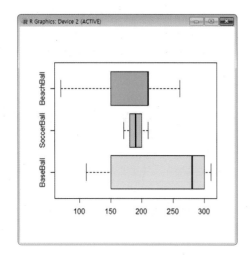

그림을 통해서 확인할 수 있는 것은 다음과 같습니다.

- BeachBall은 평균이 한쪽에 치우치므로 매출이 꾸준하게 발생하지 않는다는 것을 알 수 있습니다.
- SoccerBall은 데이터 범주도 작고, 평균이 가운데에 있으므로 매출 변동이 작으며, 꾸준하게 팔린다는 것을 알 수 있습니다.
- BaseBall은 데이터 범주가 넓고, 평균이 한쪽에 치우치므로, 매출 변동이 셋 중에 가장 크고, 팔릴 때는 많이 팔리는 경향이 있다는 것을 파악할 수 있습니다.

지금 시점에서 동일한 데이터를 이용해서 표현한 Boxplot와 막대 그래프를 비교해 보고, 각 그래프별로 어떤 점이 파악하기 쉽고 어떤 점이 파악하기 어려운지를 생각해 보기 바랍니다.

데이터 분석 전문가는 데이터를 읽는 능력이 중요합니다. 이번 기회에 그래프를 분석하는 능력을 기르세요.

## CHAPTER 07

그래프 그리기의 부가적인 기능

앞에서 R 그래픽 윈도우에 여러 개의 그림을 그리기 위해서 필요한 split.screen, par(mfrow) 명령어 사용법과 데이터 분석 전문가가 기본적으로 알아야 하는 막대, 점, 선, 파이, 박스 그래프를 그리는 것을 공부하였습니다.

이번에는 그래픽을 그리기 위한 부가적인 기능들을 모아서 설명합니다.

|01| R의 그래픽 윈도우 조절법

그래픽 명령에 의해 만들어진 그래픽 윈도우를 끄지 않고 지운 다음 새로운 그래프를 그리는 방법을 공부합니다.

소스 : 예제\4_31.R

```
> plot(1:10)    // 그림을 그린다. 그래픽 윈도우가 열린다.
> par(new=T)
// 현재 그래픽 윈도우를 유지하고, 새로운 그래픽 윈도우를 만들지 않는다.
> plot(10:1)    // 현재 그림 위에 새로운 그림을 추가한다(왼쪽 그림).
> plot.new()    // 그래픽 윈도우는 유지하고, 그 안의 그래픽을 지운다.
> plot(1:100)   // 새로운 그래픽을 유지되고 있는 그래픽 윈도우에 그린다(오른쪽 그림).
```

명령어 정리	
plot.new()	현재 그래픽 윈도우는 유지하고 안쪽 그래픽을 지운다.

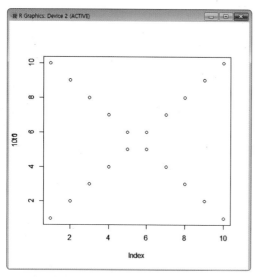
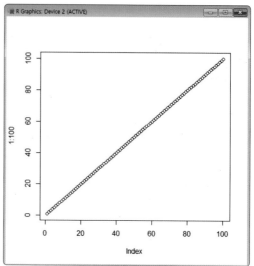

▲ 그래프 다시 그리기 예

다음 코드의 결과를 예측하고 실습해 보겠습니다.

소스 : 예제 \4_32.R

```
> plot.new()
> plot(-4:4, -4:4, type="n")
> points(rnorm(200), rnorm(200), pch="+", col="red")
> par(new=T)
> points(rnorm(200), rnorm(200), pch="o", col="cyan")
```

명령어 정리	
points	점 그래프를 그린다.

|02| 꺾은선 그래프 그리기

R로 그래픽을 그리면서 꺾은선 그래프를 그리고자 하면 lines 함수를 이용하면 됩니다. 함수를 이용하여 그래프를 그려 보겠습니다.

```
> x <- c(1:10)
> y <- x*x
> plot(x, y, type='n', main="Title")   // 그래프의 x, y축과 제목을 출력한다.
> for(i in 1:5) lines(x, (y+i*5), col=i, lty=i) // 그래프를 출력한다.
// for 문이 다섯 번 수행되므로, 다섯 개의 선이 출력된다.
```

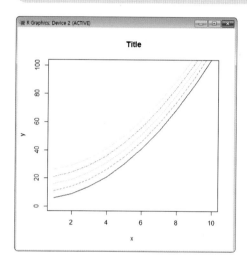

|03| 선분, 화살표, 사각형, 문자열, 직선 그리기

그래픽을 위한 데이터를 구성하고 추가로 그래프를 그려 봅니다.

```
// 일반 그래프를 그리는 과정이다.
> x <- c(1,3,6,8,9)   // 그래픽을 위한 데이터를 구성한다.
> y <- c(12,56,78,32,9)
> plot(x,y)   // 그래픽을 그린다(왼쪽 그림).

// 그려진 그래프에 추가하여 그래프를 그리는 과정이다.
> segments(6, 78, 8, 32)
// (6, 78)이 x의 세 번째와 y의 세 번째이다(3과 4를 연결하는 선).
> arrows(3, 56, 1, 12)   // 2와 1을 연결하는 화살표이다.
> rect(4,20, 6, 30, density=3)   // 그래프 위치를 기준으로 (4,20)과 (6,30)을 연결하는 사각형이다. 채우는
밀도는 30이다.
```

segments()	두 점을 연결하는 선을 그린다.
arrows()	두 점을 화살표로 연결한다.
rect()	사각형을 그린다.

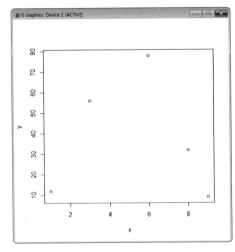

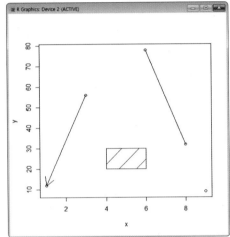

소스 : 예제 \4_35.R

> **text(4,40, "이것은 샘플입니다", srt=55)**　　// 그래프 좌표로 (4, 40)이 중간이 되도록 해서 문자열을 출력한다. 각도는 55도이다.

> **mtext("상단의 문자열입니다", side=3)**　　// 그래프 위에 문자열을 출력한다.

// 그래프 오른쪽에 문자열을 출력한다.

> **mtext("우측의 문자열입니다", side=4, adj=0.3)**

> **box(lty=2, col="red")**　　// 그림 테두리를 빨간색으로 설정한다.

> **axis(1, pos=40, at=0:10, col=2)**

// x축을 y축 40 위치에 0~10까지 범위로 빨간색(2)으로 표현한다.

> **axis(2, pos=5, at=10:60)**　　// y축은 x의 5의 위치에 10~60까지 표현한다.

text()	그래프 좌표에 글자를 출력한다.
mtext()	그래프 위에 글자를 출력한다.
box()	사각형을 출력한다.

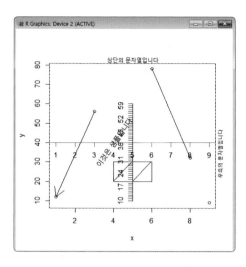

다음 명령어를 보고, 결과를 예측하고 실습해 보겠습니다.

소스 : 예제 \4_36.R

```
> x <- c(1:10)
> y <- exp(x)
> plot(x, y, type='n', main="Title")
> for( i in 1:10) lines(x, (y+i*5), col=i, lty=i)
> y <- x*x
> plot(x, y, type='n', main="Title")
> for( i in 1:10) lines(x, (y+i*5), col=i, lty=i)

> mtext("Right Side Text", side=4, adj=0.5)
> abline(1:2)
> box(lty=2, col="red")
> axis(1, pos=50, at=0:10, col=2)
> axis(2, pos=6, at=0:100, col=3)
```

|04| 두 종류 그래프 조합하기

두 개의 그래프를 조합하는 것은 데이터 분석 전문가가 자신의 의견을 그래프로 표현하기 위하여 자주 사용하는 기술입니다. R에서 제공하는 것 외에도 엑셀이나 다른 그래픽 지원 도구를 사용해서 두개의 그래프를 조합할 수 있습니다. 그래프를 그리면서 추가적인 정보도 함께 표시하며 그래프 두 개를 조합해 봅시다.

소스 : 예제 \4_37.R

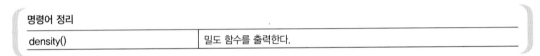

```
> x <- c( 1,2,1,4,5,4,5,2,3,5,2,6,7,3,7,8,6,5,4,7,7,6,5,7,8,9,8)   // 데이터 선언
> par(mfrow=c(1,2))     // 최종 그림이 좌우 두 개로 구성된다.
> hist(x)     // 왼쪽 그림을 그린다.
> hist(x, probability=T, main="Histogram with density line")
// 오른쪽 그림을 그린다.
> lines(density(x))     // 오른쪽 그림에 Density를 보여 주는 라인을 추가한다.
```

명령어 정리	
density()	밀도 함수를 출력한다.

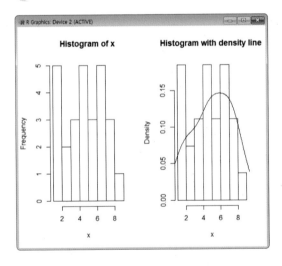

두 개의 그래프를 조합하면 설명하기 쉽고, 사용자가 이해하기 쉬운 그림을 만들 수 있는 경우가 대부분이지만 만들기 쉽지 않습니다. 잘 익혀 두기 바랍니다.

## CHAPTER 08

그래프 종류 소개

기본적인 그래프만으로도 충분하지만, 다른 사람과 차별되는 멋진 그림을 이용해서 데이터가 가진 특성을 표현하는 것은 데이터 분석 전문가로서 가치 있는 일입니다. Chapter 08에서는 R에서 별도의 설치 과정 없이 사용할 수 있는 고급스럽고 멋진 그래프 기능을 소개합니다.

|01| Sunflowerplot 그래프

Sepal.Length와 Sepal.Width가 같은 것이 하나면, 점으로 표현하고, 많으면 빨간색 꽃잎 크기가 커지는 Sunflowplot 그래프를 살펴보겠습니다. 꽃잎이 여러 방향일수록 같은 것이 많다는 의미입니다.

```
> zz <- iris[,1:2]
> sunflowerplot(zz)
```

명령어 정리

sunflowerplot()	sunflowplot 그래프를 그린다.

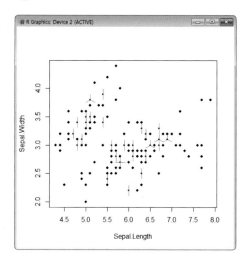

그래프에서 알 수 있는 것은 다음과 같습니다.

- 데이터에서 Sepal.Length와 Sepal.Width는 전체적으로 골고루 분포되어 있습니다. 그러므로 어디에 치우치지 않습니다.
- Sepal.Length가 5 정도이면 Sepal.Width는 3~3.5 정도 값을 가지는 경우가 많습니다.
- Sepal.Length가 5.5~7 정도이면 Sepal.Width는 2.5~3 정도 값을 가집니다.
- 빨간색 선으로 표현된 것은 동일한 값을 가지는 경우가 많다는 의미입니다.

언급한 것 외에 그래프에서 얻을 수 있는 정보를 두 가지 이상 생각해 보기 바랍니다.

|02| Stars 그래프

특정 항목에 영향을 미치는 요인들을 종합적으로 정리하여 보여 주는 그래프입니다. 예제에서는 자동차마다 가지는 특징을 정리한 데이터를 기반으로 선택한 항목이 특정 자동차에 미치는 영향을 그림으로 그려 보겠습니다.

```
> data(mtcars)
> head(mtcars)

                   mpg cyl disp  hp drat    wt  qsec vs am gear carb
Mazda RX4         21.0   6  160 110 3.90 2.620 16.46  0  1    4    4
Mazda RX4 Wag     21.0   6  160 110 3.90 2.875 17.02  0  1    4    4
Datsun 710        22.8   4  108  93 3.85 2.320 18.61  1  1    4    1
Hornet 4 Drive    21.4   6  258 110 3.08 3.215 19.44  1  0    3    1
Hornet Sportabout 18.7   8  360 175 3.15 3.440 17.02  0  0    3    2
Valiant           18.1   6  225 105 2.76 3.460 20.22  1  0    3    1

> stars(mtcars[, 1:4])
// 앞의 네 가지 항목(mpg, cyl, disp, hp)만으로 그림을 그린다.
```

명령어 정리	
stars()	stars 그래프를 그린다.

그림을 통하여 각 자동차마다 네 가지 요인이 어느 정도 영향을 미치는지 한눈에 확인할 수 있습니다.

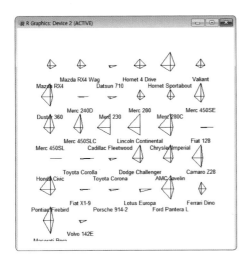

mpg, cyl, disp, hp만을 고려하면 Hornet Sportabout과 Pontiac Firebird가 가장 균형 잡힌 자동차라는 것을 알 수 있습니다. 그림에서 얻을 수 있는 정보를 이 외에 두 가지 이상 생각해 보기 바랍니다.

|03| Persp, Contour 그래프

실무에서 잘 사용하지는 않지만, R 그래픽을 공부하면서 3차원 그림을 생략할 수는 없습니다. 기본적으로 제공되는 3차원 그래픽을 소개합니다.

다음 예를 수행해 보면 멋진 그림이 그려집니다. 지금 단계에서는 그래프에 대한 설명을 하지 않습니다. 단지, 3차원 수준의 그림을 그릴 수 있다는 것을 확인하는 정도에서 설명을 마칩니다.

소스 : 예제 \4_38.R

```
> x1 = seq(-3, 3, length=50)
> x2 <-seq(-4, 4, length=60)
> f <- function(x1, x2) {
+     x1^2 + x2^2 + x1*x2
+ }
> y = outer(x1,x2, FUN=f)
> persp(x1, x2, y)
```

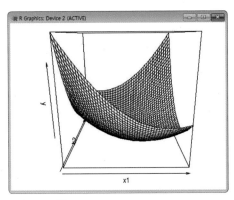

▲ Persp 그래프

> **contour(x1, x2, y)** // x1, x2, y는 위와 동일한 값을 사용합니다.

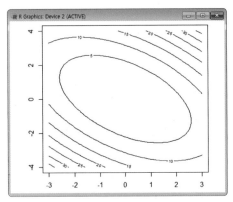

▲ Contour 그래프

|알아두기| **R에서 제공하는 다양한 그래프 함수**

R에서 제공하는 그래픽 중 지면상 소개하지 못한 그래프 함수와 기능을 설명합니다. 더 배우기를 원한다면 매뉴얼이나 기타 정보를 활용해서 추가적으로 공부하기 바랍니다.

함수명	기능
stripchart()	벡터 데이터로 1차원 산포도를 그린다. ⓓ stripchart(y~x, xlab="year", ylab="amount")
fourfoldplot()	배열과 행렬 데이터로 한 개 변수에 대한 두 변수 사이 관계 그래프를 그린다.
mosaicplot()	배열, 행렬, 리스트로 분할표 데이터 결과를 그림으로 그린다.
assocplot()	행렬 데이터에 대한 그래프를 그린다.
symbol()	다변량 정보에 대한 그림을 그린다.
pair()	행렬 데이터에 대한 산포도를 그린다.
cocoplot()	변량이 세 개 이상 포함될 때, 공변량 그래프를 그린다.
image()	3차원 그래프를 그린다.

## CHAPTER 09

패키지로 그래프 그리기

R에서 기본적으로 제공하는 그래픽 기능이 아니라, 별도 설치를 통해 사용할 수 있는 그래픽 기능에 대하여 설명합니다. 너무 많은 패키지가 나와 있기 때문에 전체를 소개하는 것은 어렵지만, 가장 많이 사용하는 패키지인 lattice, ggplot2와 유용하게 사용할 수 있는 plot3D를 소개합니다. 이 중 ggplot2는 많이 쓰이고, 중요하면서 설명할 양이 많기 때문에 별도의 챕터로 분리했습니다.

|01| plot3D 패키지

유용하게 사용할 수 있는 3차원 그래픽 패키지인 plot3D를 소개합니다. 그래픽 기능도 중요하지만, 그래프를 그릴 때 매번 명령어를 입력하는 것이 아니라 변수를 받는 함수 형태로 만들어 변수만 바꾸어서 반복 수행할 수 있기 때문에 의미가 있는 패키지입니다. 실제 데이터 시각화를 수행할 때는 다음 예와 같이 함수 형태로 만들어서 배치로 수행하는 과정을 거치게 됩니다.

plot3DfishData라는 함수를 배치 형태로 만들고, 이것을 전체 수행 형태로 실행합니다. 그렇게 되면 그림과 같은 모양이 나옵니다. 실제 배치 파일에서는 앞의 + 표시를 지우고 만들게 됩니다.

소스 : 예제 \ 4_39.R

```
> install.packages("scatterplot3d")
> plot3DfishData <- function(x, y, z, data=iris) // x, y, z 값을 넘겨받는다.
+ {
+     require("scatterplot3d")
// 필요한 패키지 선언, 없으면 미리 설치할 것(install.packages("scatterplot3d"))
+     fish.variable <- colnames(data) // iris의 칼럼 이름을 fish.variable에 넣는다.
+     scatterplot3d(data[,x], data[,y], data[,z], // 그림 그릴 데이터 설정
+         color=c("blue", "black", "red", "green", "turquoise") // 색 선정
+         [data$Species] // Species에 대하여 그래프를 그린다.
+         , pch=19, xlab=fish.variable[x], ylab=fish.variable[y], // 변수 설정
+         zlab=fish.variable[z])
+ }
```

```
> par(mfrow=c(2,2))    // 전체 그림은 2×2의 그림 네 개로 구성된다.
> plot3DfishData(1,2,5)   // 첫 번째 그림은 Sepal.Length, Sepal.Width, Species 사용
> plot3DfishData(1,2,3)   // 두 번째 그림은 Speal.Length, Sepal.Width, Petal.Width 사용
> plot3DfishData(3,4,5)   // 세 번째 그림
> plot3DfishData(2,3,5)   // 네 번째 그림
```

명령어 정리	
require()	사용할 패키지를 선언한다. 설치되지 않은 패키지를 선언하면 경고 메시지가 표시된다.
scatterplot3d()	3차원 점 그래프를 그린다.

최종적으로 그림 네 개가 하나씩 그려지고, 전체 네 개가 모여 그래프를 구성합니다. 이와 같이 그림을 그리고자 하는 경우 함수로 만들고 변수만 바꾸어서 반복 수행하는 것이 핵심 내용입니다.

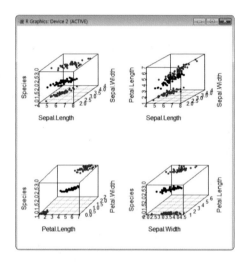

|02| lattice 패키지

그래픽 품질도 좋고 사용하기도 쉬운 lattice 패키지를 소개합니다. 다음 과정을 따라 하나씩 수행하다 보면, 자연스럽게 패키지 사용법을 익힐 수 있습니다.

소스 : 예제\4_40.R

```
> install.packages("lattice")   // 패키지를 설치한다.
> library(lattice)              // 사용하겠다고 선언한다.
> data(quakes)                  // quakes 데이터를 사용하겠다고 선언한다.
```

```
> head(quakes)                    // quakes 데이터를 확인한다.
      lat    long depth mag stations
1 -20.42 181.62   562 4.8       41
2 -20.62 181.03   650 4.2       15
3 -26.00 184.10    42 5.4       43
4 -17.97 181.66   626 4.1       19
5 -20.42 181.96   649 4.0       11
6 -19.68 184.31   195 4.0       12
> str(quakes)                     // quakes 데이터의 구조를 파악한다.
'data.frame':   1000 obs. of  5 variables:
 $ lat     : num  -20.4 -20.6 -26 -18 -20.4 ...
 $ long    : num  182 181 184 182 182 ...
 $ depth   : int  562 650 42 626 649 195 82 194 211 622 ...
 $ mag     : num  4.8 4.2 5.4 4.1 4 4 4.8 4.4 4.7 4.3 ...
 $ stations: int  41 15 43 19 11 12 43 15 35 19 ...
```

// 그림을 위해 필요한 정보를 얻는 과정
```
> mini <- min(quakes$depth)       // quakes의 depth 값 중에서 최솟값을 얻는다.
> maxi <- max(quakes$depth)       // quakes의 depth 값 중에서 최댓값을 얻는다.
> mini
[1] 40
> maxi
[1] 680

> r <- ceiling((maxi-mini)/8)     // 그래프를 위한 구간 값을 구한다.
> inf <- seq(mini, maxi,r)
> r   // 각 구간의 폭은 80이다.
[1] 80
> inf // 구간을 만든다.
[1]   40 120 200 280 360 440 520 600 680

> quakes$depth.cat <- factor(floor((quakes$depth-mini)/r), labels = paste(inf,
inf + r, sep = "-"))   // 그림을 위한 새로운 변수를 만든다.

> xyplot(lat~long | depth.cat, data=quakes, main="EarthQuake Data")
```
// lat, long을 축으로 depth.cat에 대하여 그림을 그린다.

명령어 정리

ceiling()	그래프 구간 값을 구한다.
floor()	주어진 숫자보다 크지 않은 정수를 반환한다. (예 : floor(2,3) → 2)
xyplot()	lattice 산점도를 그린다.

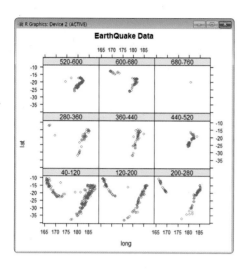

앞의 예와 동일한 과정을 수행하고 그래프를 그리는 부분만 다음과 같이 변경합니다.

소스 : 예제 \ 4_41.R

```
> cloud(mag~lat*long, data=quakes, sub="Magnitude With Longitude and Lattide")
```

명령어 정리

cloud()	cloud 그래프를 그린다.

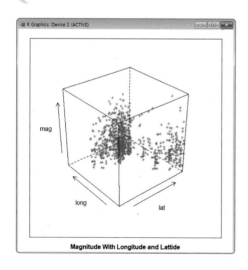

Magnitude With Longitude and Lattide

앞의 예와 동일한 과정을 수행하고 그래프를 그리는 부분만 다음과 같이 변경합니다.

```
> splom(quakes[, 1:4])
```

명령어 정리

splom()	lattice 산점도 그래프를 그린다.

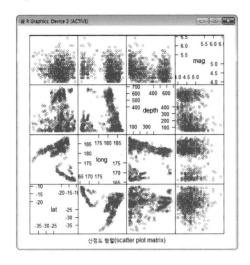

산점도 행렬(scatter plot matrix)

앞의 예와 동일한 과정을 수행하고 그래프를 그리는 부분만 다음과 같이 변경합니다.

소스 : 예제\4_42.R

```
> bwplot(mag~depth.cat, data=quakes, main="Depth and Strength Relationship")
```

명령어 정리

bwplot()	bwplot 함수를 그린다.

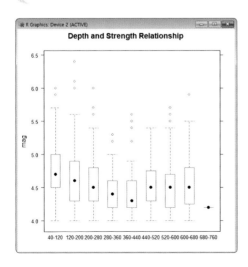

lattice 그래픽을 마치기 전에 lattice 그래픽에서 제공하는 그래픽 종류를 정리했습니다.

그래픽 타입	설명	옵션
barchart	바 차트	x~A or A~x
bwplot	박스 그래프	x~A or A~x
cloud	3D 산점도	z~x*y|A
contourplot	3D 등고선 선도	z~x*y
densityplot	커널 밀도 그래프	~x|A*B
dotplot	점도표	~x|A
histogram	히스토그램	~x
levelplot	3D 레벨 그래프	z~y*x
parallel	평행 좌표 그림	데이터 프레임
splom	산점도 행렬	데이터 프레임
stripplot	스트립 차트	A~x or x~A
xyplot	XY 그래프	y~x|A
wireframe	3D 와이어프레임 그래프	z~y*x

이미 몇 가지는 사용해 보았으므로 이해하기에는 무리가 없을 것입니다. lattice를 보다 깊게 공부하고자 한다면 'www.statmethods.net/advgraphs/trellis.html'에서 다양한 예를 확인할 수 있습니다.

연습문제
EXERCISES

iris 데이터를 기반으로 다음 작업을 수행해 보고 그래프를 분석해 보세요.

소스 : 예제 \4_43.R

```
> cloud(Species~Sepal.Length+Petal.Length, data=iris, main="IRIS
Data View")
> splom(iris[,1:4])
> bwplot(Sepal.Length~Sepal.Width, data=iris)
```

ggplot2 패키지로 그래프 그리기

ggplot2는 R 그래픽 패키지에서 가장 많이 사용됩니다. 데이터 분석 전문가로서 데이터 시각화에 관심이 있다면 ggplot2를 익히는 것은 당연한 일입니다.

|01| ggplot2 그래픽 그리기 – 12가지 사례

ggplot2를 이용한 그래픽 그리기 과정과 응용 그래픽을 소개합니다.

○ 데이터 준비 및 관련 설명

그래픽을 그리기 위한 데이터를 준비해 보겠습니다.

소스 : 예제\4_44.R

```
> install.packages("ggplot2")    // 패키지를 설치한다.
> library(ggplot2)               // 패키지를 사용할 수 있게 준비한다.

// ggplot2 그래픽에 사용할 데이터를 보여 준다.
> diamonds    // 사용할 데이터를 보여 준다.
# A tibble: 53,940 x 10
   carat    cut        color   clarity   depth   table   price      x       y      z
   <dbl>   <ord>      <ord>    <ord>     <dbl>   <dbl>   <int>   <dbl>   <dbl>  <dbl>
 1 0.230  Ideal        E        SI2       61.5    55.     326    3.95    3.98   2.43
 2 0.210  Premium      E        SI1       59.8    61.     326    3.89    3.84   2.31
 3 0.230  Good         E        VS1       56.9    65.     327    4.05    4.07   2.31
 4 0.290  Premium      I        VS2       62.4    58.     334    4.20    4.23   2.63
# ... with 53,930 more rows    // 데이터가 5만 개 이상 있다.
// 데이터 항목 설명–중요한 부분이다. 그래프 의미를 이해하는 데 필수이다.
// carat : 다이아몬드의 무게(0.2~5.01)
// cut : 절삭의 품질
// color : 다이아몬드의 색(J(최하)~D(최상))
// clarity : 다이아몬드 투명성 정도, (I1(최하), SI2, SI1, VS2, VS1, WS2, WS1, IF(최상))
// depth : 전체적인 깊이  2 * z/(x+y)(43–79)
```

```
// table : 다이아몬드 품질의 범위(43~95). (예제 데이터는 table의 범위가 43~79이다.)
// x : 길이(0~10.74)
// y : 폭(0~58.9)
// z : 깊이(0~31.8)

> g <- diamonds[order(diamonds$table), ]
> head(g)    // table의 가장 작은 값은 43
# A tibble: 6 x 10
  carat      cut    color  clarity  depth  table  price     x      y      z
  <dbl>    <ord>  <ord>    <ord>  <dbl>  <dbl>  <int>  <dbl>  <dbl>  <dbl>
1 1.04     Ideal      I      VS1   62.9    43.   4997   6.45   6.41   4.04
2 0.290 Very Good     E      VS1   62.8    44.    474   4.20   4.24   2.65
> tail(g)    // table의 가장 큰 값은 79
# A tibble: 6 x 10
  carat      cut  color  clarity  depth  table  price     x      y      z
  <dbl>    <ord> <ord>    <ord>  <dbl>  <dbl>  <int>  <dbl>  <dbl>  <dbl>
1 0.710     Fair     D      VS2   55.6    73.   2368   6.01   5.96   3.33
2 0.500     Fair     E      VS2   79.0    73.   2579   5.21   5.18   4.09
// 나머지 데이터 범위는 각자 확인한다.
```

이후에는 그래픽을 그리는 방법을 집중적으로 설명합니다. 하지만, 그래픽을 그리는 방법뿐만 아니라 각 그래프가 어떤 의미를 가지는지를 데이터 구성에 기초를 두고 설명할 수 있어야 합니다.

전체 그림에 대해 개별적으로 설명을 제공하지는 않지만, 다음 부분을 읽는 독자는 12개의 케이스별로 어떤 의미를 발견할 수 있는지 고민하기 바랍니다. 이것은 데이터 분석 전문가가 되는 지름길입니다. 자신이 발견한 그래프 의미가 곧 실력입니다.

○ Case 1 기본 그래픽 그리기

가장 기본적인 그래픽을 그려 보겠습니다.

소스 : 예제 \4_45.R

```
> gg <- ggplot(diamonds, aes(x=carat, y=price))    // 그림을 그리기 위해 데이터(diamond)와 X, Y
를 지정한다.
> gg+geom_point()    // 그림을 그린다.
```

명령어 정리	
ggplot()	그림을 그리기 위한 준비를 수행한다.
aes()	그림의 축을 설정한다.
gg+geom_point()	gg에 저장된 내용을 그림으로 표시한다.

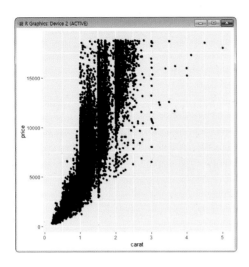

◦ Case 2 그래픽 기본 요소 사용하기

그래픽을 다듬기 위해 size, shape, color, stroke를 사용해 보겠습니다.

소스 : 예제 \ 4_46.R

```
> gg <- ggplot(diamonds, aes(x=carat, y=price))
// 그림을 그리기 위해 데이터(diamond)와 x, y를 지정한다.
```

```
> gg+geom_point(size=1, shape=2, color="steelblue",stroke=1)    // size는 점 크기, shape 1은
원, 2는 삼각형 ……, stroke는 각 점의 외곽선 굵기를 의미한다.
```

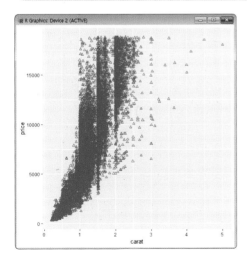

○ Case 3 그래픽 다듬기 1

aes를 활용한 주석을 달아 보겠습니다.

소스 : 예제 \ 4_47.R

```
> gg <- ggplot(diamonds, aes(x=carat, y=price))        // 데이터(diamond)와 X, Y를 지정한다.
> gg+geom_point(aes(size=carat, shape=cut, color=color, stroke=carat))
// 크기는 carat의 숫자, 모양은 cut의 종류에 따라 다르게 보인다. 색은 color에 따라 다르며, 외곽선은 carat에 따라서 그림
을 그린다.
```

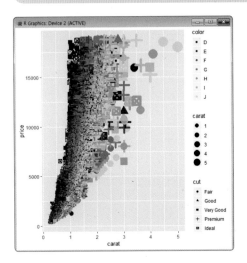

○ Case 4 그래픽 다듬기 2

제목과 축 명칭을 변경해 보겠습니다.

소스 : 예제 \ 4_48.R

```
> gg1 <- gg +geom_point(aes(color=color))
// 주어진 gg 환경에 color 값에 따라 그림을 그리고 gg1에 할당한다. 그 외 나머지 조건은 기본 설정을 사용한다.
> gg2 <- gg1 + labs(title="Diamonds", x="Carat Layer", y="Price Layer")
// gg1에 할당된 그림에 Title을 붙인다.
> print(gg2)
```

명령어 정리	
labs()	그림에 필요한 레이블을 추가한다.

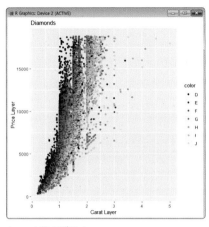

▲ ggplot2 그래프 4

○ Case 5 그래픽 다듬기 3

제목과 글자 색을 변경하는 방법을 알아보겠습니다. 기본 색상인 검은색을 빨간색으로 변경합니다.

소스 : 예제\4_49.R

```
> gg1 <- gg +geom_point(aes(color=color))
> gg2 <- gg1 + labs(title="Diamonds", x="Carat", y="Price")
> gg2 + theme(text=element_text(color="red"))          // 문자 색을 빨간색으로 변경한다.
```

명령어 정리

theme()	그래프 설정을 변경한다.
element_text()	그래프 요소 중 텍스트 부분을 지칭한다.

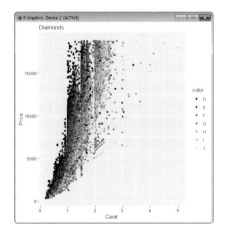

● Case 6 그래픽 다듬기 4

제목과 축 크기를 변경해 보겠습니다.

소스 : 예제 \ 4_50.R

```
> gg1 <- gg +geom_point(aes(color=color))
> gg2 <- gg1 + labs(title="Diamonds", x="Carat", y="Price")
> gg3 <- gg2 + theme(plot.title=element_text(size=25), axis.title.x=element_
text(size=20), axis.title.y=element_text(size=20), axis.text.x=element_
text(size=15), axis.text.y=element_text(size=15))
> print(gg3)
```

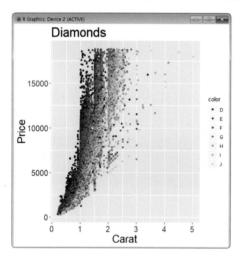

● Case 7 그래픽 다듬기 5

그림 제목을 추가해 보겠습니다.

소스 : 예제 \ 4_51.R

```
> gg1 <- gg +geom_point(aes(color=color))
> gg2 <- gg1 + labs(title="Diamonds", x="Carat", y="Price")
> gg3 <- gg2 + theme(plot.title=element_text(size=25), axis.title.x=element_
text(size=20), axis.title.y=element_text(size=20), axis.text.x=element_
text(size=15), axis.text.y=element_text(size=15))
> print(gg3)
```

```
> gg3 + labs(title="Plot Title \nSecond Line of Plot Title") + theme(plot.
title=element_text(face="bold", color="steelblue", lineheight=1.2))
```
// 앞에서 그린 그림의 제목 내용, 폰트 크기, 색상을 바꾸는 방법이다. 다음 명령은 gg3에 추가하는 것이다. 그러므로 gg3의 원래 속성은 변하지 않는다(예: Title = Diamonds).

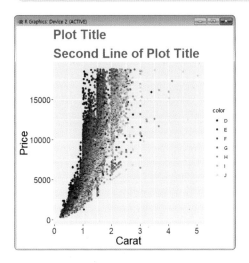

○ Case 8 그래픽 다듬기 6

Case 6에 추가로 Legend 색상을 변경해 보겠습니다.

소스 : 예제 \4_52.R

```
> gg1 <- gg +geom_point(aes(color=color))
> gg2 <- gg1 + labs(title="Diamonds", x="Carat", y="Price")
> gg3 <- gg2 + theme(plot.title=element_text(size=25),
+ axis.title.x=element_text(size=20), axis.title.y=element_text(size=20),
+ axis.text.x=element_text(size=15), axis.text.y=element_text(size=15))
> print(gg3)

> gg3 + scale_colour_manual(name='Legend', values=c('D'='grey', 'E'='red',
'F'='blue', 'G'='yellow', 'H'='black', 'I'='green', 'J'='firebrick'))
```
// 위에서 그린 그림의 Legend 색상을 바꾸는 방법으로, gg3에 추가하는 것이다. 그러므로 gg3의 원래 속성은 변하지 않는다(예: Title = Diamonds).

명령어 정리	
scale_colour_manual()	Legend 색상을 바꾼다.

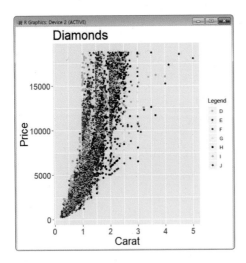

○ Case 9 그래픽 다듬기 7

Case 6에 추가로 축 범위를 변경해 보겠습니다.

소스 : 예제\4_53.R

```
> gg1 <- gg +geom_point(aes(color=color))
> gg2 <- gg1 + labs(title="Diamonds", x="Carat", y="Price")
> gg3 <- gg2 + theme(plot.title=element_text(size=25),
+ axis.title.x=element_text(size=20), axis.title.y=element_text(size=20),
+ axis.text.x=element_text(size=15), axis.text.y=element_text(size=15))
> print(gg3)
```

```
> gg3 + coord_cartesian(xlim=c(0,3), ylim=c(0, 5000)) + geom_smooth()
```
// 그림의 X축과 Y축 범위를 바꾸는 방법으로, gg3에 추가하는 것이므로 gg3의 원래 속성은 변하지 않는다(예: Title = Diamonds).

명령어 정리

coord_cartesian()	그림에서 x, y축 크기를 변경한다.
geom_smooth()	그려진 그림에 추세 선을 추가한다.

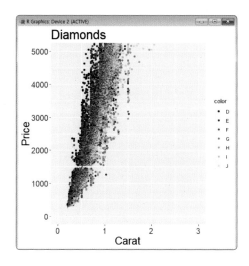

○ Case 10 그래픽 다듬기 8

x, y축을 변경해 보겠습니다.

소스 : 예제 \4_54.R

```
> gg1 <- gg + geom_point(aes(color=color))
> gg2 <- gg1 + labs(title="Diamonds", x="Carat", y="Price")
> gg3 <- gg2 + theme(plot.title=element_text(size=25),
+ axis.title.x=element_text(size=20), axis.title.y=element_text(size=20),
+ axis.text.x=element_text(size=15), axis.text.y=element_text(size=15))
> print(gg3)

> gg3 + coord_flip()   // 위에서 그린 그림의 X축과 Y축을 바꾼다. 속성은 변하지 않는다(예: Title = Diamonds).
```

명령어 정리	
coord_flip()	x, y축을 바꾸는 명령어 (sape.inf.usi.ch/quick-reference/ggplot2/coord 참고)

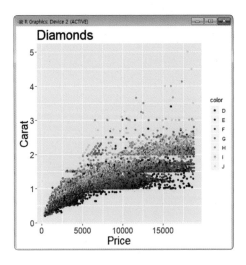

◎ Case 11 그래픽 다듬기 9

배경색을 설정해 보겠습니다.

소스 : 예제\4_55.R

```
> gg1 <- gg +geom_point(aes(color=color))
> gg2 <- gg1 + labs(title="Diamonds", x="Carat", y="Price")
> gg3 <- gg2 + theme(plot.title=element_text(size=25),
+ axis.title.x=element_text(size=20), axis.title.y=element_text(size=20),
+ axis.text.x=element_text(size=15), axis.text.y=element_text(size=15))
> print(gg3)


> gg3 + theme(plot.background=element_rect(fill="yellowgreen"),
+ plot.margin = unit(c(2, 4, 1, 3), "cm"))
// 위에서 그린 그림 배경과 크기를 변경한다. 속성은 변하지 않는다(예 : Title = Diamonds).
```

명령어 정리

element_rect	그림 속성을 바꾼다.
unit	그림 마진을 설정한다.

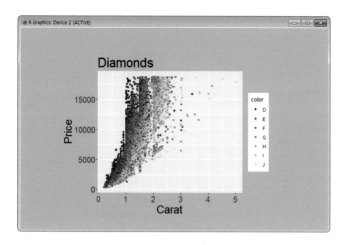

Case 12 그래픽 다듬기 10

x축 선을 추가해 보겠습니다.

소스 : 예제 \4_56.R

```
> gg1 <- gg +geom_point(aes(color=color))
> gg2 <- gg1 + labs(title="Diamonds", x="Carat", y="Price")
> gg3 <- gg2 + theme(plot.title=element_text(size=25),
+ axis.title.x=element_text(size=20), axis.title.y=element_text(size=20), + axis.
text.x=element_text(size=15), axis.text.y=element_text(size=15))
> print(gg3)

> p1 <- gg3 + geom_hline(yintercept=5000, size=2, linetype="dotted",
color="blue")
// 위에서 그린 그림에 추가적인 선을 그린다. 속성은 변하지 않는다(예: Title = Diamonds).
> print(p1)
// > p2 <- gg3 + geom_vline(xintercept=4, size=2, color="firebrick") …… 추가해 볼 것
```

명령어 정리

geom_hline()	ggplot2에서 제공하는 그래프의 한 종류이다.

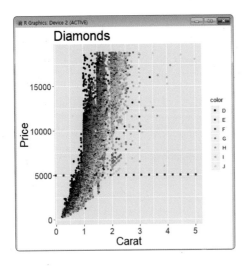

ggplot는 그릴 수 있는 그래프 모양을 'geom_'를 이용하여 지정합니다. 아래에 그릴 수 있는 그래프의 종류와 'geom_'와의 관계를 간단하게 정리했습니다.

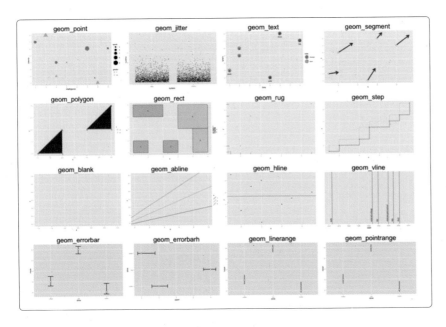

각 그래프별로 사용되는 변수나 설정 값에 대한 정보를 확인하고자 하면, 다음 웹 사이트에 있는 정보를 활용하면 됩니다.

• sape.inf.usi.ch/quick-reference/ggplot2/geom

|02| ggplot2 그래프 응용 사례 – 7가지 사례

ggplot2를 이용하여 그릴 수 있는 다양한 그래프를 살펴보겠습니다. 여기서 보여 주는 것 외에도 ggplot2를 이용하여 그릴 수 있는 그래프는 어마어마합니다. 많은 웹 사이트에서 ggplot2를 이용한 그래프 예제를 발견할 수 있습니다. 그 중 하나가 'R 그래프 갤러리(rgraphgallery.blogspot.com)'입니다. 이 책을 마무리한 다음 참고하면 좋습니다.

다양한 사례를 살펴보는 것은 데이터 시각화의 기본입니다. 이번에 설명하는 내용은 외우거나 이해할 것이 아니고, 제공된 소스를 이용하여 자신만의 그래프를 그리도록 돕는 것을 목적으로 합니다. 그래서 설명 순서는 그래프를 먼저 보고, 다음에 그것을 위한 명령어를 보여 주는 방향으로 진행합니다. 그림이 마음에 들면, 이어지는 R 코드를 분석하여 완벽하게 이해하기 바랍니다. 특별한 경우가 아니면, 이 책에서 제공하는 예를 활용하면 멋진 보고서를 만들 수 있습니다.

추가로, 그림을 그리기 위해 제공하는 R 프로그램은 재사용이 가능하므로, 잘 이해하여 부분적인 수정을 통해 업무에 활용하기 바랍니다.

○ Case 1 ggplot2 그래픽 기본 과정 이해하기

ggplot2 그래픽 기본 과정 내용을 종합적으로 사용한 예입니다.

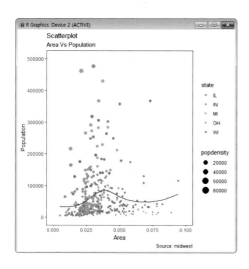

```
> options(scipen=999)    # turn-off scientific notation like 1e+48
> library(ggplot2)
> theme_set(theme_bw())    # pre-set the bw theme.
> data("midwest", package = "ggplot2")
> # Scatterplot
> gg <- ggplot(midwest, aes(x=area, y=poptotal)) +
+   geom_point(aes(col=state, size=popdensity)) +
+   geom_smooth(method="loess", se=F) +
+   xlim(c(0, 0.1)) +
+   ylim(c(0, 500000)) +
+   labs(subtitle="Area Vs Population",
+        y="Population",
+        x="Area",
+        title="Scatterplot",
+        caption = "Source: midwest")

> plot(gg)
```

◉ Case 2 산점도를 그리고 대표 선 추가하기

산점도를 그리고, 그것을 대표하는 선을 추가했습니다.

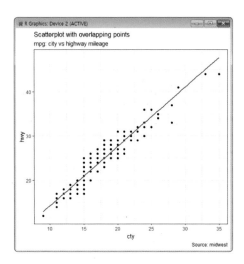

소스 : 예제 \4_58.R

```
> library(ggplot2)
> data(mpg, package="ggplot2")  # alternate source: "http://goo.gl/uEeRGu"
> theme_set(theme_bw())    # pre-set the bw theme.

> g <- ggplot(mpg, aes(cty, hwy))

> # Scatterplot 그림을 그린다. 다음 내용은 배치로 만든 후에 실행할 것
> g + geom_point() +
+    geom_smooth(method="lm", se=F) +
+    labs(subtitle="mpg: city vs highway mileage",
+         y="hwy",
+         x="cty",
+         title="Scatterplot with overlapping points",
+         caption="Source: midwest")
```

● Case 3 같은 것이 여러 개 있는 경우 표현하기

데이터 중에서 cty와 hwy가 같은 것이 여러 개 있는 경우를 표현했습니다.

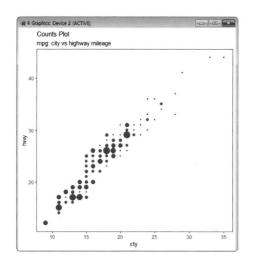

소스 : 예제 \4_59.R

```
> library(ggplot2)
> data(mpg, package="ggplot2")
```

```
> # Scatterplot
> theme_set(theme_bw())    # pre-set the bw theme.
> g <- ggplot(mpg, aes(cty, hwy))
> g + geom_count(col="tomato3", show.legend=F) +
+    labs(subtitle="mpg: city vs highway mileage",
+         y="hwy",
+         x="cty",
+         title="Counts Plot")
```

● Case 4 히스토그램과 Boxplot 연계하여 표현하기

이번의 예는 두 가지의 그림을 그렸습니다. 히스토그램과 Boxplot를 연계하여 표현하는 그림입니다.
개인적으로 즐겨 쓰는 그림입니다.

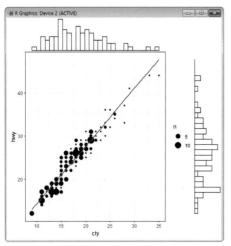 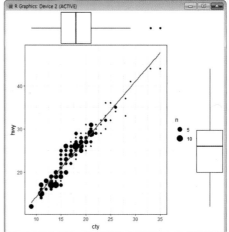

소스 : 예제 \4_60.R

```
> library(ggplot2)
> install.packages("ggExtra")
> library(ggExtra)
> data(mpg, package="ggplot2")

> # Scatterplot
> theme_set(theme_bw())    # pre-set the bw theme.
> mpg_select <- mpg[mpg$hwy >= 35 & mpg$cty > 27, ]
> g <- ggplot(mpg, aes(cty, hwy)) +
```

```
+    geom_count() +
+    geom_smooth(method="lm", se=F)

> ggMarginal(g, type = "histogram", fill="transparent")
> ggMarginal(g, type = "boxplot", fill="transparent")
```

○ Case 5 변수 사이 상관관계 표현하기

데이터를 구성하는 변수 사이 상관관계를 한 번에 보여 주는 그림을 표현했습니다.

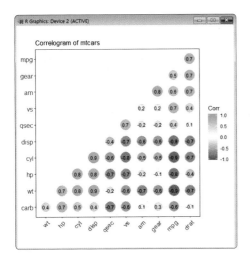

소스 : 예제 \4_61.R

```
> library(ggplot2)
> install.packages("ggcorrplot")
> library(ggcorrplot)

> # Correlation matrix
> data(mtcars)
> corr <- round(cor(mtcars), 1)

> # Plot
> ggcorrplot(corr, hc.order = TRUE,
+            type = "lower",
+            lab = TRUE,
+            lab_size = 3,
```

```
+                  method="circle",
+                  colors = c("tomato2", "white", "springgreen3"),
+                  title="Correlogram of mtcars",
+                  ggtheme=theme_bw)
```

○ Case 6 분열 막대 그래프 그리기

분열 막대 그래프를 그렸습니다.

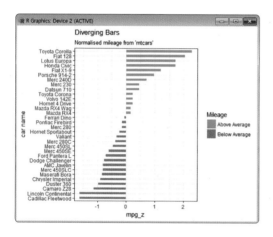

소스 : 예제 \4_62.R

```
> library(ggplot2)

> theme_set(theme_bw())

// Data Prep
> data("mtcars")    # 데이터를 읽는다.
> mtcars$'car name' <- rownames(mtcars)    # 차 이름을 위한 칼럼을 만든다.
// 정규화된 mpg를 계산한다.
> mtcars$mpg_z <- round((mtcars$mpg - mean(mtcars$mpg))/sd(mtcars$mpg), 2)
// 평균 above / below를 표시한다.
> mtcars$mpg_type <- ifelse(mtcars$mpg_z < 0, "below", "above")
> mtcars <- mtcars[order(mtcars$mpg_z), ]    # 정렬한다.
// 정렬된 순서를 factor로 변환한다.
> mtcars$'car name' <- factor(mtcars$'car name', levels = mtcars$'car name')
>
// Diverging Barcharts를 그린다.
```

```
> ggplot(mtcars, aes(x='car name', y=mpg_z, label=mpg_z)) +
+   geom_bar(stat='identity', aes(fill=mpg_type), width=.5)  +
+   scale_fill_manual(name="Mileage",
+                     labels = c("Above Average", "Below Average"),
+                     values = c("above"="#00ba38", "below"="#f8766d")) +
+   labs(subtitle="Normalised mileage from 'mtcars'",
+        title= "Diverging Bars") +
+   coord_flip()
```

● Case 7 Violin Plot 그리기

바이올린 모양의 그래프를 그렸습니다.

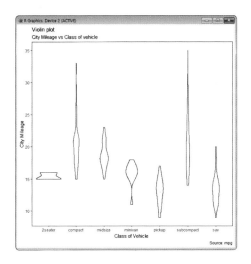

소스 : 예제 \4_63.R

```
> library(ggplot2)
> theme_set(theme_bw())

> # plot
> g <- ggplot(mpg, aes(class, cty))
> g + geom_violin() +
+   labs(title="Violin plot",
+        subtitle="City Mileage vs Class of vehicle",
+        caption="Source: mpg",
+        x="Class of Vehicle",
+        y="City Mileage")
```

|03| Iris 데이터로 ggplot2 그래프 제작 실습

익숙한 데이터를 기반으로 그래픽을 통해 얼마나 많은 의미를 표현할 수 있는지를 알아보겠습니다. 이것은 데이터 분석 전문가가 되기 위한 가장 기본적인 것이고, 앞에서 그래픽 과정을 배운 이유이기도 하므로, 마지막까지 집중하기 바랍니다.

◎ 설치 및 준비 과정

패키지를 설치하고 데이터를 확인합니다.

소스 : 예제 \ 4_64.R

```
> install.packages("ggplot2")    // 패키지를 설치한다.
> library(ggplot2)               // 패키지를 사용할 수 있게 준비한다.

> head(iris)                     // 데이터를 확인한다.
    Sepal.Length  Sepal.Width  Petal.Length  Petal.Width  Species
1            5.1          3.5           1.4          0.2   setosa
2            4.9          3.0           1.4          0.2   setosa
3            4.7          3.2           1.3          0.2   setosa
4            4.6          3.1           1.5          0.2   setosa
5            5.0          3.6           1.4          0.2   setosa
6            5.4          3.9           1.7          0.4   setosa
```

◎ Sepal.Length와 Petal.Length를 축으로 하는 기본 그래픽 그리기

데이터 분석 전문가는 알고 싶은 내용을 파악하기 위하여 다양한 관점에서 데이터를 살펴보아야 합니다.

이번에는 주어진 iris 데이터에서 Sepal.Length(꽃받침 길이)와 Petal.Length(꽃잎 길이)의 관계를 알아보고자 간단한 그래프를 그려 보겠습니다.

소스 : 예제 \ 4_65.R

```
> qplot(Sepal.Length, Petal.Length, data=iris)
```

명령어 정리	
qplot()	산점도를 그립니다.

다음 그래프는 Sepal.Length가 커지면, Petal.Length가 커지는 관계는 보여 주지만 다음 내용에 대한 것은 보여 주지 못합니다.

- 주어진 데이터에 Species(종)이 네 개가 있는데, 각 종별로 Sepal.Length와 Petal.Length 관계를 확인할 수 없습니다.
- Petal.Width(꽃잎 크기)와 Sepal.Length(꽃받침 길이)와 Petal.Length(꽃잎 길이)와의 관계가 알고 싶은데, 이것에 대한 것도 표현되지 않습니다.

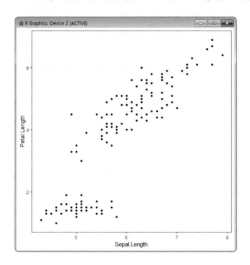

그래서 그림을 개선해 보기로 하였습니다. 기본 그래픽에 Petal.Width 크기에 따라 점 크기가 다르게 표현되고, Species에 따라 다른 색으로 표현하도록 그래프를 개선해 보겠습니다. 그래픽 한 개에서 Sepal.Length와 Petal.Length 외에 Petal.Width와 Species를 동시에 고려하는 그래프를 그릴 수 있습니다.

소스 : 예제\4_66.R

```
> qplot(Sepal.Length, Petal.Length, data = iris, color = Species, size = Petal.Width)
```

다음 그림을 통하여 Species(종)별로 Sepal.Length와 Petal.Length의 관계가 다르다는 것을 확인할 수 있습니다. 그리고 점 크기를 통해서 Petal.Width와 Sepal.Length, Petal.Length의 관계도 확인할 수 있습니다.

그래픽을 그리는 이유는 글보다 많은 정보를 한번에 표현할 수 있기 때문입니다. 이번 예를 통하여 그래픽의 유용함을 확인하였을 것입니다.

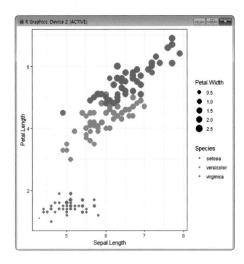

 1 앞의 그림을 보면 연관관계가 표현되어 있는데 이것이 상호 얼마나 큰 변화를 보이는지가 표현되어 있지 않습니다. 예를 들어 setosa라는 종에서 Sepal.Length와 Petal.Length의 연관관계는 어떠한가요?

소스 : 예제 \4_67.R

```
> qplot(Sepal.Length, Petal.Length, data = iris, geom = "line",
color = Species)
```

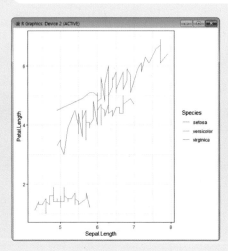

2　다음 명령어와 그림을 보고 의미를 해석해 보겠습니다. 이미 앞에서 많은 설명을 하였으므로 해석에 무리가 없을 것으로 생각합니다. 제시된 데이터에 대한 분석은 이미 앞에서 많이 하였으므로, 스스로 해 보겠습니다.

소스 : 예제 \4_68.R

```
> qplot(age, circumference, data = Orange, geom = "line", colour =
Tree, main = "How does orange tree circumference vary with age?")
```

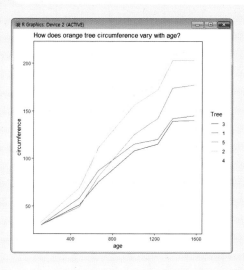

## CHAPTER 11

데이터 시각화 방법 정리

데이터를 시각화하기 위하여 그래프를 그리는 방법을 설명했습니다. 이번에는 다양한 데이터 모습과 그래프 종류를 연계하여 데이터 시각화를 위한 가이드라인을 정리합니다. 다음 가이드라인은 변수 숫자와 종류에 따라 어떤 그래프를 이용하면 좋은지에 대한 일반적인 가이드입니다. 처음 하는 경우에는 큰 도움이 될 것입니다.

|01| 한 개의 변수가 연속형 데이터인 경우

- 박스 그래프(Box plot)
- 히스토그램(Histogram)
- 바이올린 그래프(Violin Plot) : 별도의 패키지 설치 필요(ggplot2)

|02| 한 개의 변수가 범주형 데이터인 경우

- 막대 그래프(Bar plot)
- 원 그래프(Pie chart)

|03| 두 개 이상의 변수가 연속형 데이터인 경우

- 산점도(Scatter Plot)
- 선 그래프(Line chart)

|04| 두 개 이상의 변수가 범주형 데이터인 경우

- 모자이크 그림(Mosaic chart)

데이터 시각화를 위하여 데이터 타입에 따라 그래프 종류를 분류하였습니다. 모자이크 그림에 대한 간단한 예를 살펴보겠습니다.

소스 : 예제 \4_69.R

```
// Titanic 데이터는 1,2,3등급 선실과 직원 선실(Crew) 그리고 성별, 나이별, 생존에 대한 데이터이다. 데이터의 모양은 다음
과 같다.
> Titanic
, , Age = Child, Survived = No
      Sex
Class  Male Female
  1st     0      0
  2nd     0      0
  3rd    35     17
  Crew    0      0


, , Age = Adult, Survived = No

      Sex
Class  Male Female
  1st   118      4
  2nd   154     13
  3rd   387     89
  Crew  670      3


, , Age = Child, Survived = Yes

      Sex
Class  Male Female
  1st     5      1
  2nd    11     13
  3rd    13     14
  Crew    0      0


, , Age = Adult, Survived = Yes

      Sex
Class  Male Female
  1st    57    140
  2nd    14     80
  3rd    75     76
  Crew  192     20
```

```
> str(Titanic)
 table [1:4, 1:2, 1:2, 1:2] 0 0 35 0 0 0 17 0 118 154 ...
 - attr(*, "dimnames")=List of 4
  ..$ Class   : chr [1:4] "1st" "2nd" "3rd" "Crew"
  ..$ Sex     : chr [1:2] "Male" "Female"
  ..$ Age     : chr [1:2] "Child" "Adult"
  ..$ Survived: chr [1:2] "No" "Yes"
> mosaicplot(Titanic, main="Titanic Data, Class,Sex,Age,Survival", col=TRUE)
```

명령어 정리

mosaicplot()	mosaicplot 그림을 그린다.

그래프를 통하여 실제 구성된 데이터의 상황을 파악할 수 있습니다. 즉, 다양한 범주형 데이터를 종합적으로 분석할 수 있다는 점에 주의해서 그림을 해석해야 합니다.

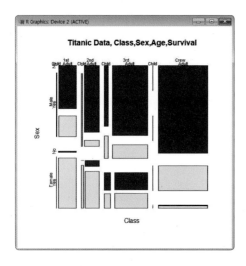

이상으로 '데이터 시각화 의미와 기법'에 대한 설명을 마칩니다. 데이터를 그래프로 표현하는 것이 데이터 특성을 파악하는데 아주 효과적인 기법이고, 결과를 고객에게 설명하기 위해서도 중요합니다. 이 점을 기억해서, Part 4에서 설명한 내용들을 체계 있게 정리하기 바랍니다. 마지막으로, 그림을 읽는 능력이 모든 것의 기반이 된다는 것을 생각해 보면 좋겠습니다.

Part 4에서 설명한 내용을 질문을 통해 간단하게 정리합니다. 해당 질문에 대한 답이 명확하지 않다면, 본문으로 돌아가서 내용을 확인하기 바랍니다.

1 왜 데이터 시각화를 하는가?

2 R에서 그래프를 그리는 절차는 무엇인가?

3 윈도우 하나에 여러 그래프를 그리는 방법이 두 가지가 있다. 무엇인가?

4 R에서 그래프 옵션은 왜 필요하며, 어떤 것이 있는가?

5 데이터 분석 전문가가 기본적으로 알아야 하는 그래픽 종류는 어떤 것이 있는가? (6가지)

6 이미 그려진 그림에 추가적인 그림을 그리는 방법은 무엇인가? 그리고, 왜 추가적인 그림을 그리는 것이 필요한가 ?

7 R에서 기본적으로 제공하는 그래픽 종류는 어떤 것이 있는가?

8 R에서 패키지를 설치해서 그릴 수 있는 그림 중에서 데이터 분석 전문가가 알아야 하는 것은 어떤 것이 있는가?

9 ggplot2를 이용해서 그래프를 그리는 절차는 무엇인가?

10 ggplot2를 이용한 멋진 그래픽 예 중에서 마음에 드는 것을 두 개 골라 소스를 설명하라.

11 iris 데이터를 기반으로 ggplot2를 이용하여 그래프를 그린 것을 보고, 그래프가 의미하는 바를 해석하라.

※ [복습]에 대한 답변은 정보문화사 홈페이지에서 예제 소스와 함께 확인할 수 있습니다.

데이터 분석 전문가의 기본인 통계 분석을 알아보겠습니다. 통계 분석은 과거에 컴퓨터가 없던 시절에 사용하던 것입니다. 전체 데이터를 확보하기도 어렵고 분석 하기도 어려운 경우 부분적인 데이터를 확보한 상태에서 전체 데이터를 예측하고 이것을 기반으로 전체 데이터의 평균, 분산 등을 추정하는 학문입니다. 즉 부분적 인 데이터만으로 전체를 대신하여 분석을 수행하는 학문으로, 지금도 많은 곳에 서 사용하고 있습니다.

이 책에서는 통계 분석을 구성하는 많은 수식과 근본 원리를 설명하지는 않습니 다. 통계 공식이나 이론보다는 어떤 상황일 때, 통계를 이용하여 무엇을 파악할 수 있는지에 대하여 중점적으로 설명합니다. 일반인들이 자동차 운전을 배우지, 자동 차 엔진을 만들거나 타이어 원리를 이해하려고 하지 않는 것과 동일한 이유입니다.

데이터 분석 전문가로서 통계 분석을 통해서 결과를 얻는 것에 집중하며, 특히 차 이 검정과 인과 관계 검정에 대해서 다양한 예를 통해 응용해 보며 R을 사용한 데 이터 분석에 집중하겠습니다.

통계 분석

## CHAPTER 01

통계 분석 목적과 데이터 유형

이 책에서 다루는 통계 분석을 표로 살펴보고 통계 분석을 수행하는 목적과 사용하는 데이터 유형을 알아보겠습니다.

전체적인 설명은 다음 그림에서 보이는 순서대로 진행할 것입니다. 회귀 분석은 기법 성격상 예측 성향이 있으므로 별도로 분리하여 설명하겠습니다. 상세한 설명에 들어가기 전에 통계 분석에 대하여 기본적으로 이해해야 하는 부분을 정리하겠습니다.

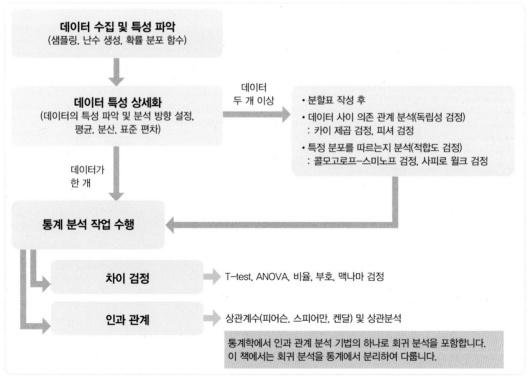

▲ 통계 기법의 적용을 위한 전체 개념

|01| 통계 분석을 수행하는 목적

차이 검정은 어떤 그룹, 집단, 형태가 차이가 있는지를 알아보는 것입니다.

- **예** 샘플로 뽑은 데이터가 전체 모집단을 대표한다고 볼 수 있는지를 검정합니다. 만약 대표한다면, 샘플에서 얻은 데이터로 모집단을 예측할 수 있습니다.

- **예** 약을 먹기 전과 후의 환자 상태를 조사한 후에, 이것이 차이가 있는지를 검정합니다. 이것을 통하여 약이 효과가 있는지 없는지를 알 수 있습니다.

인과 관계는 어떤 그룹 사이 인과 관계(상관관계)가 있는지를 알아보는 것입니다.

- **예** 두 그룹의 데이터가 상관관계가 있는지를 알아보는 것입니다. 상관관계가 있다면 한쪽의 변화에 대하여 다른 쪽의 변화를 예측할 수 있습니다. 상관관계가 어느 정도인지 보여 주는 것이 상관계수이고, 이것을 얻고, 분석하는 것이 상관분석입니다. 회귀 분석도 상관관계와 관련이 있습니다.

|02| 통계에서 사용하는 데이터 유형

통계에서 사용하는 데이터 유형은 크게 범주형과 연속형이 있습니다.

- **범주형 데이터(Categorical Data)** : 사전에 정해진 특정 유형으로 분류되는 데이터입니다.
  - 명목형 : 분류된 데이터 사이 비교가 불가능한 경우

    예 성별, 좌파/우파

  - 순서형 : 분류된 데이터 사이 순서 배열이 가능한 경우

    예 대/중/소, 수/우/미/양/가

- **연속형 데이터(Continuous Data)** : 정량적으로 표현된 데이터입니다.
  - 등간 척도 : 온도, 시간 등의 데이터입니다.
  - 비율 척도 : 키, 몸무게, 영어 점수, 관찰 빈도 등의 데이터입니다.

두 데이터 차이를 검정하는 경우, 연속형이면 t-test, ANOVA를 사용하고 ▶239쪽 참고 범주형인 경우에는 Chi-Square를 사용합니다. ▶233쪽 참고

인과 관계를 검정하는 경우, 연속형이면 선형 회귀 분석을 사용하고, 범주형이면 로지스틱 회귀나 순서 회귀를 사용합니다.

> **|알아두기| 통계학 구분**
> - **기술 통계** : 관측을 통해 얻은 데이터에서 데이터 특징을 알기 위해 사용하는 기술입니다.
>   **예** 인구 조사 데이터에서 도수 분포표, 평균, 표준 편차를 구하는 기법
> - **추리 통계** : 전체를 파악할 수 없을 정도의 큰 대상이나 아직 발생하지 않은 미래의 일을 추측하는 기술입니다.
>   **예** 개표 방송, 주가 예상, 금융 상품의 가격 결정 기법

## CHAPTER 02

표본 만들기 및 기초 통계량

통계의 기본 전제는 표본을 대상으로 합니다. 표본을 통하여 모집단 모습을 예측하고 표본이 모집단과 얼마나 일치하는지를 파악해서 표본을 통해 모집단의 특성을 파악하고자 하는 것입니다. 이번에는 표본을 만드는 모집단 종류와 표본을 통해 알고자 하는 모집단의 기초 통계량을 공부합니다.

|01| 확률 분포 함수 의미와 종류

예측하고자 하는 모집단은 상황에 따라 여러 가지 모습을 하고 있습니다. 예를 들면, 성인 남자 키 분포는 정규 분포를 하는 것으로 알려져 있고(대략 160~180이 가장 많고, 그 이하, 이상은 점점 숫자가 줄어들어서 그림을 그리면 종 같은 모양이 됩니다), 은행에서 대기하는 사람의 대기 시간은 푸아송 분포(주어진 시간 안에 어떤 사건이 일어나는 횟수를 나타내는 이산 확률 분포)를 따르는 것으로 알려져 있습니다. 모집단이 어떤 모습을 하는지를 조사해서 정리한 것이 다음 표입니다.

다음 표에 모집단이 구성할 수 있는 데이터 모양(확률 분포)과 이런 형을 가지는 난수(임의의 수)를 발생시키는 함수(난수), 그리고 각 데이터가 나오게 될 가능성을 그래프로 표현한 것(확률 밀도 함수)을 정리하였습니다.

확률 분포	난수	확률 밀도 함수	분포 함수	분위수 함수
이항 분포	rbinom	dbinom	pbinom	qbinom
F 분포	rf	df	pf	qf
기하 분포	rgeom	dgeom	pgeom	qgeom
초기하 분포	rhyper	dhyper	phyper	qhyper
음이항 분포	rnbinom	dnbinom	pnbinom	qnbinom
정규 분포	rnorm	dnorm	pnorm	qnorm
푸아송 분포	rpois	dposi	ppois	qpois
t 분포	rt	dt	pt	qt
연속 균등 분포	runif	dunif	punif	qunif

분포 함수와 분위수 함수는 설명을 생략합니다. 데이터 분석 전문가 입장에서 보면, 알아야 하는 사항이지만, 빈번하게 사용하는 것은 아닙니다. 각 확률 분포가 어떤 모양을 가지는지는 설명하지 않지만, 가장 중요한 정규 분포의 경우에는 다음 그림을 참고하세요.

|02| 난수 만들고 분포 함수 그리기

앞의 확률 분포 함수 정리를 설명하기 위하여, 실제 정규 분포를 하는 난수를 만들어 보고, 확률 밀도 함수를 그려 보겠습니다. 다른 것들도 동일합니다.

소스 : 예제 \ 5_01.R

```
> rnorm(100, 0, 10)    // 평균 0, 표준 편차 10인 난수 100개를 만들어라.
   [1]   -8.6908000 -16.9420152  -8.1202953  -6.8386017  -6.0783788 -11.9844896
-9.1096306  -8.4136899  -6.5878644 -30.5056987
  [11]    7.4329110 -22.8877100  -6.6272024  -7.2032074  -1.7306446   1.9470008
-12.1548737 -10.4939096   4.5199394  -8.7927954
  ......  (중간 생략)  ......
  [91]    9.8933360  -7.4981453   5.0733131   6.9081508   7.8607818  -4.8566544
2.2892844  -6.4722750  -8.1682585  14.6077224

> plot(density(rnorm(1000000, 0, 10)))    // 데이터 1000000개, 평균 0, 표준 편차 10인 난수를 만들고
확률 밀도 함수를 그려라.
```

정규 분포 모양이 표시됩니다.

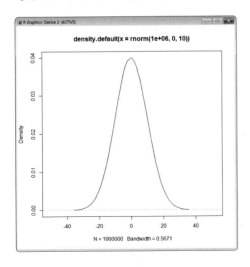

다음 명령어를 수행해 보고, 앞에서 살펴본 그래프와의 차이점을 생각해 보세요.

소스 : 예제 \5_02.R

```
> rnorm(4)
[1] -0.09054003 -0.16961901 -0.11651654  0.59008690
> rnorm(4, mean = 3)
[1] 1.625076 3.504356 3.811551 1.956441
> rnorm(4, mean = 3, sd = 3)
[1] 5.771605 1.849887 1.297479 2.095033
> y <- rnorm(200)
> hist(y)
```

|03| 표본 추출 방법

통계는 전체가 표본을 다루는 학문입니다. 그러므로 표본을 구성하는 것이 중요합니다. R에서 제공하는 표본 추출 방법(Sampling Method)을 학습하겠습니다.

◯ 단순 및 가중치를 부여한 표본 추출

다양한 단순 및 가중치를 부여한 표본 추출(Simple Random Sampling)을 살펴보겠습니다.

소스 : 예제 \5_03.R

```
> sample(1:10, 5)     // 단순 임의 추출의 예. 1~10 사이 수 중에서 다섯 개를 뽑는 것
[1]  2  5  1 10  7

> sample(1:10, 5, replace=TRUE)
// 단순 임의 추출과 중복을 허용하는 예. 중복을 허용하는 것을 '복원 추출'이라고 한다.
[1]  8  3 10  3  3

> sample(1:10, 5, replace=TRUE, prob=c(1,2,3,4,5,6,7,8,9,10))
// 1과 10 사이의 값 중에서 다섯 개를 뽑는데, 중복을 허용하고 값 각각에 가중치를 1,2,3,4,5,6,7,8,9,10으로 준 경우의 추출 예
[1] 10  8 10  9  9     // 가중치가 높은 숫자가 많이 뽑혔다.

> sample(1:10, 5, replace=TRUE, prob=c(10,22,3,4,5,6,7,8,9,10))
// 1과 10 사이의 값 중에서 다섯 개를 뽑는데, 중복을 허용하고 값 각각에 가중치를 10,22,3,4,5,6,7,8,9,10으로 준 경우의 추출 예
[1] 5 2 9 2 8
```

○ 층화 임의 추출

모집단 구성이 대졸 40%, 고졸 40%, 기타 20%인 경우에, 이 비율을 유지하면서 표본을 추출하는 것을 층화 임의 추출(Stratified Random Sampling)이라고 합니다.

층화 임의 추출은 Sampling 패키지의 strata 명령어를 이용하여 수행합니다. 다음은 iris 데이터를 대상으로, Species가 세 가지이므로 각 종별로 세 개씩 뽑으라는 층화 임의 추출 명령입니다. 사용되는 파라미터는 'srswor'은 복원 단순 임의 추출, 'poisson'은 푸아송 분포에 따르는 추출, 'systematic'은 계통 추출을 하라는 의미입니다.

소스 : 예제 \5_04.R

```
> install.packages("sampling")    // 필요한 패키지를 설치한다.
> library(sampling)
> (x <- strata(c("Species"), size=c(3,3,3), method="srswor", data=iris))
        Species ID_unit Prob Stratum
13       setosa      13 0.06       1
26       setosa      26 0.06       1
43       setosa      43 0.06       1
59   versicolor      59 0.06       2
93   versicolor      93 0.06       2
97   versicolor      97 0.06       2
105   virginica     105 0.06       3
122   virginica     122 0.06       3
123   virginica     123 0.06       3
> getdata(iris, x) // 선출된 X에 대한 나머지 값을 알아본다.
    Sepal.Length Sepal.Width Petal.Length Petal.Width    Species ID_unit Prob Stratum
13           4.8         3.0          1.4         0.1     setosa      13 0.06       1
26           5.0         3.0          1.6         0.2     setosa      26 0.06       1
43           4.4         3.2          1.3         0.2     setosa      43 0.06       1
59           6.6         2.9          4.6         1.3 versicolor      59 0.06       2
93           5.8         2.6          4.0         1.2 versicolor      93 0.06       2
97           5.7         2.9          4.2         1.3 versicolor      97 0.06       2
105          6.5         3.0          5.8         2.2  virginica     105 0.06       3
122          5.6         2.8          4.9         2.0  virginica     122 0.06       3
123          7.7         2.8          6.7         2.0  virginica     123 0.06       3
```

명령어 정리

getdata()	명시된 데이터의 값을 확인한다.

● 층화 임의 추출 중 계통 추출을 사용하는 경우

계통 추출(Systematic Sampling)은 모집단의 임의 위치에서 시작해서 고정된 위치만큼 건너뛰면서 표본을 추출하는 단순한 방법입니다.

예 5번에서 시작하여 세 개를 건너뛰면서 표본을 추출하는 경우

소스 : 예제 \ 5_05.R

```
> install.packages("sampling")
> library(doBy)
> x <- iris$Sepal.Length
> x
  [1] 5.1 4.9 4.7 4.6 5.0 5.4 4.6 5.0 4.4 4.9 5.4 4.8 4.8 4.3 5.8 5.7 5.4 5.1 5.7
5.1 5.4 5.1
 [23] 4.6 5.1 4.8 5.0 5.0 5.2 5.2 4.7 4.8 5.4 5.2 5.5 4.9 5.0 5.5 4.9 4.4 5.1 5.0
4.5 4.4 5.0
 ...... (중간 생략) ......
[133] 6.4 6.3 6.1 7.7 6.3 6.4 6.0 6.9 6.7 6.9 5.8 6.8 6.7 6.7 6.3 6.5 6.2 5.9
> x_dataframe <- data.frame(x)    // x 데이터를 data.frame형으로 바꾼다.
> head(x_dataframe)    // 바뀐 모습을 확인
    x
1 5.1
2 4.9
3 4.7
4 4.6
5 5.0
6 5.4
```

x_dataframe 데이터를 대상으로 1번부터 샘플링을 수행하는데, 전체 데이터 30% 정도에 해당하는 것을 샘플링합니다. 처음 데이터는 ~의 오른쪽이 1이므로 1번 데이터인 5.1, 그리고 0.3이므로 세 칸을 이동해서 4.6, 또 세 칸을 이동해서 4.6, 이런 형식으로 데이터 샘플링을 수행합니다.

데이터는 총 150개이고 0.3이므로 45개의 데이터가 샘플링됩니다.

소스 : 예제 \ 5_06.R

```
> sampleBy(~1, frac=0.3, data=x_dataframe, systematic=TRUE)    // 데이터를 확인하라.
  [,1]  [,2]  [,3]  [,4]  [,5]  [,6]  [,7]  [,8]  [,9]  [,10]  [,11]  [,12] [,13]
[,14] [,15] [,16]
1 5.1  4.6   4.6   5.4   4.3   5.4   5.4   5.1   5     4.8    5.5    5.5    5     5     5.1
7
```

```
       [,17] [,18] [,19] [,20] [,21]  [,22] [,23] [,24]  [,25] [,26] [,27]  [,28]
  [,29] [,30] [,31]
1  5.5   6.3    5    6.1   5.6   5.9   6.1   6.8    5.5    6    6.7   5.5    5    5.7    6.3
       [,32] [,33] [,34] [,35] [,36]  [,37] [,38] [,39]  [,40] [,41] [,42]  [,43]
  [,44] [,45]
1  6.3   4.9   6.5   5.7   6.5   6.9   6.3   6.2    7.4   6.3   6.3   6.7    6.8    6.3
```

명령어 정리	
sampleBy()	데이터를 샘플링한다.

|04| 통계 기본 – 기초 통계량

기초 통계량은 주어진 데이터에 대한 기본적인 성격을 알려 주는 수치를 말합니다. 대표적인 것으로 '평균', '분산', '표준 편차' 등이 있으며, 표본을 통해서 알고 싶은 모집단에 대한 정보라고 할 수 있습니다. 간단하지만, 중요하므로 각 기초 통계량의 의미를 파악하기 바랍니다.

○ 평균 값

평균 값(Mean)은 데이터 합계를 총 개수로 나눈 값입니다. 전체 데이터를 대표하는 값이라 할 수 있는데, 이유는 일반적으로 데이터가 많은 경우, 평균 값 근처에 있는 값 숫자가 가장 많기 때문입니다.

대부분의 경우, 평균 값 근처 값들의 숫자가 가장 많지만, 그렇지 않은 경우도 발생합니다. 그런 경우에는 다른 값으로 전체 데이터를 설명할 수 있어야 합니다.

○ 분산과 표준 편차

앞에서 언급한 평균 값의 예외 상황 때문에 개발된 것이 분산(Variance)과 표준 편차(Standard Deviation)입니다. 평균은 흩어져 있는 데이터의 상태를 알 수 없습니다. 그래서 데이터가 흩어진 상태를 추정하는 통계량이 분산이며, 분산에 루트를 적용한 것이 표준 편차입니다.

예 국민 소득 평균이 100이라 해도, 국민 대부분이 100을 벌어서 평균이 100이 되는 경우와 50%는 10 이하이고, 50%는 90 이상을 벌어서 평균이 100이 되는 경우는 의미가 다릅니다. 그래서 모집단을 파악하기 위해서는 평균과 표준 편차가 같이 고려되어야 합니다.

○ 표준 편차로 알 수 있는 것

• 데이터가 주어지고, 평균이 10이고 표준 편차가 2라고 가정하겠습니다. 이때 데이터가 8과 12 사이에

있다면 '평범한 데이터'이고, 이 범위를 벗어나면 '특수한 데이터'라 할 수 있습니다(8~12는 평균−표준 편차, 평균+표준 편차입니다).

- 모의고사를 열 번 보았는데, 민호는 평균 60점, 표준 편차 10을 얻었고, 주연은 평균 50, 표준 편차 30을 얻었다고 가정하겠습니다. 민호는 안정적인 점수를 보여 주고 있지만 합격점이 80인 학교는 갈 수 없을 것으로 판단하고, 주연은 안정성은 떨어지지만 합격점이 80점인 학교에 갈 가능성이 있다고 판단합니다.

이제 R을 이용하여 기초 통계량을 구하는 방법을 알아보겠습니다.

소스 : 예제\5_07.R

```
> x <- c(1:5)           // 벡터 데이터를 구성한다.
> mean(x)               // x의 평균을 구한다.
[1] 3
> var(x)                // x의 분산을 구한다.
[1] 2.5
> sd(x)                 // x의 표준 편차를 구한다.
[1] 1.581139
> fivenum(1:100)        // 1에서 100 사이의 숫자 중 대표하는 다섯 가지 숫자를 뽑아라.
[1]    1.0   25.5   50.5   75.5  100.0
> summary(1:100)        // 1에서 100 사이의 숫자 중 대표 기초 통계량을 구한다.
   Min. 1st Qu.  Median    Mean 3rd Qu.    Max.
   1.00   25.75   50.50   50.50   75.25  100.00
// iris 데이터를 구성하는 변수에 대한 기초 통계량을 보여 준다.
> summary(iris)
  Sepal.Length    Sepal.Width     Petal.Length    Petal.Width          Species
 Min.   :4.300   Min.   :2.000   Min.   :1.000   Min.   :0.100   setosa    :50
 1st Qu.:5.100   1st Qu.:2.800   1st Qu.:1.600   1st Qu.:0.300   versicolor:50
 Median :5.800   Median :3.000   Median :4.350   Median :1.300   virginica :50
 Mean   :5.843   Mean   :3.057   Mean   :3.758   Mean   :1.199
 3rd Qu.:6.400   3rd Qu.:3.300   3rd Qu.:5.100   3rd Qu.:1.800
 Max.   :7.900   Max.   :4.400   Max.   :6.900   Max.   :2.500
> x <- factor(c("A","B","C","D","D","C","A","A","A"))    // 범주형 데이터를 구성한다.
> table(x)    // 각 범주별 빈도를 구한다.
x
A B C D
4 1 2 2
> which.max(table(x))    // 빈도가 가장 높은 범주를 구한다.
A
1
```

```
> which.min(table(x))    // 빈도가 가장 낮은 범주를 구한다.
B
2
```

명령어 정리	
var()	주어진 데이터의 분산을 구한다.
sd()	주어진 데이터의 표준 편차를 구한다.
fivenum()	주어진 데이터를 대표하는 다섯 가지 숫자를 구한다.
table()	각 범주별 빈도를 구한다.
which_max()	빈도가 가장 높은 범주를 구한다.
which_min()	빈도가 가장 낮은 범주를 구한다.

○ 정규 분포

정규 분포(Normal Distribution)는 데이터가 가지는 분포 중에서 가장 많이 발견되는 분포입니다. 223쪽 그림에서 정규 분포에 해당하는 난수를 만들고 그림으로 표현해 보았습니다. 데이터 수가 충분히 많다면 데이터 대부분은 정규 분포를 사용한다고 가정해도 크게 틀리지 않기 때문에, 정규 분포가 중요합니다(중심 극한 정리).

- **표준 정규 분포** : 평균이 '0', 표준 편차가 '1'인 분포입니다.
  - +1 ~ −1 범위에 전체 데이터의 70%가 위치합니다.
  - +2 ~ −2 범위에 전체 데이터의 95%가 위치합니다.

- **일반 정규 분포** : 표준 정규 분포의 모든 데이터에 일정 수(a)를 더하고 일정 수(b)를 곱해서 만들어진 분포로서, 평균은 a, 분산은 b입니다.
  - (a+1)/b ~ (a−1)/b 범위에 전체 데이터의 70%가 위치합니다.
  - (a+2)/b ~ (a−2)/b 범위에 전체 데이터의 95%가 위치합니다.

만약, 평균과 분산을 안다면, 데이터의 95% 예언 적중 구간을 구할 수 있습니다. 이것이 앞으로 배울 추정과 검정의 핵심 전제입니다.

○ 가설 검정

통계적 추정은 관측된 데이터로부터 모집단을 추리하는 것을 의미합니다.

🖝 선거에서 출구 조사를 통해 당락을 추정하는 것

검정은 통계적 추정의 대표 주자입니다.

예 이상이 없는 N개의 동전 던지기를 할 때, 앞면이 10개 나온다는 결과를 알고 있습니다. 이때 던진 횟수를 16이라고 하는 것이 타당한가요?

○ 가설 검정 개념

정규 분포를 하는 모집단에서 모수(평균, 분산)가 어떤 수치인지를 추측하는 것을 말합니다. 관측된 데이터가 모집단의 예측 구간에 들어 있으면 가설을 채택하고, 들어 있지 않으면 가설을 기각합니다.

|05| 분할표 작성

데이터를 뽑는 경우에 한 개의 군을 뽑는 경우가 있고, 두 개의 군을 뽑는 경우가 있습니다.

한 개의 군을 뽑는 경우에는 대표적으로 t-test를 이용해서 분석을 수행할 수 있습니다. 예를 들어, 샘플로 구성된 데이터 군이 전체 모집단을 대신할 수 있는지를 알아보는 것입니다. 만약, 대신할 수 있다면, 전체 데이터가 아닌 샘플을 대상으로 분석을 진행하면 됩니다.

두 개의 군을 뽑는 경우에는 이들에 대하여 분할표(Contingency Table)를 만든 다음 분석을 수행하게 됩니다. 분할표는 데이터를 분류하는 통계 기법의 하나로서, 데이터를 성격에 따라 명목형(Categorical) 또는 순서형(Ordinal)으로 분류한 다음, 도수(Frequency)를 표 형태로 나타낸 것입니다.

예 명목형 : 성별, 좌우파
　　순서형 : 대중소 ……

분할표가 작성되면 통계 분석을 수행하기 전에 자료에 대한 기본적인 검정을 수행하여 어떤 분석을 적용할 수 있는지 판단하게 됩니다. 이때, 수행하는 검정은 두 가지입니다.

○ 분할표에 적용하는 기본적인 검정

• **독립성 검정(Test of Independence)** : 두 변수 사이 의존 관계가 있는지를 검정하는 것입니다.
　– 카이 제곱 검정(Chi-Square Test)
　– 피셔 검증(Fisher Test) : 표본 수가 작거나 분할표가 치우치게 분포된 경우에 적용합니다.
• **적합성 검정(Goodness of Fit test)** : 변수 도수가 특정 분포를 따르는지를 검정하는 것입니다.
　– 콜모고로프-스미노프 검정(KS Test) : 두 데이터의 분포가 같은지를 검정하는 것입니다.
　– 샤프로윌크 검정(Shapro-Wilk Test) : 데이터 분포가 정규 분포인지 검정하는 것입니다.

○ R에서 분할표를 제작 및 조작하는 법

분할표를 제작 및 조작해 보겠습니다.

```
> x <- factor(c("A","B","C","D","D","C","A","A","A"))   // 데이터를 벡터형으로 구성한다.
> x   // 데이터 구성을 확인한다.
 [1] A B C D D C A A A
Levels: A B C D
> table(x)   // x 데이터를 사용하여 분할표를 만든다.
x
A B C D   // 각 데이터별로 빈도 수가 출력됨을 확인한다.
4 1 2 2

// 데이터 프레임 형태의 테스트 데이터를 만든다.
> test <- data.frame(x = c("3","7","9","10"), y = c("A1","B2","A1","B2"), num =
c(4, 6, 2, 9))
> test   // 만들어진 데이터를 확인한다.
   x  y num
1  3 A1   4
2  7 B2   6
3  9 A1   2
4 10 B2   9
> table(test)   // 분할표를 만든다.
……
> xtabs(num~x, data=test)   // 분할표에서 x에 대한 num 값을 보여 준다.
x
10  3  7  9
 9  4  6  2
> xtabs(num~y, data=test)   // 분할표에서 y에 대한 num 값을 보여 준다.
y
A1 B2
 6 15
> temp <- xtabs(num~ x+y, data=test)   // x, y와 num 사이 분할표를 만든다.
> temp
     y
x     A1 B2
  10   0  9
   3   4  0
   7   0  6
   9   2  0
> margin.table(temp, 1)   // 만들어진 분할표의 열에 대한 합을 구한다.
x
10  3  7  9
```

```
    9  4  6  2
> margin.table(temp, 2)    // 만들어진 분할표의 행에 대한 합을 구한다.
y
A1 B2
 6 15
> margin.table(temp)       // 전체 데이터의 합을 구한다.
[1] 21
```

명령어 정리

xtab(num~x, data=test)	test 데이터에서 x에 대한 num의 값을 보여준다.
margin.table(temp, 1)	temp 분할표에서 열에 대한 합을 구한다.

## CHAPTER 03

독립성 및 적합성 검정

데이터에 대한 분할표가 구성되었다면, 이것을 대상으로 독립성 검정과 적합도 검정을 수행할 단계입니다.

|01| 독립성 검정

독립성 검정(Test of Independence)을 알아보겠습니다.

○ 카이 제곱 검정

검정하려고 하는 가설은 'child1과 child2가 가지고 있는 장난감 비율 차이가 있는가?'입니다. 즉, 분할표를 구성한 데이터 두 개 사이 상호 연관이 있는지를 검정하는 것입니다.

• 검정을 위한 데이터

```
          child1    child2
car           5         4
truck        11         7
doll          1         3
```

소스 : 예제\5_09.R

```
> child1 <- c(5, 11, 1)
> child2 <- c(4, 7, 3)
> Toy <- cbind(child1, child2)
// 벡터 두 개를 결합하는 방법
> rownames(Toy) <- c("car", "truck", "doll")
// 만들어진 데이터에 이름을 부여하는 방법
> Toy  // 최종적으로 완성된 데이터를 확인한다.

          child1    child2
   car         5         4
```

```
        truck        11        7
        doll          1        3
```

```
> chisq.test(Toy)  // 카이 제곱 검정 수행
  Pearson's Chi-squared test
  data:  Toy   X-squared = 1.7258, df = 2, p-value = 0.4219
경고메시지(들):
In chisq.test(Toy) : 카이제곱 approximation은 정확하지 않을 수도 있습니다.
```

명령어 정리

rewnames()	만들어진 데이터에 이름을 부여한다.
chisq.test()	카이 제곱 검정을 수행한다.

[검정 결과]

두 데이터가 차이가 있는지를 검정하는 것이므로,

- **귀무 가설(검증하려는 가설)** : 차이가 없다.
- **대립 가설(귀무 가설과 반대되는 가설)** : 차이가 있다.

결론은 p 값이 0.05보다 크기 때문에 귀무 가설을 선택해서 '차이가 없다'고 봅니다. 이것은 아이에 따라 car, truck, doll 장난감을 가지는 비율이 차이가 없다는 의미입니다.

이것을 근거로, 전체 아이들이 가진 car, truck, doll 장난감 비율은 같다고 볼 수 있습니다.

앞에서 카이 제곱 검정(Chi-squared Test)을 했지만, 경고가 떴으므로, 정확한 결과를 위하여 피셔 검정(Fisher Test)을 수행합니다.

○ 피셔 검정

피셔 검정은 표본 수가 적거나 분할표가 치우치게 분포된 경우에 적용하는 검정입니다.

```
> fisher.test(Toy)

  Fisher's Exact Test for Count Data

  data:  Toy
  p-value = 0.5165
  alternative hypothesis: two.sided
```

[검정 결과]

관련(차이)이 있는지를 검정하는 것이므로,

- **귀무 가설(H0)** : 관련(차이)이 없다.
- **대립 가설(H1)** : 관련(차이)이 있다.

p-value는 검정이 귀무 가설을 지지하는 확률로, 0.05보다 귀무 가설을 기각하며, 0.05보다 크면 귀무 가설을 지지하게 됩니다. 피셔 검정의 결과 p-value가 0.05보다 크기 때문에 귀무 가설을 선택해서, '관련(차이)이 없다'고 판정합니다.

냉장고 제품 A, B, C의 점유율은 A가 '55%', B가 '15%', C가 '30%'입니다. 이때 특정 지역 냉장고 제품 보유 대수를 조사하니, 320, 80, 265였습니다. 이때, 특정 지역의 보유 비율이 시장 점유율과 같다고 볼 수 있는지를 판단해 보겠습니다.

[풀이 힌트]
320, 80, 265와 265, 100, 200의 차이가 있는지 없는지를 검증하면 됩니다(265는 665 * 0.55하여 구한 숫자입니다).

|02| 적합성 검정

적합성 검정(Goodness of Fit Test)을 알아보겠습니다.

○ 콜모고로프–스미노프 검정

콜모고로프–스미노프(KS) 검정은 두 데이터 분포가 같은지 검정하는 것입니다. 즉, 주어진 두 개의 데이터를 근거로 두 모집단의 분포가 같은지 검정합니다.

```
> x <- rnorm(50)      // 데이터를 만든다.
> y <- runif(30)
> # Do x and y come from the same distribution?
> ks.test(x, y)        // 검정을 수행한다.
```

```
    Two-sample Kolmogorov-Smirnov test

data:  x and y
       D = 0.42, p-value = 0.001826
       alternative hypothesis: two-sided
```

명령어 정리	
ks.test()	콜모고로프–스미노프 검정을 수행한다.

KS 검정은 두 데이터의 분포가 같은 지를 검정하는 것이므로, 가설은 다음과 같습니다.

- **귀무 가설(H0)** : 분포가 같다.　　　　　・**대립 가설(H1)** : 분포가 다르다.

p의 값이 0.05보다 작으므로 대립 가설을 채택해서 다르다고 봅니다.

○ 샤피로 월크 검정

샤피로 월크 검정(Shapiro.test)은 데이터가 정규 분포를 하는지를 검정하는 방법입니다.

소스 : 예제 \ 5_10.R

```
> shapiro.test(rnorm(100, mean = 5, sd = 3))

Shapiro-Wilk normality test

data:  rnorm(100, mean = 5, sd = 3)
W = 0.98401, p-value = 0.2689
```

명령어 정리	
shapiro.test	샤피로 월크 검정을 수행한다.

[검정 결과]

샤피로 월크 검정은 분포가 정규 분포인지를 검정하는 것이므로,

- **귀무 가설(H0)** : 정규 분포를 한다.　　　・**대립 가설(H1)** : 정규 분포를 하지 않는다.

p의 값이 0.05보다 크므로 귀무 가설을 채택해서 정규 분포를 한다고 봅니다.

## CHAPTER 04

통계 분석 종류

앞에서 독립성과 적합성에 대한 검정을 마무리한 다음, 실제 이들에 대한 분석 (같은지 또는 인과관계가 있는지)을 수행하는 것이 통계 분석(Statistical Analysis) 입니다.

|01| 통계 분석을 통해 알고자 하는 것

• 표본 하나가 모집단 특성을 반영하고 있는지 확인합니다.

즉, 표본 평균이 모집단과 같은가를 검정하는 것이고, 같다면 표본 평균이 모집단의 평균이 되므로, 간단하게 평균을 알 수 있습니다.

• 혈압약을 먹었을 때의 혈압과 안 먹었을 때의 혈압을 측정한 표본을 기반으로 두 혈압이 차이가 있다고 말할 수 있는지를 검정합니다.

이를 통해 혈압약 효과를 검정할 수 있습니다.

• 국어 시험 점수 표본과 영어 시험 점수 표본으로 국어 시험 점수가 영어 시험 점수와 상관이 있는지를 검정합니다.

이것을 통하여 상관이 있다면 영어 성적 향상을 위한 방안의 하나로 국어 성적 향상을 고려할 수 있습니다.

통계 분석에서 얻고자 하는 것을 예를 들어 설명해 보았습니다. 이러한 통계 분석은 실무에서 아주 가치 있는 것입니다.

이제, 통계 분석의 구체적인 방향과 방법을 정리해 보겠습니다. 통계 분석은 방향 관점에서 보면 '차이 검정'과 '연관(인과) 관계 검정'으로 나눌 수 있습니다.

|02| 통계 분석 방향과 구체적인 기법 정리

통계 분석 방향으로 차이 검정과 인과 관계 검정을 알아보겠습니다.

- **차이 검정** : 한두 개 또는 그 이상의 데이터가 상호 또는 모집단과 비교하여 차이가 있다고 볼 수 있는지를 검정하는 것입니다.
  - t-test : 하나 혹은 두 개의 데이터를 대상으로 합니다.
  - 분산 분석(ANOVA) : 두 개 이상의 데이터를 대상으로 합니다.
  - 부호 검정 : 특수 형태의 데이터에 적용합니다.
  - 비율 검정 : 특수 형태의 데이터에 적용합니다.

- **인과 관계 검정** : 원인과 결과 사이 관계를 밝혀서 그 결과로 발생하는 현상을 설명하는 것입니다.
  - 상관분석(Correlation Analysis) : 변수와 변수 사이의 직선 관계를 상관계수를 이용해서 분석하는 통계적 기법입니다.
  - 회귀 분석(Regression Analysis) : 실험이나 조사를 통해 얻은 자료를 이용하여 종속 변수와 독립 변수 사이 관계를 모형화하여 분석하는 통계적 기법입니다.

이 책에서는 회귀 분석을 통계에 포함하지 않고, 별도로 분리하여 설명합니다.

|알아두기| **인과 관계 추론을 위한 세 가지 요건**
- **시간적 우선성** : 변화하는 변수 사이 시간적 우선 여부를 확인해야 합니다.
- **공변성** : 원인이 변화하면 결과도 변해야 합니다. 공변성을 가지기 위해서는 연관관계 강도와 일관성이 전제되어야 합니다.
- **통제** : 결과 변수 변화가 추정된 원인이 아닌 다른 변수에 의해서 설명될 가능성이 없어야 합니다.

## CHAPTER 05

차이 검정

차이 검정은 하나 또는 그 이상 표본들이 상호 또는 모집단과 차이가 있는지를 검정하는 것입니다. t-test, 분산 분석, 부호 검정, 비율 검정이 있습니다.

|01| t-test

t-test는 하나 또는 두 개 집단 평균을 비교하는 모수적 검정법(Parametric Test)입니다. 즉, t-test는 데이터가 정규 분포를 한다는 가정 아래에, 평균이 데이터 대표값 역할을 한다고 전제합니다.

t-test 종류

• **표본이 한 개인 경우**

• **표본이 두 개인 경우**

  – 정규 분포를 하는 데이터(모수적 검정)

    : Two-Sample t-test(각각이 독립인 데이터에 적용) 또는 Paired t-test(두 데이터가 상호 연관이 있는 데이터에 적용)를 사용합니다. (짝 지어진 값들 사이 차이를 구한 후, 차이 값들의 평균이 0인지를 검정하는 것입니다.)

    : 만약, 두 데이터의 분산이 동일하지 않으면, Smith-Satterthwaite Test를 적용합니다.

  – 정규 분포를 하지 않는 데이터(비모수적 검정)

    : Two-Sample t-test 대신 Wilcoxon Rank Sum Test(Mann-Whitney U test)를 수행하고, Paired t-test 대신 Wilcoxon Signed Rank Test를 수행합니다.

결론적으로 t-test를 수행하기 전에 분석할 데이터가 정규 분포를 하는지를 검정해야 합니다. 그 결과를 기반으로 어떤 검정을 수행해야 할지 결정됩니다(정규 분포를 하는지에 대해서는 샤피로 윌크 검정을 사용하면 됩니다).

○ t-test 중에서 표본이 하나인 경우 1/2

[상황]

회사에서 만드는 건전지 수명이 1000시간입니다. 이때, 만들어진 건전지에서 무작위로 열 개를 뽑아서 수명을 측정한 결과가 다음과 같습니다. 샘플이 모집단과 다르다고 할 수 있을까요?

980, 1008, 968, 1032, 1012, 996, 1021, 1002, 996, 1017

소스 : 예제 \ 5_11.R

```
> a <- c(980, 1008, 968, 1032, 1012, 996, 1021, 1002, 996, 1017)
> shapiro.test(a)    // 주어진 데이터가 정규 분포를 하는지 검사한다.
        Shapiro-Wilk normality test
data:  a
W = 0.97571, p-value = 0.9382
```

샤피로 윌크 검정의 귀무 가설과 대립 가설은 다음과 같습니다.

• **귀무 가설(H0)** : 정규 분포를 합니다.   • **대립 가설(H1)** : 정규 분포하지 않습니다.

p-value가 0.05보다 크므로 귀무 가설을 채택합니다. 즉 정규 분포를 합니다.

```
> t.test(a, mu=1000, alternative="two.sided")    // t-test를 수행한다. mu는 비교하는 대상의 평균
값을 설정한다. alternative="two.sided"는 다른지를 확인하겠다는 의미이다.
        One Sample t-test
data:  a
t = 0.5269, df = 9, p-value = 0.611
alternative hypothesis: true mean is not equal to 1000
95 percent confidence interval:
  989.4613 1016.9387
sample estimates:
mean of x
   1003.2
```

명령어 정리	
t.test()	t-test를 수행한다. student t-test라고 하며, 정규 분포와 비슷한 형을 가진다.

[검정 결과]

귀무 가설은 평균 값이 같고 대립 가설은 평균 값이 다릅니다. p-value가 0.611로 0.05보다 크므로, 귀

무 가설을 채택합니다.

결국, 무작위로 뽑은 열 개 건전지 수명은 모집단 건전지 수명과 평균 값이 같습니다. 이것은 앞으로 샘플 수명을 측정해도 전체 제품 수명을 측정한 것과 동일한 결과를 얻을 수 있다는 뜻입니다.

○ t-test 중에서 표본이 하나인 경우 2/2

[상황]
3학년 1반 학생들의 중간고사 수학 평균 성적은 55점입니다. 기말고사를 본 다음 학생의 수학 성적을 정리한 것은 다음과 같습니다. 기말고사에서 학생들의 수학 성적이 올랐다고 할 수 있을까요?

58, 49, 39, 99, 32, 88, 62, 30, 55, 65, 44, 55, 57, 53, 88, 42, 39

소스 : 예제 \5_12.R

```
> a <- c(58, 49, 39, 99, 32, 88, 62, 30, 55, 65, 44, 55, 57, 53, 88, 42, 39)
// 분석을 수행하기 위한 데이터를 입력한다.
> shapiro.test(a)    // 주어진 데이터가 정규 분포를 하는지 검사한다.
        Shapiro-Wilk normality test
data:  a
W = 0.91143, p-value = 0.1058
// 샤피로 윌크 검정의 귀무 가설과 대립 가설은 다음과 같다.
귀무 가설(H0) : 정규 분포를 한다.    대립 가설(H1) : 정규 분포하지 않는다.
p-value가 0.05보다 크므로 귀무 가설을 채택한다. 즉 정규 분포를 한다.


> t.test(a, mu=55, alternative= "greater")
// t-test를 수행한다. mu는 비교하는 대상의 평균 값을 설정한다. alternative="greater"는 올랐는지를 확인하겠다는 의미이다.
        One Sample t-test
data:  a
t = 0.24546, df = 16, p-value = 0.4046
alternative hypothesis: true mean is greater than 55
95 percent confidence interval:
 47.80855      Inf
sample estimates:
mean of x
 56.17647
```

[검정 결과]
귀무 가설은 평균이 안 올랐고, 대립 가설은 평균이 올랐습니다. p-value가 0.4046로 0.05보다 크므로, 귀무 가설을 채택합니다. 결국, 성적이 오르지 않았다는 것을 알 수 있습니다.

○ t-test 중에서 표본이 두 개인 경우 1/2

표본 두 개에 대한 평균이 같다고 할 수 있는지를 검정하는 것입니다.

[상황]

환자 10명을 대상으로 혈압약을 먹었을 때와 먹지 않았을 때의 혈압을 측정하였습니다.

이 두 자료의 평균이 다르다고 할 수 있는지를 검정해 보겠습니다.

소스 : 예제 \5_13.R

```
// 데이터를 입력한다.
> pre <- c(13.2, 8.2, 10.9, 14.3, 10.7, 6.6, 9.5, 10.8, 8.8, 13.3)
> post <- c(14.0, 8.8, 11.2, 14.2, 11.8, 6.4, 9.8, 11.3, 9.3, 13.6)

> t.test(pre, post)    // 입력된 두 자료가 정규 분포를 하는지 샤피로 테스트를 통해 검정한다. 두 데이터는 상호
관련이 있으므로, paired t-test를 수행한다.


        Welch Two Sample t-test
data:  pre and post
t = -0.36891, df = 17.987, p-value = 0.7165
alternative hypothesis: true difference in means is not equal to 0
95 percent confidence interval:
 -2.745046  1.925046
sample estimates:
mean of x mean of y
    10.63     11.04
// 정규 분포를 한다고 결과가 나왔다고 가정한다.
```

[검정 결과]

• **귀무 가설(H0)** : 차이가 없습니다(평균이 같음).   • **대립 가설(H1)** : 차이가 있습니다.

p-value가 0.05보다 크므로 귀무 가설을 채택하여 평균이 같다고 봅니다. **결국, 혈압약은 특별한 효과가 없다고 판단합니다.**

❍ t−test 중에서 표본이 두 개인 경우 2/2

두 개의 표본에 대한 평균이 같다고 할 수 있는지를 검정하는 것입니다. 그런데 이번에는 두 개의 데이터가 정규 분포를 하지 않는 상황입니다.

[상황]

설문조사를 한 결과, A, B 두 사람의 답변이 유의한 차이가 있는가를 검정하는 것입니다. 설문지는 다섯 개의 문항으로 되어 있고, A, B 두 사람의 답변은 다음과 같습니다.

	5	4	3	2	1	합계
A	8	11	9	2	3	33
B	4	6	10	8	4	32

소스 : 예제 \5_14.R

```
// R에 데이터를 입력한다.
> A <- c(rep(5,8), rep(4,11), rep(3,9), rep(2,2), rep(1,3))
> B <- c(rep(5,4), rep(4, 6), rep(3, 10), rep(2,8), rep(1,4))

> wilcox.test(A, B, exact=F, correct=F)
// 두 자료가 정규 분포와 관련 없는 형태이므로, wilcox 테스트를 수행한다.


        Wilcoxon rank sum test

data:  A and B
W = 690, p-value = 0.02887
alternative hypothesis: true location shift is not equal to 0
```

명령어 정리	
wilcox.test()	Wilcoxon Test(비모수 통계 검정 방법)를 수행한다.

[검정 결과]

• **귀무 가설(H0)** : 유의한 차이가 없습니다.　　• **대립 가설(H1)** : 유의한 차이가 있습니다.

p−value가 0.05보다 작으므로 대립 가설을 채택합니다. 유의한 차이가 있습니다.

결국 A, B 두 사람의 응답은 차이가 있다고 할 수 있습니다.

|02| 분산 분석

t-test는 두 개의 모집단의 평균이 같은지를 판단하는 기법입니다. 이것을 확장하여 두 개 이상 k개의 데이터 평균이 같다고 볼 수 있는지를 판단하는 것을 분산 분석(ANOVA; Analysis of Variance)이라고 합니다.

분산 분석의 귀무 가설은 평균이 같습니다. 대립 가설은 평균이 같지 않습니다.

소스 : 예제 \5_15.R

```
// R을 공부하는 중이므로, 일부러 여러 단계를 거쳐서 상관관계 분석을 위한 자료를 준비하는 과정을 살펴본다.
> xx <- c(1, 2, 3, 4, 5, 6, 7, 8, 9)
> yy <- c(1.09, 2.12, 2.92, 4.06, 4.90, 6.08, 7.01, 7.92, 8.94)
> zz <- c(1.10, 1.96, 2.98, 4.09, 4.92, 6.10, 6.88, 7.97, 9.01)

> mydata <-c(xx,yy,zz)      // 벡터형으로 자료를 만듦

> mydata
    [1]  1.00 2.00 3.00 4.00 5.00 6.00 7.00 8.00 9.00 1.09 2.12 2.92 4.06 4.90
   [15]  6.08 7.01 7.92 8.94 1.10 1.96 2.98 4.09 4.92 6.10 6.88 7.97 9.01

> group <-c(rep(1,9), rep(2,9), rep(3,9))
// 벡터로 된 자료를 다시 세 개로 분리하는 과정. 처음 아홉 개를 1로, 다음 아홉 개를 2로, 다음 아홉 개를 3으로

> group
    [1]  1 1 1 1 1 1 1 1 1 2 2 2 2 2 2 2 2 2 3 3 3 3 3 3 3 3 3

> oneway.test(mydata~group, var=T)
// mydata를 세 개로 그룹 지어서 평균이 같은지 검증
            One-way analysis of means

    data:  mydata and group
    F = 6.526e-06, num df = 2, denom df = 24, p-value = 1
// ANOVA 분석의 결과 p-value가 1이므로, 0.05보다 크므로 귀무 가설을 채택하여 평균이 같다고 판단한다.
```

명령어 정리	
oneway.test()	분산 분석을 수행한다.

|03| 부호 검정

부호 검정(Sign Test)은 데이터 두 개 사이에 차이가 있는지를 검정하는 것입니다. 예를 들어 식사를 하기 전과 후의 음료수 맛에 대한 평가가 같은지, 다른지는 제품 마케팅을 주관하는 담당자에게 중요한 일입니다. 이런 경우에 밥을 먹기 전, 후에 음료수 제품들에 대한 맛의 평가를 사용자로부터 받아서 검증 작업을 수행할 수 있습니다.

○ 식사 전, 후 음료수 맛에 대한 평가

(음료수 맛에 대한 평가 : 5점 만점, 높을수록 좋다는 의미)

	A	B	C	D	E	F	G	H	I	J
식사 전 만족도	4	1	1	4	3	3	2	5	3	3
식사 후 만족도	1	1	3	2	5	1	4	4	3	1
전후	−	0	+	−	+	−	+	−	0	−

소스 : 예제\5_16.R

```
// 분석을 위해 데이터를 넣는다.
> x <- c(4, 1, 1, 4, 3, 3, 2, 5, 3, 3)
> y <- c(1, 1, 3, 2, 5, 1, 4, 4, 3, 1)

> binom.test(c(length(x[x>y]), length(x[x<y])))   // 부호 검정을 수행한다.
        Exact binomial test
data:  c(length(x[x > y]), length(x[x < y]))
number of successes = 5, number of trials = 8, p-value = 0.7266
alternative hypothesis: true probability of success is not equal to 0.5
95 percent confidence interval:
 0.2448632 0.9147666
sample estimates:
probability of success
              0.625
// 귀무 가설 : 유의한 차이가 없다. 대립 가설 : 유의한 차이가 있다. p-value가 0.05보다 크므로 귀무 가설 채택. 유의한 차
이가 없다고 본다.
```

명령어 정리

binom.test()	부호 검정을 수행한다.

|04| 비율 검정

비율 검정(Proportion Test, Prop Test)은 두 개의 데이터 사이에 비율 차이가 있는지를 검정하는 것입니다. 적용 예로는 두 지역에서 특정 제품에 대한 선호도가 차이가 있는지를 통계적으로 분석하기 위해 사용합니다.

예를 들어, 국내 맥주와 외국 맥주를 대상으로 '국내 맥주를 더 좋아하나요?'라는 질문에 서울에서는 400명 중 360명, 부산에서는 200명 중 136명이 좋아한다고 답했다고 하면, 서울과 부산 비율은 차이가 있다고 할 수 있을까요?

소스 : 예제 \5_17.R

```
// 분석을 위해 데이터를 넣는다.
> reply <- c(360, 136)
> origin <- c(400,200)

> prop.test(reply, origin)    // 비율 분석을 수행한다.

        2-sample test for equality of proportions with continuity correction

data:  reply out of origin
X-squared = 43.515, df = 1, p-value = 4.207e-11
alternative hypothesis: two.sided
95 percent confidence interval:
 0.14523 0.29477
sample estimates:
prop 1 prop 2
  0.90   0.68
// 귀무 가설 : 유의한 차이가 없다. 대립 가설 : 유의한 차이가 있다. p-value가 0.05보다 작으므로 대립 가설 채택. 둘은 유
의한 차이가 있다고 본다. 서울과 부산은 국내 맥주, 외국 맥주에 대한 선호도의 차이가 있다고 본다.
```

명령어 정리	
prop.test()	비율 검정을 수행한다.

## CHAPTER 06

인과(상관) 관계 검정

인과 관계 검정(Correlation Test)은 상관분석을 통해 수행하게 됩니다. 상관분석은 두 변수 사이의 관련성을 파악하는 것인데, 상관계수 분석을 통해 이것을 수행합니다.

|01| 상관계수

상관분석을 수행하기 위해 필요한 것이 상관계수(Correlation Coefficient)인데, 이것의 종류는 다음과 같습니다.

◉ 상관계수 종류

- **피어슨(Pearson) 상관계수** : 두 변수 사이의 선형적 상관관계를 측정하며 −1과 1 사이의 값을 가집니다. 0보다 큰 상관계수는 한 변수가 커지면 다른 변수도 선형적으로 증가함을 뜻합니다. 가장 대표적으로 사용되는 상관계수입니다.
- **스피어만(Spearman) 상관계수** : 두 데이터의 실제 값 대신 두 값 순위를 사용해 상관계수를 계산하는 방식입니다. 예를 들어 공업 수학 점수와 유체 역학 점수 사이 상관관계는 피어슨 상관으로 계산하고, 공업 수학 석차와 유체 역학 석차의 상관계수는 스피어만 상관계수로 계산합니다.
- **켄달(Kendall)의 순위 상관계수** : (x, y) 형태의 순서쌍 데이터에서 x가 증가할 때, y가 증가하면 상관관계가 있다고 봅니다. −1과 1 사이의 값을 가집니다.

동일한 데이터에 대해 스피어만, 피어슨, 켄달 상관분석을 해 보겠습니다.

소스 : 예제 \5_18.R

```
> head(iris)     // 실습을 위해 iris 데이터를 사용한다.
  Sepal.Length Sepal.Width Petal.Length Petal.Width  Species
1          5.1         3.5          1.4         0.2   setosa
2          4.9         3.0          1.4         0.2   setosa
3          4.7         3.2          1.3         0.2   setosa
```

4	4.6	3.1	1.5	0.2	setosa
5	5.0	3.6	1.4	0.2	setosa
6	5.4	3.9	1.7	0.4	setosa

```
> cor(iris$Sepal.Length, iris$Petal.Length)
```
// iris 데이터의 Sepal.Length와 Petal.Length 사이의 피어슨 상관계수를 구한다.
```
[1] 0.8717538
```
// 0.87의 상관계수를 가짐으로 둘 사이에는 양의 상관관계가 강하다.

```
> cor(iris[, 1:4])      // iris 데이터를 구성하는 데이터 사이 상관계수를 한꺼번에 구한다.
             Sepal.Length Sepal.Width Petal.Length Petal.Width
Sepal.Length    1.0000000  -0.1175698    0.8717538   0.8179411
Sepal.Width    -0.1175698   1.0000000   -0.4284401  -0.3661259
Petal.Length    0.8717538  -0.4284401    1.0000000   0.9628654
Petal.Width     0.8179411  -0.3661259    0.9628654   1.0000000
> symnum(cor(iris[, 1:4]))      // 상관계수를 요약해서 보여 준다.
             S.L S.W P.L P.W
Sepal.Length 1
Sepal.Width      1
Petal.Length +   .   1
Petal.Width  +   .   B   1
attr(,"legend")
[1] 0 ' ' 0.3 '.' 0.6 ',' 0.8 '+' 0.9 '*' 0.95 'B' 1
```
// B이면 0.95 이상으로 상관관계가 아주 강하다. *이면 0.9 ~ 0.95, +이면 0.8 ~ 0.9 등으로 해석한다.

```
> spear <- matrix(c(12,11,15,16,18, 32), c(15, 13, 18, 21, 29), ncol=2)
```
// 동일 데이터에 대해 spearman, pearson, kendall의 차이점을 살펴보자.
```
> spear
      [,1] [,2]
 [1,]   12   16
 [2,]   11   18
 [3,]   15   32
 [4,]   16   12
 [5,]   18   11
 [6,]   32   15
 [7,]   12   16
 [8,]   11   18
 [9,]   15   32
[10,]   16   12
[11,]   18   11
```

```
[12,]   32   15
[13,]   12   16
[14,]   11   18
[15,]   15   32
> cor(spear, method="spearman")    // 12와 16, 11과 18……의 상관계수
          [,1]         [,2]
[1,]  1.0000000 -0.6146789
[2,] -0.6146789  1.0000000
> cor(spear, method="pearson")     // 두 데이터 석차 관계는 상관성이 거의 없다.
          [,1]         [,2]
[1,]  1.0000000 -0.2017797
[2,] -0.2017797  1.0000000
> cor(spear, method="kendall")     // 쌍으로 분석했을 때, 상관성이 거의 없다.
          [,1]         [,2]
[1,]  1.0000000 -0.4408602
[2,] -0.4408602  1.0000000
```

명령어 정리

symnum()	상관계수를 요약해서 보여 준다.

연습문제
EXERCISES

다음의 경우 켄달의 상관계수가 1과 0.8이 나온 이유를 생각해 보세요.

소스 : 예제 \5_19.R

```
> cor(c(7,8,9,2,3), c(7,8,10,2,3), method="kendall")
[1] 1
> cor(c(7,8,9,2,3), c(7,8,10,2,1), method="kendall")
[1] 0.8
```

|02| 상관관계 분석

상관계수를 구했을 때, 이것이 통계적으로 유의한지를 판단하는 과정이 상관관계 분석(Correlation Analysis)입니다.

```
// 실습을 위한 데이터를 설정한다.
> x <- c(70, 72, 62, 64, 71, 76, 0,65, 74, 72)
> y <- c(70,74, 65, 68, 72, 74, 61, 66, 76, 75)

> cor.test(x, y, method="pearson")    // 상관관계 분석의 수행

        Pearson's product-moment correlation

data:  x and y
t = 3.4455, df = 8, p-value = 0.008752
alternative hypothesis: true correlation is not equal to 0
95 percent confidence interval:
 0.2791495 0.9434286
sample estimates:
      cor
0.7729264
```

명령어 정리

cor.test()	상관계수 분석을 수행한다.

- **귀무 가설(H0)** : 상관관계가 없습니다.　　・ **대립 가설(H1)** : 상관관계가 있습니다.

분석 결과 p-value가 0.05보다 작으므로 대립 가설을 채택합니다. 그래서, 상관관계가 있다고 판단합니다. 상관관계는 양의 관계이고 0.77입니다.

상관관계 분석은 이 정도에서 마무리합니다. 정리를 위하여 다음 사항을 확인하기 바랍니다.

- 상관계수는 한 변수의 변화가 다른 변수의 변화에 따라 어떤 영향을 받는지를 보여 주는 지표입니다.
- **상관관계** : 한 변수의 변화에 따른 다른 변수의 변화 정도와 방향을 예측하는 기법입니다.
- **상관계수와 상관관계의 연관성**(음양은 무관하고 크기만으로 판단합니다.)
    - 상관계수(0.9 이상) : 상관관계가 아주 높습니다.
    - 상관계수(0.7~0.9 미만) : 상관관계가 높습니다.
    - 상관계수(0.4~0.7 미만) : 상관관계가 있습니다.
    - 상관계수(0.2~0.4 미만) : 상관관계가 있으나 낮습니다.
    - 상관계수(0.2 미만) : 상관관계가 거의 없습니다.

통계 분석을 처음 배운 것이 30년 전이었습니다. 품질 관리 기사 시험을 보기 위해 통계에 대한 공식을 외우고 추정 검정을 계산하였습니다. 하지만, 데이터 분석 전문가는 그렇게 공부할 필요가 없습니다. 이 책에서 제공한 다양한 예제를 익히고, 분석해야 하는 내용과 일치하는 예제를 찾아서 적용하는 방향으로 응용한다면 큰 어려움 없이 통계 분석을 할 수 있습니다. 배운 내용을 확인하기 위하여 다음 질문에 대하여 답을 해 보세요.

1 통계 분석은 무엇을 하는 것인가?

2 통계 분석에서 사용하는 통계량은 어떤 것이 있고, 어떤 의미를 가지는가?

3 통계 분석의 목적은 무엇인가?

4 통계에 필요한 표본을 추출하는 방법은 어떤 것이 있는가?

5 독립성 검정은 무엇이며, 어떤 검정이 있는가?

6 독립성 검정 결과를 통해 무엇을 얻을 수 있는가?

7 적합성 검정은 무엇이며, 어떤 검정이 있는가?

8 적합성 검정 결과를 통해 무엇을 얻을 수 있는가?

9 차이 검정은 무엇인가?

10 차이 검정 종류를 나열하고, 언제 사용하는지 확인하라.

11 상관계수 분석은 언제 사용하며, 무엇을 얻을 수 있는가?

※ [복습]에 대한 답변은 정보문화사 홈페이지에서 예제 소스와 함께 확인할 수 있습니다.

Part 6에서는 통계와는 다른 데이터 마이닝을 설명합니다. 최근 딥러닝 분야가 발전하면서 다양한 데이터 마이닝 기술이 개발되어 활용되고 있습니다. 데이터 마이닝은 데이터 분석 전문가라면 반드시 알아야 하는 부분이며, 특히 통계, 데이터 마이닝, 빅데이터 분석의 차이를 인식하고 관련된 기법들을 체계적으로 이해해야 합니다.

데이터 마이닝

데이터 마이닝 정의와 사례

데이터 분석의 역사와 데이터 마이닝의 정의, 응용 분야, 적용 사례, 솔루션을 알아보고 데이터 마이닝 수행을 위해 알아야 하는 분야를 살펴보겠습니다.

|01| 데이터 분석 역사

○ 데이터 분석 역사

- **초기** : 수작업에 의존하던 시절, 표본 중심의 분석 시스템을 사용하였습니다.
- **중기** : 자료가 커짐에 따라 자동화된 도구를 이용하여 분석을 수행하였습니다.
- **말기** : 새로운 분석 기법의 도입에 따라 다양한 분석이 적용되었습니다.
  - 1950년대 : 신경망, 군집 분석, 유전자 알고리즘
  - 1960년대 : 의사 결정 나무
  - 1990년대 : 서포트 벡터 기계

○ 데이터 생성을 기준으로 나눈 시대

- **자연에 의한 데이터 생성기** : 인류 출현 이후로 계속적으로 발생하는 데이터로, 자연에 의해 만들어집니다.
- **사람에 의한 기록 데이터 생성기** : 1440년 활자술을 발명한 이후에 사람에 의해 문자 형태로 만들어진 데이터를 말합니다. 지금도 계속 만들어지고 있습니다. 활자술은 우리나라가 세계 최초로 발명했지만, 일반화되지 못한 점이 아쉽습니다. 다만, 유럽에서 발명한 활자술이 광범위하게 퍼져서 데이터 생성에 기여하였습니다.
- **사람의 행동이나 움직임을 기록하는 시기** : 1990년 웹 도입 이후, 사람의 행동이나 움직임(웹 탐색, 소셜 네트워크 활용)에 의해 데이터가 만들어졌습니다.
- **사람을 포함한 사물에 의해 만들어지는 시기** : 2010년 이후, 모바일과 IoT가 도입되면서 센서나 장비, 인간에 의해 자동으로 데이터가 만들어집니다.

|02| 데이터 마이닝 정의

대용량 자료로부터 정보 요약과 미래에 대한 예측을 목표로 하여, 자료에 존재하는 관계, 패턴, 규칙을 탐색하고, 이를 통계적으로 모형화함으로써 이전에는 알려지지 않은 유용한 지식을 추출하는 일련의 과정입니다.

○ 통계, 데이터 마이닝, 빅데이터 차이

• 통계는 필요한 데이터를 실험 계획법(Experimental Design)이나 샘플링(Sampling)을 이용해 수집하지만, 데이터 마이닝은 비계획적으로 수집된 데이터를 분석 자료로 사용합니다. 그러므로 데이터 마이닝은 데이터 정제가 필요한 경우가 많습니다.

유사하게 빅데이터는 자연스럽게 발생한 데이터를 분석 자료로 사용하는 경우라고 할 수 있습니다. 예를 들어, IoT 장비에서 발생하는 데이터, 스마트폰에서 발생하는 데이터 등이 대표적인 빅데이터입니다.

• 통계는 샘플을 통한 모집단의 추정, 검정이 주 관심사이지만, 데이터 마이닝은 분석하려는 데이터 자체가 모집단입니다. 빅데이터도 데이터 마이닝과 같습니다.

• 데이터 마이닝은 미래에 대한 예측을 중시하지만, 통계는 추정과 검정을 중시합니다. 빅데이터는 데이터가 다를 뿐, 데이터 마이닝과 목적이 같습니다.

|03| 데이터 마이닝 응용 분야

• **데이터베이스 마케팅(DataBase Marketing)** : 고객 자료를 분석하여 전략을 구축하는 마케팅입니다. 다양한 분야에서 응용되고 있으며, 대표적인 적용 사례는 목표 마케팅(Target Market), 고객 세분화(Customer Segmentation), 고객 성향 변동 분석(Churn Analysis), 장바구니 분석(Market Basket Analysis), 추천 시스템(Recommendation System) 등이 있습니다.

• **신용 평가(Credit Scoring)** : 특정인의 신용 상태를 점수화하는 것입니다.

• **생물 정보학(Bioinformatics)** : 세포의 유전자 발현 값(Genetic Expression)을 측정하여 활용하는 학문이며, DNA 분석 등 작업을 수행하여 패턴 인식(Pattern Recognition), 데이터 마이닝(Data Mining), 기계 학습 알고리즘(Machine Learning Algorithm), 시각화(Visualization) 기술이 사용됩니다.

• **텍스트 마이닝(Text Mining)** : 비정형 텍스트 데이터에서 새롭고 유용한 정보를 찾는 과정 또는 기술을 말합니다.

• **사기 방지(Fraud Detection)** : 사기 행위 탐지와 노출 위험 최소화를 목표로 합니다.

|04| 데이터 마이닝 적용 사례

- **유통 분야** : 할인점에서 연관 규칙 분석을 통해 기저귀와 맥주가 강한 연관성을 가짐을 분석하고, 제품 두 개를 가까이 배치하여 매출이 증가하였습니다.
- **금융 분야** : 신용카드 사기 방지를 위해 의사 결정 나무와 신경망을 이용하여 사기 방지 시스템을 구축하고 손해액을 감소하게 하였습니다.
- **제조 분야** : 반도체를 정상 반도체 특징에 근거하여 몇 개의 군집으로 나눈 다음, 새로운 제품이 군집에 속하지 않으면 불량으로 규정하도록 시스템을 구축하여 불량품 식별 효율을 상승시켰습니다.
- **의료 분야** : 악성 종양과 양성 종양을 판별하기 위해 판별 및 분류 분석(Discriminant and Classification Analysis)을 수행하였고 진단 정확도가 향상되었습니다.
- **통신 분야** : 고객에 대한 목표 마케팅으로 고객 이탈률이 19% 감소하였습니다.
- **정보 산업 분야** : 제품 추천 시스템으로 매출이 증가했습니다.

|05| 데이터 마이닝 솔루션

다음과 같이 다양한 데이터 마이닝 솔루션이 있으며, 이 책에서는 R을 이용하여 데이터 분석 전문가가 알아야 하는 데이터 마이닝 기법을 설명합니다.

- SAS의 Enterprise Miner
- SPSS의 Clementine
- IBM의 Intelligent Miner
- Oracle의 Darwin
- Salford의 CART&MARS
- R

|06| 데이터 마이닝 수행을 위해 알아야 하는 분야

데이터 마이닝을 수행하기 위해서는 데이터 마이닝 기법 이외에도 많은 것을 알아야 합니다. 여기에서는 그 중에서 가장 기본적인 것을 정리합니다.

- 데이터베이스 지식 탐색
- 기계 학습
- 패턴 인식
- 통계학
- 유전자 알고리즘
- 동시 발생 매트릭스

이 책은 기계 학습과 통계학 분야를 포함하지만 데이터베이스와 패턴 인식은 포함하지 않습니다. 유전자 알고리즘과 동시 발생 매트릭스 외에 다양한 알고리즘을 데이터 마이닝을 포함한 분석에 사용하는 경우가 많은데, 이 책의 목적과 달라서 포함하지 않았습니다. 인공 지능 관련 책이나 알고리즘 책에서 관련 내용을 확인할 수 있습니다.

## CHAPTER 02

데이터 마이닝 학습 분류 및 분석 방법 정리

지도 학습 분석 방법과 자율 학습 및 비지도 학습 분석 방법의 정의와 종류를 알아보겠습니다.

|01| 지도 학습과 분석 방법

지도 학습(Supervised Learning)은 자료가 입력 변수(Input Variable)와 출력 변수(Output Variable)로 주어지면 입력 변수와 출력 변수의 함수적 의존 관계를 자료로부터 추정함으로써 예측 모형을 얻는 것을 의미합니다.

○ 지도 학습에 속하는 분석 방법

- 회귀 분석
  - 선형 회귀 분석 : 입력과 출력 변수 사이 관계가 선형이라는 가정이 들어간 것을 말합니다.
  - 비선형 회귀 분석 : 입력과 출력 변수 사이 관계가 비선형이라는 가정이 들어간 것을 말합니다. 신경망 모델과 커널 방법론이 여기에 속한다고 볼 수 있습니다.
  - 로지스틱 회귀 : 출력 변수가 범주형인 경우에 적용하는 회귀 분석 기법으로, 범주형이 0/1인 경우 로지스틱 회귀라고 하고, 0, 1, 2, 3 ……인 경우 다항 로지스틱 회귀라고 합니다.
- 의사결정론(Decision Analysis) : 선형 회귀, 로지스틱 회귀 등을 이용한 의사 결정 지원 방법을 말합니다. 판별 분석이 여기에 속합니다.
- 의사 결정 나무
- 신경망
- 커널 방법론(Kernel Methods) : 회귀 함수, 베이스 분류 함수의 비선형 모델을 말합니다.
- 앙상블 : 주어진 자료로 여러 예측 모형을 만들고, 이를 결합하여 최종 예측 모형을 만드는 방법을 말합니다.
- 서포트 벡터 기계 : 예측이 정확하고 모형이 유연하여 다양한 자료 및 여러 예측 문제에 적용할 수 있습니다.

|02| 자율 학습 또는 비지도 학습과 분석 방법

자율 학습(Unsupervised Learning) 또는 비지도 학습은 출력 변수가 없이 입력 변수만 주어진 경우에, 입력 변수 사이 상호 관계나 입력 자료 값들 사이 관계를 탐색적으로 분석하는 것을 의미합니다.

○ 자율 학습에 속하는 분석 방법

- 자원 축소 기법(Dimension Reduction)
  - 주성분 분석(Principle Component Analysis)
  - 인자 분석(Factor Analysis)
  - 독립 성분 분석(Independent Component Analysis)
  - 다차원 척도법(Multidimentional Scaling)
- 연관 규칙 분석
- 군집 분석

데이터 마이닝에 속하는 다양한 분석 방법을 앞에서 정리하였습니다. 이 외에도 분류하기에 애매하지만, 데이터 분석 전문가가 알아야 하는 기법이 몇 가지 있습니다.

- 소셜 네트워크 분석
- 시계열 분석
- 텍스트 마이닝
- 구조 방정식

이제 '데이터 분석 전문가'로서 알아야 할 것에 집중하면서 앞에서 정리한 다양한 분석 방법을 하나씩 살펴볼 것입니다.

중요한 점은 어떤 기법을 어떤 환경에서 사용하고 어떤 결과를 얻을 수 있는지를 이해하는 것입니다. '데이터 분석 전문가'가 하는 일에는 주어진 데이터를 기반으로 분석하는 경우도 있지만, 반대로 어떤 분석을 어떻게 적용하겠다는 목표를 가지고 역으로 접근하는 경우도 많습니다. 그러므로 각 기법의 근본 원리나 수학적 증명은 전문가에게 맡기고, 각 기법의 사용 환경과 결과를 체계적으로 이해하고 응용하는 것이 중요합니다.

기법을 보는 관점에 따라 기법의 분류는 다양하게 나올 수 있습니다. 이 책에서의 분류는 목차를 참고하면 확인할 수 있습니다. 이 책의 분류가 정답이라고 보지는 않지만 가장 적당하다고 판단해서 분류하였습니다.

## CHAPTER 03

데이터 마이닝 추진 단계

데이터 마이닝 추진의 다섯 단계를 자세히 알아보고 그림을 통해서 대표적인 추진 프로세스를 이해해 보겠습니다.

○ 1단계 목적 설정

• 데이터 마이닝 수행에 대한 목적을 명확하게 합니다.
• 설정된 목적에 맞추어 사용할 모델과 필요한 데이터를 정의합니다.

○ 2단계 데이터 준비

• 여러 소스(거래 정보, 웹 로그, 상품 정보)를 이용하여 필요한 자료를 확보합니다.
• 확보된 데이터를 분석 방법에 맞추어 정제합니다.

○ 3단계 가공

• 분석 목적에 맞추어 구현된 모델의 목적 변수를 정의합니다.
• 분석 방법에 따라 데이터를 가공합니다(형 변환, 이상치 처리).

○ 4단계 기법 적용

• 분석 기법을 적용하여 결과를 얻습니다.

○ 5단계 검증

• 결과를 바탕으로 검증을 수행합니다.
• 검증이 완료되면 보고서를 작성하고 제출합니다.

대표적인 데이터 마이닝 추진 프로세스는 CRISP-DM과 SEMMA 프로세스가 있습니다.

- **CRISP-DM(CRoss-Industry Standard Process for Data Mining)** : IBM SPSS Modeler에서 사용하는 방식입니다. 모델은 여섯 단계로 구성되어 있으며 상호 연관을 가지고 작동하지만 단계의 순서가 엄격하지 않습니다.

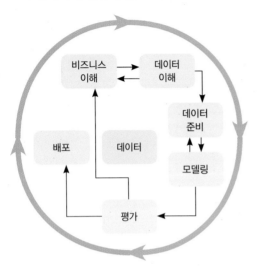

▲ CRISP-DM 라이프 사이클

- **SEMMA(Sample, Explore, Modify, Model, Assess) 프로세스** : SAS에서 사용하는 방법으로 총 다섯 단계의 반복을 통하여 진행합니다.

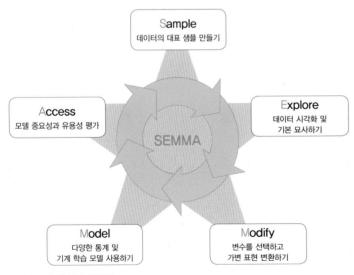

▲ SEMMA 라이프 사이클

앞 내용에 대한 이해를 확인하기 위해 다음 질문에 대답하여 보세요. 잘 알지 못하겠다면 본문으로 돌아가서 내용을 확인하기 바랍니다.

1 통계 분석과 데이터 마이닝, 빅데이터의 차이는 무엇인가?

2 데이터 마이닝은 무엇인가?

3 지도 학습과 비지도 학습은 무엇이며, 각각에 속한 기법들은 어떤 것이 있는가?

4 데이터 분석 전문가로서 알아야 하는 분석 기법은 어떤 것이 있는가?

5 데이터 분석을 위해 사용할 수 있는 도구는 어떤 것이 있는가?

※ [복습]에 대한 답변은 정보문화사 홈페이지에서 예제 소스와 함께 확인할 수 있습니다.

7

통계학의 오랜 주제인 회귀 모델을 알아보겠습니다. 회귀 모델은 데이터 마이닝의
지도 학습에 속하는 기법으로 입력과 출력 데이터 사이 함수적 의존 관계를 추정
함으로써 미래를 예측하는 것입니다. 특히 선형 회귀 외에도 비선형과 중선형 회
귀를 다루게 되며, 회귀를 응용하는 신경망과 커널 방법론에 대한 것도 다루게 됩
니다. 특수한 경우에 사용하는 로지스틱 회귀, 다항 로지스틱 회귀에 대한 사례도
실습을 통하여 익히게 됩니다. 회귀 모델을 언제, 어떻게 이용하는지 이해하는 것
이 중요합니다.

회귀 모델

선형 회귀 – 단순 선형 회귀

선형 회귀의 의미를 알아보고, 주어진 데이터를 이용하여 산점도를 그려 본 다음 독립 변수와 종속 변수와의 관계를 분석해 봅니다. 관련 연습 문제를 통해 문제를 해결해 보겠습니다.

선형 회귀(Linear Regression)는 회귀 모델에서 가장 기본으로 독립 변수(x)와 종속 변수(y) 사이에 직선 관계가 있는 경우를 말합니다.

선형 회귀를 설명하기 위해 사용할 데이터를 살펴봅니다. 회귀 분석을 사용하기 전에 데이터에 대한 분석을 먼저 수행해야 합니다. 데이터는 연도별, 성별, 임금 협상을 했을 때(negotiated), 급여 인상률(Salary)과 인센티브 인상률(Received)에 대한 자료입니다.

```
> salary <- read.csv("regdata.csv")    // 분석할 데이터를 읽는다.
> head(salary)
  X Incentive Salary    negotiated gender year
1 1      12.1    9.5          TRUE      M 2005
2 2       8.9    9.9          TRUE      F 2006
3 3       8.8   18.1          TRUE      M 2007
4 4       7.1   11.8          TRUE      F 2008
5 5      10.2   12.5          TRUE      M 2009
6 6       7.0   10.2          TRUE      F 2005
```

분석을 위해 다양한 그림을 통하여 데이터가 가지는 특성을 파악해야 합니다. 그 중 하나가 협상을 했을 때, 급여 인상률과 받은 인센티브 인상률에 대한 그래프입니다. 이 외에도 급여 인상률과 연도와의 관계, 임금 협상을 하지 않은 경우에 인상률 변화 등 다양한 상황을 가정하여 히스토그램과 산점도를 그려 데이터 특성을 파악합니다.

소스 : 예제\7_01.R

```
> plot(salary$Incentive[salary$negotiated==TRUE], salary$Salary
[salary$negotiated == TRUE])    // 분석을 위해 협상을 한 경우. 인센티브(Incentive)와 급여 인상률(Salary) 관
계를 파악하기 위하여 산점도를 그린다.
```

다음 산점도를 기반으로 볼 때, 협상을 한 경우 급여 인상률이 10 이하라면 인센티브 인상률과 밀접한 관계가 있을 것이라고 생각된다.

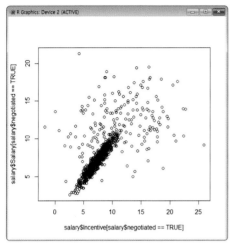

▲ 협상을 한 경우, 월급과 인센티브 관계

위와 같이, 데이터를 이리저리 분석하다가 위와 같은 산점도를 보게 되면, "내가 임금 인상률이 9%일 때, 몇 %의 인센티브 인상률을 받을까?" 또는 "인센티브 인상률이 5%라면 이때 월급 인상률은 얼마일까?"라는 질문에 답을 구하고 싶을 수 있습니다. 이때, 사용하는 기법이 회귀 모델입니다(인센티브 인상률이 10% 이상인 경우에는 너무 흩어져 있어서 연관성을 찾기 어려워서 회귀 적용이 어렵습니다).

소스 : 예제\7_02.R

```
> cor(salary$Incentive[salary$negotiated==TRUE], salary$Salary
[salary$negotiated == TRUE])   // 협상을 했을 때, 급여 인상률과 인센티브 인상률 사이 관계를 상관관계 수치
로 표현한다.
 [1] 0.6656481   // 0.66의 값을 가지므로 어느 정도 상관관계가 있다고 본다.


> RegResult <- lm(Incentive[negotiated==TRUE]~Salary [negotiated == TRUE],
data=salary)   // 급여 인상률과 인센티브 인상률 사이에 회귀 분석을 수행한다. lm은 Linear Model의 약자이다.
> RegResult

Call:
lm(formula = Incentive[negotiated == TRUE] ~ Salary[negotiated ==
    TRUE], data = salary)

Coefficients:
```

```
         (Intercept)   Salary[negotiated == TRUE]
            2.3121                        0.7251
```

명령어 정리	
lm()	회귀 분석을 수행한다.

회귀 분석의 결과는 y=2.3121 + 0.7251 * x입니다. 즉, y축 절편이 약 2.3이고, 기울기가 약 0.7인 직선이 두 변수 사이의 관계를 가장 잘 표현하는 직선입니다. 이것을 이용하면, 협상을 한다는 조건에서 5%의 인센티브 인상률을 받았다면, 급여는 대략 5.8%를 인상 받을 수 있다는 것을 알 수 있습니다(2.3 + 0.7 * 5 = 5.8이므로).

월급과 인센티브 관계를 표현한 산점도를 근거로 보면, 회귀 분석을 위한 선의 모습에서 y의 절편이 −2 정도의 값을 가지는 것이 적당해 보이는데, 실제로는 2.3이 나온 이유는 무엇일까요?

답은 데이터 일부가 아닌 전체를 대상으로 계산해서 그런 결과가 나온 것입니다. 이런 문제를 해결하기 위해서 다음 연습 문제를 풀어 봅시다.

연습문제
EXERCISES

1 nogotiated==TRUE인 상태에서 Incentive와 Salary 사이 상관관계는 0.66이 나왔습니다. 그림으로 볼 때, Incentive가 10보다 작으면 보다 높은 상관관계를 보일 것으로 보입니다. 그래서 Incentive가 10보다 작은 경우의 상관관계를 구해 보았습니다.

소스 : 예제 \7_03.R

```
> temp <- subset(salary, salary$Incentive <=10)
// 분석을 위해 조건에 맞는 임시 데이터를 만든다.

> head(temp)
    X Incentive Salary negotiated gender year
2   2       8.9    9.9       TRUE      F 2006
3   3       8.8   18.1       TRUE      M 2007
4   4       7.1   11.8       TRUE      F 2008
6   6       7.0   10.2       TRUE      F 2005
9   9       8.2   11.4       TRUE      M 2008
11 11       1.9    4.4       TRUE      M 2005
```

// 새로 구성한 데이터를 이용하여 상관관계를 구해 본다.

```
> cor(temp$Incentive[temp$negotiated==TRUE], temp$Salary[temp$negot
iated==TRUE])
```
    [1] 0.5068886   // 상관관계가 오히려 줄어들었다. 그림을 그려서 원인을 파악해 보자.

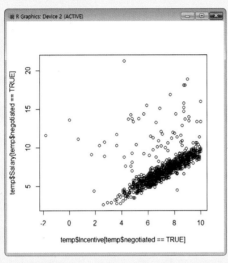

▲ 수정된 데이터

수정된 데이터의 그림을 살펴보니, Salary 데이터가 너무 흩어져 있는 것이 보입니다. 데이터에서 Salary 데이터가 8보다 큰 것을 지우고, 새로 데이터를 구성해 보세요.

※ 답은 예제 파일 '연습 문제' 폴더에 있습니다.

2　회귀 분석을 하려면 수행해야 하는 과정인 Salary 데이터 특성을 파악해 보겠습니다.

1단계 각 항목별 특성 파악하기

소스 : 예제 \7_04.R

```
> split.screen(c(1,2))    // 원도우 하나에서 그림 두 개를 동시에 그린다.
[1] 1 2
> screen(1)
> hist(salary$Incentive)
> screen(2)
> hist(salary$Salary)
```

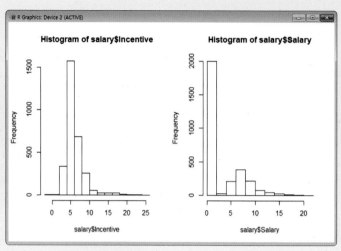

▲ Salary와 Incentive의 도수분포표

인센티브 데이터는 아래쪽에 모인 모습을 보이고 있습니다. 즉, 10% 이내를 받는 사람이 대부분입니다. 월급은 적게 받는 사람이 대부분이며, 그렇지 않은 사람도 5~10% 사이의 월급을 받고 있습니다.

2단계 조건에 따른 항목별 특성을 파악하기

같은 방식으로 주어진 데이터에 대한 다양한 특성을 파악해 보겠습니다.

예를 들어, 남, 여에 따라서 급여 인상률과 인센티브 인상률에 차이가 있는지를 확인하고자 한다면, 아래처럼 해당하는 데이터 세트를 임시로 만들고 그림을 그려서 비교하면 됩니다.

소스 : 예제\7_05.R

```
> salary <- read.csv("regdata.csv")
> head(salary)
  X Incentive Salary negotiated gender year
1 1      12.1    9.5       TRUE      M 2005
2 2       8.9    9.9       TRUE      F 2006
3 3       8.8   18.1       TRUE      M 2007
4 4       7.1   11.8       TRUE      F 2008
5 5      10.2   12.5       TRUE      M 2009
6 6       7.0   10.2       TRUE      F 2005
```

```
> temp <-subset(salary, salary$gender == 'M')
> temp2 <-subset(salary, salary$gender == 'F')
```

// 앞의 과정을 거쳐 준비된 데이터인 temp(남자 데이터), temp2(여자 데이터)를 가지고 남녀 사이 차이
가 있는지를 확인하기 위한 분석을 수행한다.

```
> split.screen(c(2,2))
[1] 1 2 3 4
> screen(1)
> hist(temp$Incentive)
> screen(2)
> hist(temp$Salary)
> screen(3)
> hist(temp2$Incentive)
> screen(4)
> hist(temp2$Salary)
```

그림을 기준으로 보면, 남녀 사이 인센티브와 급여는 특별한 차이를 보이지 않고 있음을 확인할 수 있습니다.

그러면, 연도에 따라서 급여 인상률과 인센티브 인상률에 차이가 있는지를 조사하겠습니다. 앞의 예를 따라서 간단하게 해 보기 바랍니다.

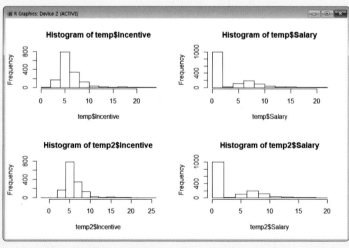

▲ 남녀 사이 인센티브와 급여 차이 비교

## CHAPTER 02

선형 회귀
– 중선형 회귀 및 적절한 변수 선택

중선형 회귀(다중 선형 회귀)는 독립 변수가 두 개 이상인 회귀 분석을 말합니다.
즉, 종속 변수 y에 영향을 미치는 변수가 두 개 이상인 경우에 사용합니다.

분석 과정은 다음과 같습니다.

• 전체 독립 변수를 넣어 모델을 만들고, 모델을 평가한 다음 유효하다고 판단되면, 기여도가 낮은 변수부터 하나씩 제거하는 Backward Elimination 방식을 사용해서 모델을 최적화합니다.

실습을 위해 attitude 데이터를 사용합니다. rating(등급)에 영향을 미치는 요인을 회귀를 이용해 식별하겠습니다. 종속 변수 rating에 영향을 미치는 독립 변수는 complaints(불평), privileges(특권), learning (학식) raises(수준), critical(비판), advance(발전)입니다. 독립 변수가 많아 중선형 회귀를 사용합니다.

소스 : 예제 \7_06.R

```
> head(attitude)    // 데이터를 파악한다.
   rating complaints  privileges  learning  raises  critical  advance
1      43         51          30        39      61        92       45
2      63         64          51        54      63        73       47
3      71         70          68        69      76        86       48
4      61         63          45        47      54        84       35
5      81         78          56        66      71        83       47
6      43         55          49        44      54        49       34
> model <- lm(rating~.  , data=attitude)    // 중선형 회귀를 수행하는 명령어이다.
> summary(model)    // 수행 결과를 보여 준다.
Call:
lm(formula = rating ~ ., data = attitude)
Residuals:
     Min        1Q    Median        3Q       Max
 -10.9418   -4.3555    0.3158    5.5425   11.5990
```

```
Coefficients :
              Estimate Std.     Error t     value Pr(>|t|)
(Intercept)   10.78708          11.58926    0.931 0.361634
complaints     0.61319           0.16098    3.809 0.000903 ***
privileges    -0.07305           0.13572   -0.538 0.595594
learning       0.32033           0.16852    1.901 0.069925 .
raises         0.08173           0.22148    0.369 0.715480
critical       0.03838           0.14700    0.261 0.796334
advance       -0.21706           0.17821   -1.218 0.235577
---
Signif. codes:  0 '***' 0.001 '**' 0.01 '*' 0.05 '.' 0.1 ' ' 1

Residual standard error: 7.068 on 23 degrees of freedom
Multiple R-squared:  0.7326,   Adjusted R-squared:  0.6628
F-statistic:  10.5 on 6 and 23 DF,  p-value: 1.24e-05
```

중선형 회귀를 수행한 결과를 정리하면 다음과 같습니다.

• Coefficients의 값을 통해, 중선형 회귀 식을 구하고, 조건에 따른 예측을 할 수 있습니다.

```
y = 10.78 + 0.61*complaints + (-0.07)*privileges + 0.32*learning + 0.08*raises +
0.038*critical + (-0.21)*advance
```

• summary의 p-value가 0.05보다 작으므로(0.000012) 통계적으로 의미가 있어서 이것을 이용하면 예측이 가능합니다. 예측 정확성(Adjusted R-squared)은 66.26%입니다.
• 각 항목별 평가치(Coefficients)의 각 항목에 대하여 통계적으로 유의한 것은 complaints와 learning이고 나머지는 의미있는 영향을 미치지 않습니다.

Coefficients 평가 의미		Coefficients 평가 의미	
***	0 ~ 0.001	*	0.01 ~ 0.05
**	0.001 ~ 0.01	.	0.05 ~ 0.1

그러므로, * 표시가 있는 변수는 0.05보다 작아서 의미가 있는 변수라고 판단할 수 있습니다. 앞의 결과를 기반으로 주어진 데이터에서 의미 있는 것은 complaints와 learning임을 확인할 수 있습니다. 의미 없는 변수를 제거해서 모델을 간략하게 만들겠습니다. 여기에서는 일반적으로 사용하는 backward 방식을 사용합니다.

```
> reduced <- step(model, direction="backward")
```
// step 명령을 이용하여 독립 변수를 제거하는 과정을 수행한다.

```
Start:  AIC=123.36
rating ~ complaints + privileges + learning + raises + critical + advance
```

	Df	Sum of Sq	RSS	AIC
- critical	1	3.41	1152.4	121.45
- raises	1	6.80	1155.8	121.54
- privileges	1	4.47	1163.5	121.74
- advance	1	74.11	1223.1	123.24
<none>			1149.0	123.36
- learning	1	180.50	1329.5	125.74
- complaints	1	724.80	1873.8	136.04

```
Step:  AIC=121.45   // critical을 제거하였다.
rating ~ complaints + privileges + learning + raises + advance
```

	Df	Sum of Sq	RSS	AIC
- raises	1	10.61	1163.0	119.73
- privileges	1	14.16	1166.6	119.82
- advance	1	71.27	1223.7	121.25
<none>			1152.4	121.45
- learning	1	177.74	1330.1	123.75
- complaints	1	724.70	1877.1	134.09

```
Step:  AIC=119.73   // raises를 제거하였다.
rating ~ complaints + privileges + learning + advance
```

	Df	Sum of Sq	RSS	AIC
- privileges	1	16.10	1179.1	118.14
- advance	1	61.60	1224.6	119.28
<none>			1163.0	119.73
- learning	1	197.03	1360.0	122.42
- complaints	1	1165.94	2328.9	138.56

```
Step:  AIC=118.14
rating ~ complaints + learning + advance
```

	Df	Sum of Sq	RSS	AIC
- advance	1	75.54	1254.7	118.00
<none>			1179.1	118.14
- learning	1	186.12	1365.2	120.54
- complaints	1	1259.91	2439.0	137.94

```
Step:  AIC=118
rating ~ complaints + learning
            Df   Sum of Sq     RSS     AIC
<none>                       1254.7  118.00
- learning     1     114.73  1369.4  118.63
- complaints   1    1370.91  2625.6  138.16
> summary(reduced)

Call:
lm(formula = rating ~ complaints + learning, data = attitude)
Residuals:
     Min      1Q   Median      3Q     Max
-11.5568  -5.7331   0.6701  6.5341  10.3610
Coefficients:
            Estimate Std. Error t value Pr(>|t|)
(Intercept)   9.8709     7.0612   1.398    0.174
complaints    0.6435     0.1185   5.432 9.57e-06 ***
learning      0.2112     0.1344   1.571    0.128
---
Signif. codes:  0 '***' 0.001 '**' 0.01 '*' 0.05 '.' 0.1 ' ' 1
Residual standard error: 6.817 on 27 degrees of freedom
Multiple R-squared:  0.708,    Adjusted R-squared:  0.6864
F-statistic: 32.74 on 2 and 27 DF,  p-value: 6.058e-08
```

명령어 정리	
step()	회귀 분석을 수행한 다음 중요하지 않은 변수를 제거한다.

step 명령을 통해 통계적으로 유의한 것을 선별하였습니다. 최종적으로 만들어진 회귀 식은 다음과 같습니다.

```
y = 9.87 + 0.645 * complaits + 0.2112 * learning
```

위의 식은 p-value가 0.05보다 작으므로 통계적으로 의미가 있으며, Adjusted R-squared가 0.6864이므로 약 68%의 정확성을 가진다고 볼 수 있습니다.

중회귀에 대한 설명을 마치겠습니다. 주어진 실습은 간단하지만 필요한 것은 빠짐없이 다루었습니다. 중회귀는 실제로 많은 곳에서 사용됩니다. 필자의 경우에 설문지를 분석할 때 중회귀 분석을 요긴하게 사용합니다. 물론, 설문지를 만들 때부터 중회귀 분석의 적용을 고려해서 설문을 만들어야 합니다.

## CHAPTER 03

비선형 회귀 – 신경망 모델

신경망 모델을 비선형 회귀에 포함하는 것에 대해 많은 사람들이 다른 의견을 가질 수 있습니다. 다만, 신경망 모델은 회귀와 비슷한 성질을 가지며, 예측을 수행한다는 점에서 이곳에서 설명하고자 합니다.

|01| 신경망이란?

신경망이란 인간 뇌를 구성하는 뉴런 작동 원리를 컴퓨터 환경에서 구현하여, 이를 이용하여 학습을 수행한 후에 예측하는 기법을 말합니다. 뉴런은 신경망에서 입력과 출력, 그리고 중간에 활성 함수로 표현되며, 이것을 여러 번 반복하여 연결함으로써 학습을 통한 예측이 가능합니다.

정신과 의사 McCulloch와 수학자 Pitts가 인간의 뇌 신경 노드의 작동 모형을 구축하였고(1943), 컴퓨터 과학자인 Rosenblatt이 지도 학습 문제에 적용할 수 있는 단층 신경망(Single Layer Perception) 알고리즘을 개발하였습니다(1958). 이후, 1980년대에 다층 신경망과 역전파(Back Propagation) 알고리즘 결합으로 좋은 예측 결과를 얻었고, 현재에 이르고 있습니다.

|02| 신경망 모델

신경망으로 예측을 하는 경우 예측 정확도에 영향을 미치는 요인이 몇 개의 층을 쌓는지와 함수의 설정 값(Decay)을 알아보겠습니다.

우리가 하는 실습에서는 층을 3으로 하고 함수 설정 값은 0으로 하는데, 대부분의 경우 설정 값을 5e-04로 하는 경우 예측 값이 가장 정확하다고 합니다. 다음 실습을 마친 다음, 층의 숫자를 변화시키고 설정 값을 변경하여 예측 정확도를 확인해 보기 바랍니다.

이제 신경망을 실습해 볼 시간입니다. 이미 익숙한 iris 데이터를 이용해서 모델을 만들고, Sepal.Length, Sepal.Width, Petal.Length, Petal.Width를 제공했을 때, 이것이 setosa, verisicolor, virginica 중 어느 것인지를 맞추겠습니다.

회귀 분석과 다른 점은 맞추고자 하는 것이 숫자가 아니라, Factor형(범주형) 데이터라는 점입니다.

```
> data(iris)        // iris 데이터 사용을 선언한다.
> str(iris)         // iris 데이터를 확인한다. Species 모양을 확인할 것
'data.frame':    150 obs. of  5 variables:
 $ Sepal.Length: num  5.1 4.9 4.7 4.6 5 5.4 4.6 5 4.4 4.9 ...
 $ Sepal.Width : num  3.5 3 3.2 3.1 3.6 3.9 3.4 3.4 2.9 3.1 ...
 $ Petal.Length: num  1.4 1.4 1.3 1.5 1.4 1.7 1.4 1.5 1.4 1.5 ...
 $ Petal.Width : num  0.2 0.2 0.2 0.2 0.2 0.4 0.3 0.2 0.2 0.1 ...
 $ Species     : Factor w/ 3 levels "setosa","versicolor",..: 1 1 1 1 1 1 1 1 1 1
...
> temp <- c(sample(1:50, 30), sample(51:100, 30), sample(101:150, 30))
```
// 학습에 사용할 데이터와 실제 예측에 사용할 데이터를 분리하기 위하여. 실제 데이터 중 임의의 숫자를 정해진 개수만큼
뽑는다. 1~50 사이에 임의 숫자를 30개를 뽑는다. 나머지도 동일
```
> temp   // 뽑은 숫자를 보여 준다.
 [1]  1   8  21  24  32  50  48   6  40  31  10  16  47  26  25   2  27  36  34  22
[21] 33  12  43   4  14  37   1   7  17  29  73  89  74  76  54  61  56  93  86
98
[41] 70  80  97  72  52  60  64  94  66  55  69  91  68  71  62  82  88 100  78
95
[61] 133 150 124 121 103 118 119 125 123 113 101 112 108 148 138 104 129 139 131
140
[81] 145 141 127 107 116 147 106 117 143 102
```

// 뽑은 숫자에 해당하는 iris 데이터를 iris.training으로 저장하고, 나머지는 iris.testing에 저장한다.
```
> iris.training <- iris [temp,]
> iris.testing <- iris [-temp,]

> library(nnet)    // 신경망 패키지를 구동한다. 없다면. > install.packages("nnet") 수행

> neuralNetResult <- nnet(Species~., data=iris.training, size=3, decay=0)
```
// 신경망을 수행한다. 층은 세 개로 하고. 설정 값은 0으로 하였다.
```
# weights:  27
initial  value 113.139762
iter  10 value 33.621759
iter  20 value 2.195832
iter  30 value 0.004486
final  value 0.000034
```

```
converged
> neuralNetResult
a 4-3-3 network with 27 weights
inputs: Sepal.Length Sepal.Width Petal.Length Petal.Width
output(s): Species
options were - softmax modelling
> summary(neuralNetResult)
a 4-3-3 network with 27 weights
options were - softmax modelling
 b->h1 i1->h1 i2->h1 i3->h1 i4->h1
   1.12   7.48   1.81   6.46   1.16
······ 중간 생략 ······
 b->o3 h1->o3 h2->o3 h3->o3
-19.77 -17.35  59.59  -3.20
```

명령어 정리

nnet()	신경망을 수행하는 명령어이자 패키지 이름이다.

앞의 neuralNetResult와 summary(neuralNetResult) 명령을 실행하면 신경망에 대한 설명을 하는 수많은 숫자와 문자가 표시됩니다. 그러나 읽기 어렵고 이해가 안 됩니다. 그래서 이 정보를 이용해서 그래프로 표현하는 명령이 있는데, 그것이 plot.nnet입니다.

plot.nnet은 마치 함수와 같습니다. plot.nnet 파일은 예제 파일에 포함되어 있습니다. R GUI에서 새 스크립트를 열고, 이곳에 소스를 넣습니다.

그다음에 마우스로 스크립트 윈도우를 선택한 상태에서 R GUI의 [편집]–[전부 실행하기]를 실행하면 스트립트의 plot.nnet 함수가 실행됩니다.

그런 다음 아래 명령어를 실행하면 숫자로 된 결과를 그래프로 볼 수 있습니다.

```
> plot.nnet(neuralNetResult)
```

명령어 정리

plot.nnet()	신경망 결과를 그림으로 보여 준다.

그림을 통해 입력이 'Sepal.Length', 'Sepal.Width', 'Petal.Length', 'Petal.Width' 네 가지이고, 중간에 세 개의 층을 거쳐서 결과가 'setosa', 'vericolor', 'virginica'의 세 가지 중 하나라는 것을 알 수 있습니다.

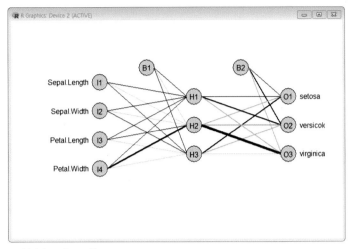

▲ 신경망 그래프 표현

앞에서 nnet으로 모델을 만들고 학습을 하였다면. 이제 만들어진 모델을 가지고 미래를 예측할 시간입니다. 다음은 앞에서 개발된 모델에 테스트 데이터를 적용해서 예측 결과의 정확성을 검증하는 과정입니다. 테스트 데이터를 입력하고 이것이 setosa인지 veriscolor인지 virginica인지 맞추는 것입니다.

소스 : 예제\7_09.R

```
> pred <- predict(neuralNetResult, iris.testing, type="class")   // 예측하였다.
> pred   // 테스트 데이터에 대한 예측 결과
 [1] "setosa"    "setosa"    "setosa"    "setosa"    "setosa"    "setosa"    "setosa"
"setosa"
 [9] "setosa"    "setosa"    "setosa"    "setosa"    "setosa"    "setosa"    "setosa"
"setosa"
[17] "setosa" "setosa"    "setosa" "setosa" "versicolor" "versicolor" "versicolor"
"versicolor"
[25] "versicolor" "versicolor" "versicolor" "versicolor" "versicolor" "versicolor"
"versicolor" "versicolor"
[33] "versicolor" "versicolor" "versicolor" "versicolor" "versicolor" "versicolor"
"versicolor" "versicolor"
[41] "virginica"  "virginica"  "virginica"  "virginica"  "virginica"  "virginica"
"virginica"  "virginica"
[49] "versicolor" "virginica"  "versicolor" "versicolor" "versicolor" "versicolor"
"virginica"  "virginica"
[57] "virginica"  "virginica"  "virginica"  "virginica"
> real <- iris.testing$Species
// 실제 데이터 모습과 예측한 데이터를 비교하기 위하여 실제 데이터를 변수에 저장한다.
```

```
> table(real, pred)    // 두 개의 값을 비교하여 정확성을 확인한다.
            pred
real       setosa   versicolor   virginica
  setosa      20            0           0    // 전부 맞추었다.
  versicolor   0           20           0    // 전부 맞추었다.
  virginica    0            5          15    // 이 부분에서 약간의 예측 오류가 있다.
```

명령어 정리	
predict()	신경망에서 예측을 수행한다.

이러한 실습을 통해 데이터 분석 전문가로서 신경망을 회귀와 같이 미래를 예측하는 데 사용할 수 있다는 점을 이해하기를 바랍니다. 언제 회귀를 사용하고 신경망을 사용하면 좋을지 설명했습니다. 신경망은 범주형 데이터를 예측하는 데 사용하면 좋습니다. 신경망이 회귀와 다른 점은 학습을 통해서 발전할 수 있는 모델이라는 것입니다. 즉, 데이터 개수, 계층 개수가 증가하면 예측 정확성이 좋아집니다.

연습문제
EXERCISES

신경망을 사용할 때 층을 다섯 개로 하고, 설정 값을 5e-04로 한 경우, 신경망을 이용한 모델을 만들고 이들의 결과를 그래프로 나타냅니다. 실제 예측을 수행한 다음 앞에서 수행한 것과 이번에 수행한 것의 결과를 비교하고, 신경망의 유용성을 생각해 봅시다.

명령어에 제공할 수치만 바꾸면 되고, 그림을 그리는 것은 변동이 없습니다. 개인적으로 중요한 부분이라고 생각되므로 간단하게 실습해 보도록 합니다.

회귀로 분석한 경우와의 차이에 대해서도 생각해 보겠습니다.

## CHAPTER 04

커널 방법론

회귀 함수에서는 기본적으로 주어진 데이터의 독립 변수(x)와 종속 변수(y) 사이 관계가 선형이라고 가정합니다. 이런 가정은 모델 구성과 계산에서 간편하기 때문에 사용됩니다. 그런데, 특수한 경우 선형이라는 가정이 맞지 않는 경우가 발생합니다. 이런 상황을 대비하여 비선형 모형화 기법인 커널 방법론이 개발되었습니다.

커널 방법론(Kernet Methods)은 대표적인 비선형 모형화 기법으로, 국소 선형 회귀(Kernel Smoothing : Local Linear Regression)를 사용합니다. 간단히 말해서 근처에 있는 점 위치를 고려해 종속 변수(y) 좌표를 조정하는 것이라고 할 수 있습니다. 선형으로 예측하기 어려운 환경을 억지로 만들어 보겠습니다.

소스 : 예제 \7_10.R

```
> set.seed(1)     // 난수 생성을 위한 초깃값 설정
> n <- 100        // 만들 데이터 숫자
> x <- runif(n) * 4    // 0과 1 사이의 숫자 100개를 만들고, 여기에 4를 곱한다.
> x    // 0과 4 사이 숫자 100개를 확인한다.
  [1] 1.06203465 1.48849560 2.29141345 3.63283116 0.80672772 3.59355874 3.77870107
2.64319117
  [9] 2.51645618 0.24714508 0.82389830 0.70622701 2.74809139 1.53641487 3.07936568
1.99079697
     …… 중간 생략 ……
 [97] 1.82109781 1.64033633 3.24348097 2.41973316

> y <- sin(x) + rnorm(n, sd=0.3)    // 만들어진 x 숫자가 직선 성향을 갖지 않도록 변화를 준다.
> y
  [1]  0.992780125  0.813007288  0.853734570 -0.810527231  1.151934182
0.157384921 -0.705040068
  [8]  0.164781709  0.756123834  0.204120408  1.454285098  0.637195846
0.590346240  1.007809664
     …… 중간 생략 ……
 [99] -0.487602280  0.168599848
```

```
> XValue <- seq(from=0, to=4, by=0.05)    // 0과 4 사이에서 0.05 간격으로 XValue의 값을 만든다.
> YValue <- sin(XValue)
// YValue 값은 XValue 값에 sin한 것이다. XValue, YValue로 그림을 그린다. 점선 그림이 그려진다.
> plot(XValue, YValue, type='l', ylim=c(min(YValue), max(YValue)), lty=2)
> points(x,y)    // 위의 그림에 x, y 값 100개를 추가로 표시한다.
```

명령어 정리	
set.seed()	난수를 만들기 위한 초기 값을 설정한다. 괄호 안에 부여되는 숫자가 변경되면 다른 값이 만들어진다.
sin()	삼각 함수의 sin 함수이다.
points()	그림에 점을 추가한다.

그린 순서는 고려하지 말고, 그려진 그림을 중심으로 보면, 표시된 점들을 모델링하는 것은 점선과 같은 곡선입니다. 주어진 점들을 모델링하기 적합한 직선은 없습니다. 이런 경우 커널 방법론을 사용합니다.

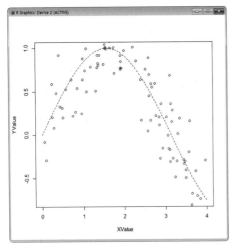

▲ 커널 방법론을 적용하기 위한 데이터 모습

소스 : 예제 \7_11.R

```
> library(KernSmooth)        // 국소 선형 회귀를 위한 패키지를 설치한다.
> h <- c(0.1, 0.3, 1.5)       // 국소 선형 회귀를 위한 bandwidth를 설정한다.

// 국소 선형 회귀를 수행하고 결과를 기존의 그림 위에 선으로 표현한다.
> for(k in 1:length(h)) {
+     res.lp <-locpoly(x, y, bandwidth=h[k])
```

```
+     lines(res.lp, col=k+1)
+ }
```

// 그려진 그림 식별을 위하여 legend를 추가한다.
```
> legend(3, 1.5, c(paste("bandwidth = ", h[1]), paste("bandwidth = ", h[2]),
paste("bandwidth = ", h[3]), "True Curve"),
+ col=c(2:4, 1), lty=c(rep(1,3),2))
```

명령어 정리	
locpoly()	국소 선형 회귀를 수행한다.

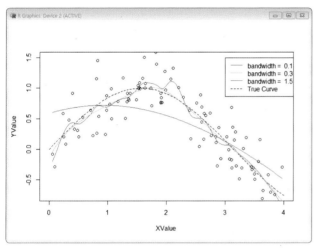

▲ 커널 방법론을 적용한 예측 라인

그림을 보면 bandwidth가 0.3인 경우, 우리가 사전에 만든 최적화된 라인과 매우 유사한 모습을 가집니다. 그러므로, 현실적으로 많이 사용되지는 않지만, bandwidth를 잘 조정하면 정확한 예측이 가능하다는 점을 보여 주고 있습니다. 다만, 이것을 직선과 같이 함수로 표현하는 것은 다소 문제가 있으며, 실무에서는 사용하기가 다소 어려울 것으로 판단됩니다. 그래서, 좀 더 현실성 있는 방법으로 주어진 데이터에 회귀 분석을 수행하여 결과를 직선 수식으로 표현하겠습니다.

소스 : 예제 \ 7_12.R

```
> plot(XValue, YValue, type='l', ylim=c(min(YValue), max(YValue)), lty=2)
// 원래 그림을 그린다.
> points(x,y)
> temp2 <- locpoly(x,y,bandwidth=0.3)   // 기존의 그림 위에 최적화된 0.3의 bandwidth를 가진 선을 그린다.
```

```
> lines(temp2)    // 위의 그림으로 보면 녹색이다. 다음 그림으로 보면 직선이다.
// 주어진 자료에 대하여 선형 회귀를 구한다.
> res.lm <- lm(y~x)
> res.lm

Call:
lm(formula = y ~ x)

Coefficients:
(Intercept)              x
     1.0435        -0.2871

> points(x, predict(res.lm), col=8, pch="*")
// 선형 회귀로 구한 식을 그림으로 표현한다. 다음 그림에서 회색 선이 여기에 해당한다.
```

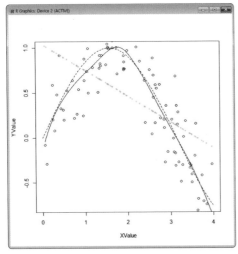

▲ 직선으로 표현한 회귀 식을 추가한 모습

회귀 분석과 유사한 목적을 가지지만, 비선형 모델에 대한 처리 방법의 하나로 커널 방법론을 설명하였습니다.

데이터 분석 전문가 입장에서 이론상으로 비선형인 경우에도 데이터를 설명하는 모델을 만드는 것은 가능하지만, 현실적으로 얼마나 사용할지에 대해서는 의문입니다. 다만, 용어와 의미, 활용법에 대하여 파악하는 것이 데이터 분석 전문가의 관점에서 중요하기 때문에 개념과 실습 중심으로 설명하였습니다.

## CHAPTER 05

로지스틱 회귀

회귀 분석에서 두 변수(독립 변수 : x, 종속 변수 : y)의 관계를 선형으로 표현하고 이것을 이용하여 미래를 예측하였습니다. 그런데, 종속 변수(y)가 0과 1, 합격/불합격같은 이산형 변수인 경우에는 처리가 어렵습니다. 그래서 개발된 방법이 로지스틱 회귀입니다.

사례를 통하여 로지스틱 회귀를 수행하는 과정을 살펴보겠습니다. 데이터는 grp, gpa 점수와 석차 정보를 기반으로 합격(1)/불합격(0) 여부를 보여 줍니다. 특정 gre, gpa, rank 점수가 부여되었을 때, 합격/불합격 여부를 판단하고자 합니다. 이것이 로지스틱 회귀의 대표적인 예입니다.

소스 : 예제 \7_13.R

```
> data <- read.csv("http://stats.idre.ucla.edu/stat/data/binary.csv")
// 실습을 위하여 웹에 있는 데이터를 가져온다.
> str(data)    // 400개의 데이터를 확인한다. 데이터 한 개는 속성 네 개로 구성된다.
'data.frame':    400 obs. of  4 variables:
 $ admit: int  0 1 1 1 0 1 1 0 1 0 ...
 $ gre  : int  380 660 800 640 520 760 560 400 540 700 ...
 $ gpa  : num  3.61 3.67 4 3.19 2.93 3 2.98 3.08 3.39 3.92 ...
 $ rank : int  3 3 1 4 4 2 1 2 3 2 ...


> head(data)
  admit gre  gpa rank
1     0 380 3.61    3
2     1 660 3.67    3
3     1 800 4.00    1
4     1 640 3.19    4
5     0 520 2.93    4
6     1 760 3.00    2


> trainData <- data[1:200,]    // 모델을 만들기 위해 사용하는 데이터를 만든다.
> testData <- data[201:400,]   // 만든 모델을 테스트하기 위한 데이터를 만든다.
```

```
> model <- glm(admit~gre+gpa+rank, data=trainData, family="binomial")
// 로지스틱 회귀를 수행한다. y값인 admit이 0,1이므로 binomial을 설정한다.
> summary(model)

Call:
glm(formula = admit ~ gre + gpa + rank, family = "binomial",
    data = trainData)

Deviance Residuals:
    Min      1Q   Median       3Q      Max
-1.6074  -0.7894  -0.5327   0.8980   2.4587

Coefficients:
             Estimate Std. Error z value Pr(>|z|)
(Intercept) -2.79966    1.67734   -1.669 0.095096 .
gre          0.00366    0.00171    2.141 0.032266 *
gpa          0.42816    0.49834    0.859 0.390245
rank        -0.75502    0.19512   -3.870 0.000109 ***
---
Signif. codes:  0 '***' 0.001 '**' 0.01 '*' 0.05 '.' 0.1 ' ' 1

(Dispersion parameter for binomial family taken to be 1)

    Null deviance: 237.18  on 199  degrees of freedom
Residual deviance: 206.84  on 196  degrees of freedom
AIC: 214.84

Number of Fisher Scoring iterations: 4
> predictData <- predict(model, newdata=testData, type="response")
```
// 앞에서 만들어진 로지스틱 회귀 모델을 대상으로 testData를 입력하여 결과를 확인한다. 이때, 나온 결과가 숫자이므로 이것을 0.5를 기준으로 0, 1로 변환한다.

```
> head(predictData)
       201        202        203        204        205        206
0.32756502 0.30649104 0.67265609 0.06888056 0.57617406 0.35832794

> round(predictData)
201 202 203 204 205 206 207 208 209 210 211 212 213 214 215 216 217 218 219
  0   0   1   0   1   0   1   1   1   0   0   0   0   0   0   0   0   0   0
       ...... 중간 생략 ......
```

```
  383 384 385 386 387 388 389 390 391 392 393 394 395 396 397 398 399 400
    0   1   0   0   1   0   0   0   0   0   0   0   0   0   0   0   0   0
```
// 위에서 201이 0.32이고, 203이 0.67이므로 1로 변환되었음을 확인한다.

```
> table(round(predictData), testData$admit)
```
// 예측 값 predictData와 testData의 admit의 값을 table 형태로 보여 준다.

```
       0    1
  0  121   58
  1    8   13
```

명령어 정리	
glm()	로지스틱 회귀를 수행한다.

위의 결과를 보면 총 200개의 테스트 데이터에서 예측하여 맞춘 확률이 66.5%(133/200)입니다.

다소 실망스러운 예측 성공 확률이기는 한데, 로지스틱 모델은 기계 학습 기능을 가지므로 데이터가 많아지면 예측 성공 확률이 올라가는 특성이 있습니다.

이런 특성은 신경망에서도 확인할 수 있는데, 이유는 신경망도 기계 학습 모델이기 때문입니다.

## CHAPTER 06

다항 로지스틱 회귀

다항 로지스틱 회귀(Multinomial Logistic Regression)는 종속 값이 0, 1이 아닌 세 개 이상의 값을 가지는 경우에 적용하는 회귀 분석입니다.

iris 데이터는 Species가 세 개이므로 다항 로지스틱 회귀 분석에 해당합니다. 즉, Sepal.Length, Sepal.Width, Petal.Length, Petal.Width를 주고 이것이 어떤 종(Species)인지를 맞추기 위하여 기존 데이터를 이용하여 학습하고, 테스트하는 과정을 진행하겠습니다.

소스 : 예제 \7_14.R

```
> library(nnet)    // 필요한 패키지를 불러온다.

> Mmodel <- multinom(Species ~., data=iris)    // iris 데이터를 가지고 다항 로지스틱 회귀를 수행한다.
# weights:  18 (10 variable)
initial  value 164.791843
iter  10 value 16.177348
iter  20 value 7.111438
iter  30 value 6.182999
iter  40 value 5.984028
iter  50 value 5.961278
iter  60 value 5.954900
iter  70 value 5.951851
iter  80 value 5.950343
iter  90 value 5.949904
iter 100 value 5.949867
final  value 5.949867
stopped after 100 iterations

> predict(Mmodel, newdata=iris[c(1, 51, 101),], type="class")    // iris 데이터로 만들어지고,
학습된 모델로, iris 데이터의 1, 51, 101번의 결과를 예측한다.
[1] setosa     versicolor virginica
Levels: setosa versicolor virginica    // 세 개 다 정확하게 예측하였다.
```

```
> predict(Mmodel, newdata=iris)
```
// 만들어진 모델을 가지고, 전체 iris 데이터를 대상으로 결과를 예측한다.
```
  [1] setosa      setosa      setosa      setosa      setosa      setosa      setosa
setosa      setosa
   ...... 중간 생략 ......
[136] virginica  virginica  virginica  virginica  virginica  virginica  virginica
virginica  virginica
[145] virginica  virginica  virginica  virginica  virginica  virginica
Levels: setosa versicolor virginica

> predicted <- predict(Mmodel, newdata=iris)
```
// 예측한 값을 predicted라는 변수에 할당한다.
```
> sum(predicted == iris$Species) / NROW(predicted)
```
// 예측 정확도를 계산하여 출력한다. 맞춘 개수/전체 개수
[1] 0.9866667   // 예측 정확도가 98%임에 주목하자.

명령어 정리

multinom()	다항 로지스틱 회귀를 수행한다.
NROW()	row 개수를 구한다.

이상으로 다항 로지스틱 회귀가 언제 어떻게 사용되는지 충분히 이해했으리라 생각합니다. 앞의 예는 iris 데이터를 가지고 모델을 만들고, 다시 iris 데이터를 가지고 예측한 형태입니다. 하지만, 대부분의 경우 학습을 위한 데이터와 평가를 위한 데이터는 분리하는 것이 일반적입니다.

iris 데이터를 학습용 데이터와 테스트용 데이터로 나누어서, 학습용 데이터로 모델을 만들고 학습하게 한 다음, 테스트 데이터로 모델에서 나온 결과와 실제 결과를 비교하여 정확성을 계산해 보겠습니다. 이미 앞에서 했던 것이지만, 복습 의미에서 차근차근 수행해 보겠습니다.

소스 : 예제 \7_15.R

```
> data(iris)
> temp <- c(sample(1:50, 30), sample(51:100, 30), sample(101:150, 30))
> iris.training <- iris[temp,]
```

```
> iris.testing <- iris[-temp,]
> trainModel <- multinom(Species~., data=iris.training)
# weights:  18 (10 variable)
initial  value 98.875106
iter  10 value 8.381502
iter  20 value 1.728377
iter  30 value 0.818568
iter  40 value 0.198011
iter  50 value 0.177270
iter  60 value 0.170390
iter  70 value 0.153279
iter  80 value 0.141881
iter  90 value 0.134556
iter 100 value 0.126046
final  value 0.126046
stopped after 100 iterations
> predict(trainModel, newdata=iris.testing)
 [1] setosa     setosa     setosa     setosa     setosa     setosa
setosa     setosa     setosa
[10] setosa     setosa     setosa     setosa     setosa     setosa
setosa     setosa     versicolor
[19] setosa     setosa     versicolor versicolor versicolor
versicolor versicolor versicolor versicolor
[28] versicolor versicolor versicolor versicolor versicolor
virginica  versicolor versicolor versicolor
[37] versicolor versicolor versicolor versicolor virginica
virginica  virginica  virginica  virginica
[46] virginica  virginica  virginica  virginica  virginica
virginica  virginica  versicolor virginica
[55] virginica  virginica  virginica  virginica  virginica
virginica
Levels: setosa versicolor virginica
> predicted <- predict(trainModel, newdata=iris.testing)
> sum(predicted == iris.testing$Species) / NROW(predicted)
[1] 0.95   // 데이터를 분리하여 실행함으로써 예측 정확도가 다소 하락했다.
```

앞의 설명을 잘 이해했는지 확인하기 위하여 다음 질문에 대하여 답을 해 보기 바랍니다. 헷갈린다면 다시 본문으로 돌아가서 관련 내용을 확인하세요.

1 회귀 분석은 어떤 경우에 사용하는가?

2 신경망 모델은 어떤 경우에 사용하는가?

3 로지스틱 회귀는 어떤 경우에 사용하는가?

4 중선형 회귀와 단순 선형 회귀를 비교하여, 언제 사용하는지 설명하라.

5 커널 방법론은 어떤 경우에 사용할 수 있는 방법인가?

6 로지스틱 회귀와 다항 로지스틱 회귀를 비교하여, 각각 어떤 경우에 사용하는지 설명하라.

※ [복습]에 대한 답변은 정보문화사 홈페이지에서 예제 소스와 함께 확인할 수 있습니다.

8

데이터 마이닝은 수집된 데이터에서 숨은 의미를 찾는 과정을 의미한다고 Part 6에서 정의하였습니다. Part 8에서는 수집된 데이터에서 숨은 의미를 찾는 과정(데이터 마이닝) 중 지도 학습에 대한 개념과 기법을 설명합니다. 예측을 위하여 사용하는 많은 기법을 공부합니다. 의사 결정 나무, 랜덤 포레스트, 서포트 벡터 머신을 실습을 통해서 학습합니다. 마지막으로 베이지안 방법론에 대하여 개념을 학습하고, 실습을 통하여 어떻게 사용하는지 알아봅니다.

지도 학습

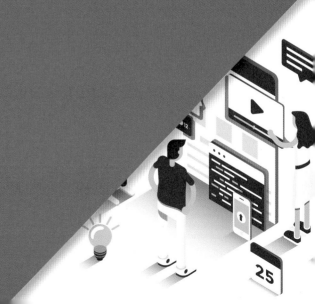

## CHAPTER 01

지도 학습

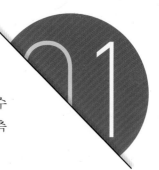

지도 학습은 자료가 입력 변수와 출력 변수로 주어지고 출력 변수와 입력 변수 사이 함수적 의존 관계를 자료로부터 학습을 통해 추정함으로써 미래를 예측할 수 있는 모형을 얻는 것을 말합니다.

지도 학습에 속하는 분석 방법은 다음과 같은 것들이 있습니다.

- **회귀 분석**
  - 선형 회귀 분석
  - 비선형 회귀 분석
  - 로지스틱 회귀
  - 신경망
  - 커널 방법론
- **의사결정론** : 선형 회귀, 로지스틱 회귀를 이용한 의사 결정 지원 방법을 말합니다. 판별 분석이 여기에 속하는 분석 방법입니다.
- **의사 결정 나무**
- **앙상블**
- **서포트 벡터 기계**

지도 학습에 속하는 방법 중에서 회귀 분석에 대한 부분은 Part 7에서 설명하였습니다. Part 8에서는 의사 결정 나무, 앙상블, 서포트 벡터 기계를 설명합니다. 의사 결정론에 속하는 판별 분석은 빅데이터 분석 기법을 설명하는 부분에서 다루겠습니다.

## CHAPTER 02

의사 결정 나무

의사 결정 나무(Decision Tree)는 간단하면서 효과가 좋은 예측 기법입니다. 실무에서는 스팸 메일을 거르기 위하여 사용하기도 합니다. 앞에서 설명한 회귀 분석이나 신경망, 다항 로지스틱 회귀 기법과 미래를 예측한다는 측면에서 유사합니다. 다만, 개념과 절차, 과정은 다릅니다.

|01| 의사 결정 나무 알고리즘 종류

데이터 분석 전문가는 다양한 데이터를 다루는 사람입니다. 당연히, 여러 기법의 유사성과 상이성을 식별해서 필요한 경우에 알맞은 기법을 사용할 수 있는 능력이 필요합니다.

- CART(Classification and Regression Tree) : 가장 많이 사용하는 알고리즘입니다.
- C4.5와 C5.0 : CART와는 다르게 각 마디에서 다지 분리(Multiple Split)가 가능합니다.
- CHAID(Chi-squared Automatic Interaction Detection) : 범주형 변수에 적용합니다.

|02| CART 알고리즘

의사 결정 나무 기법 중 가장 먼저 설명할 것은 CART 알고리즘이고, 이것은 R에서 rpart 패키지에 의해 구현되어 있습니다. 실습은 이미 익숙한 iris 데이터를 가지고 진행할 것입니다. Sepal.Length, Sepal.Width, Petal.Length, Petal.Width가 주어졌을 때, 세 가지 종류 중에서 어떤 종인지를 맞추는 것이 목적입니다.

소스 : 예제 \8_01.R

```
> library(rpart)    // 필요한 패키지를 불러온다.

> rpartTree <- rpart(Species~., data=iris)
// rpart 패키지를 이용하여 의사 결정 나무를 만든다.
> rpartTree // 만들어진 의사 결정 나무를 확인한다.
```

```
n= 150

node), split, n, loss, yval, (yprob)   // 다음 내용을 읽는 기준이다.
       * denotes terminal node

1) root 150 100 setosa (0.33333333 0.33333333 0.33333333)
  2) Petal.Length< 2.45 50    0 setosa (1.00000000 0.00000000 0.00000000) *
  3) Petal.Length>=2.45 100   50 versicolor (0.00000000 0.50000000 0.50000000)
    6) Petal.Width< 1.75 54    5 versicolor (0.00000000 0.90740741 0.09259259) *
    7) Petal.Width>=1.75 46    1 virginica (0.00000000 0.02173913 0.97826087) *
```

명령어 정리	
rpart()	의사 결정 나무를 만든다.

위의 결과를 기준에 따라 읽어 보면 다음과 같습니다.

1) 전체 데이터는 150개이고, y의 값을 setosa로 하면 100개를 설명할 수 없습니다. 각 종마다 확률은 33%로 동일합니다.

2) Petal.Length가 2.45보다 작은 것이 50개 있고, y의 값을 setosa로 했을 때, 설명되지 않는 부분은 없습니다.

3) Petal.Length가 2.45보다 크거나 같은 것이 100개 있고, y의 값을 versicolor로 했을 때, 50개가 설명되지 않습니다. 이하 '6)', '7)'은 각자 읽어 보기 바랍니다.

만들어진 의사 결정 나무는 숫자로 되어 있어서 내용을 파악하기 쉽지 않습니다. 그래서 그래프로 표현하여 전체 구조를 파악하는 방법을 주로 사용합니다.

```
> plot(rpartTree, margin=.1)   // 의사 결정 나무를 그린다.
> text(rpartTree, cex=1)       // 의사 결정 나무에 필요한 텍스트를 넣는다.
```

다음 그림의 의사 결정 나무를 보면, Species의 종인 setosa, versicolor, virginica를 식별하기 위하여 네 개의 항목 중 Patal.Length와 Petal.Width만을 사용하고 있음을 알 수 있습니다. 자료를 분석한 결과 두 가지만 있으면 충분히 분리가 가능하다는 것을 알 수 있습니다.

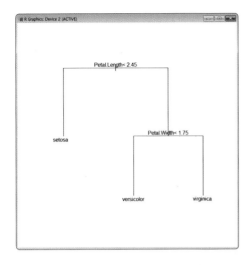

앞의 그래프를 사용하여 어떤 종인지(Species) 판단하는 과정은 다음과 같습니다.

• Petal.Length가 2.45보다 작으면 setosa로 판단하고,

• Petal.Length가 2.45보다 크고, Petal.Width가 1.75보다 작으면 versicolor로 판단한다.

• 그 외는 virginica로 판단한다.

구성된 것을 이용하여 주어진 데이터를 기반으로 어떤 종인지를 예측해 보겠습니다.

소스 : 예제 \8_02.R

```
> predict(rpartTree, newdata=iris, type="class")
// 실제로 만들어진 rpartTree를 사용해서, iris 데이터 종을 전체를 대상으로 예측하면 다음과 같다.
          1          2          3          4          5          6          7
     setosa     setosa     setosa     setosa     setosa     setosa     setosa
      ······ 중간 생략 ······
        144        145        146        147        148        149        150
  virginica  virginica  virginica  virginica  virginica  virginica  virginica
Levels: setosa versicolor virginica

> predicted <- predict(rpartTree, newdata=iris, type="class")
// 앞과 같이 나오게 되면, 얼마만큼 정확한지 파악하기 어렵다. 그러므로 정확도를 수치로 나타내 보자. 수행 결과를
predicted에 저장한다.

> sum(predicted == iris$Species) / NROW(predicted)
```

```
// 저장된 것을 실제 Species와 비교해서 성공 확률을 구한다.
[1] 0.96

> real <- iris$Species
// 단순한 수치 외에도, 실제 종과 예측한 종을 대비시켜 보는 것도 의미가 있다. 실제 종의 정보를 저장한다.
> table(real, predicted)  // 실제 종과 예측한 종을 테이블로 대비해 본다.
            predicted
real          setosa   versicolor   virginica
setosa            50            0           0
versicolor         0           49           1    // versicolor에서 한 개가 오류가 있다.
virginica          0            5          45    // virginica에서 오류가 있다.
```

CART 알고리즘을 써서 iris 데이터를 의사 결정 나무로 구성하고, 구성된 것을 이용하여 주어진 데이터를 기반으로 어떤 종인지를 예측하였습니다. 예측 정확도는 96% 정도입니다. 아주 단순한 작업이었는데 예측 정확도는 높습니다. 이제 보다 개선된 의사 결정 나무를 만드는 기법을 소개합니다.

|03| 조건부 추론 나무

CART 알고리즘으로 구현한 의사 결정 나무는 두 가지 문제를 가지고 있습니다.

- 첫 번째는 통계적 유의성에 대한 판단 없이 노드를 분할하는 데 대한 과적합(Overfitting) 문제입니다. 과적합이 되면, 특정 데이터에는 정확한데, 다른 데이터는 정확도가 떨어지는 현상이 발생합니다.
- 두 번째는 다양한 값으로 분할 가능한 변수가 다른 변수에 비하여 선호되는 현상입니다.

그래서 이 두 가지를 문제를 해결한 새로운 방법이 조건부 추론 나무(Conditional Inference Tree)이고 R에서는 party 패키지의 ctree 명령어로 수행할 수 있습니다.

조건부 추론 나무 실습을 위하여 앞과 동일하게 iris 데이터를 사용할 것입니다. CART 알고리즘에서는 전체 iris 데이터를 가지고 학습 모델을 만들고 학습한 다음, 동일한 iris 데이터로 예측에 대한 테스트를 하였습니다. 이 방법은 학습과 테스트가 동일한 데이터를 사용하므로 정확성은 올라가지만, 신뢰성은 다소 떨어집니다.

그래서 이번에는 iris 데이터 중에서 학습 데이터와 테스트 데이터를 분리하여 진행하고자 합니다. 이 방법은 실무에서 일반적으로 사용되는 방법입니다.

```
> str(iris)    // iris 데이터 구조를 보여 준다.
'data.frame':   150 obs. of  5 variables:
 $ SepalLength: num  5.1 4.9 4.7 4.6 5 5.4 4.6 5 4.4 4.9 ...
 $ SepalWidth : num  3.5 3 3.2 3.1 3.6 3.9 3.4 3.4 2.9 3.1 ...
 $ PetalLength: num  1.4 1.4 1.3 1.5 1.4 1.7 1.4 1.5 1.4 1.5 ...
 $ PetalWidth : num  0.2 0.2 0.2 0.2 0.2 0.4 0.3 0.2 0.2 0.1 ...
 $ Species    : Factor.w/ 3 levels "setosa","versicolor",..: 1 1 1 1 1 1 1 1 1 1
...
```

```
> set.seed(1567)    // 난수 생성을 위한 초기값 설정. 동일한 난수 생성 방지용
```

```
> num <- sample(2, nrow(iris), replace=TRUE, prob=c(0.7,0.3))
```
// 1, 2로 구성된 난수 150개(nrow(iris))를 7:3의 비율로 만드는데, 복원 방식을 사용한다.
```
> num    // 만들어진 난수를 살펴본다.
  [1] 2 2 1 2 1 1 1 1 1 2 1 2 1 1 1 1 1 1 1 1 1 2 1 1 1 1 2 2 1 1 2 1 2 1 1 1 2 1
 [37] 1 2 1 2 1 2 2 1 2 2 2 1 1 2 1 1 2 1 1 1 1 2 1 2 1 1 1 2 2 1 2 1 2 1 2
 [73] 2 1 2 2 2 2 1 1 1 1 1 1 1 1 2 1 2 1 2 2 2 1 1 1 2 1 1 1 1 1 1 1 1 1 2 2 2 1
[109] 1 1 1 1 1 1 2 1 1 2 2 1 1 1 1 1 1 1 2 2 1 1 1 1 1 1 1 2 1 1 2 2 1 2 1
[145] 1 1 1 2 1 2
```

```
> trainData <- iris[num==1,]
```
// iris 데이터 중에서 num이 1인 것을 뽑아서 trainData를 구성한다. 위의 num을 보면 1인 것이 3, 5, 6, 7 등으로 구성된다.
실제 구성된 데이터를 살펴보자.
```
> head(trainData)    // 데이터가 3,5,6,7,8로 되어 있는 이유를 파악할 것
  Sepal.Length Sepal.Width Petal.Length Petal.Width Species
3          4.7         3.2          1.3         0.2  setosa
5          5.0         3.6          1.4         0.2  setosa
6          5.4         3.9          1.7         0.4  setosa
7          4.6         3.4          1.4         0.3  setosa
8          5.0         3.4          1.5         0.2  setosa
9          4.4         2.9          1.4         0.2  setosa
```

```
> testData <- iris[ num == 2, ]    // 위와 동일하게 testData를 구성한다. 전체 데이터 중에서 30%에 해당한다.
> head(testData)    // 데이터가 1,2,4,10으로 되어 있는 이유를 파악할 것
  Sepal.Length Sepal.Width Petal.Length Petal.Width Species
1          5.1         3.5          1.4         0.2  setosa
2          4.9         3.0          1.4         0.2  setosa
4          4.6         3.1          1.5         0.2  setosa
10         4.9         3.1          1.5         0.1  setosa
```

```
12            4.8          3.4          1.6          0.2   setosa
22            5.1          3.7          1.5          0.4   setosa
> install.packages("party")
> library(party)    // 분석을 위한 패키지를 불러온다.


> myF <- Species~Sepal.Length+Sepal.Width+Petal.Length+Petal.Width
// 복잡한 식을 간단히 하기 위하여 미리 설정한다.


> ctreeResult <- ctree(myF, data=trainData)
// ctree를 이용하여 학습 모델을 만들고, 학습을 수행한다.


> table(predict(ctreeResult), trainData$Species)
// 학습 모델의 예측 값과, 학습 데이터의 Species를 비교해 보자.


            setosa versicolor virginica
    setosa      32          0         0
    versicolor   0         30         0
    virginica    0          2        36


> forcasted <- predict(ctreeResult, data=testData)
// 개발된 학습 모델을 가지고, testData를 대상으로 정확성을 확인해 보자.


> table(forcasted, testData$Species)


forcasted    setosa   versicolor   virginica
    setosa       18            0           0
    versicolor    0           14           1
    virginica     0            4          13


> plot(ctreeResult)    // 앞의 수행 결과를 그림으로 표현해 보자.
```

명령어 정리	
ctree()	조건부 추론 나무를 만든다.

ctree를 이용한 조건부 추론은 CART가 만든 것과 다른 트리를 보여 주고 있습니다.

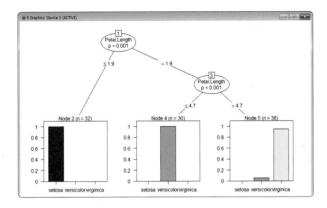

그림에 의한, 종(Species) 판단 절차는 다음과 같습니다.

- Petal.Length가 1.9보다 작으면 setosa로 판단하고,
- Petal.Length가 1.9보다 크고 Petal.Length가 4.7보다 작으면 versicolor로 판단합니다.
- 그 외는 virginica로 판단하는데, versicolor인 경우도 있습니다.

ctree를 이용한 조건부 추론은 보다 나은 의사 결정 나무를 구성합니다. 데이터 분석 전문가로서 특정 데이터에 기반을 둔 미래 예측을 해야 하는 경우에, 다음 중에서 언제 어떤 것을 쓰는 것이 좋은지를 생각해 보면 좋을 것 같습니다.

- 회귀 분석을 이용한 미래 예측(선형 회귀, 중선형 회귀)
- 신경망을 이용한 예측
- 로지스틱 회귀, 다항 로지스틱 회귀 그리고 의사 결정 나무

## CHAPTER 03

앙상블

앙상블(Ensemble)은 지금까지 미래를 예측하기 위하여 소개한 다양한 방법 중에서 가장 많이 사용되는 방법입니다. 특히, 앙상블의 랜덤 포레스트와 서포트 벡터 머신 기법을 자주 사용합니다.

|01| 앙상블의 정의

예를 들어 의사 결정 나무는 작은 데이터 변화에 의해서도 예측 모델이 크게 변하는 문제점이 있습니다. 이것을 개선하기 위하여 유의성을 고려하는 ctree 기법이 도입되었습니다. 앙상블은 의사 결정 나무의 문제점을 ctree와는 다른 방식으로 보완하기 위하여 개발된 방법으로, 주어진 자료로부터 예측 모형을 여러 개 만들고, 이것을 결합하여 최종적인 예측 모형을 만드는 방법을 통칭하는 것입니다. 앙상블 기법 중에서 최초로 제안된 것은 Breiman(1996)의 배깅입니다. 이후에 부스팅이 도입되고 랜덤 포레스트(Random Forest)가 개발되었습니다. 최근에는 거의 랜덤 포레스트를 사용하지만, 데이터 분석 전문가는 다른 기법도 이해하고 있을 필요가 있어서 개념을 간단하게 정리합니다.

|02| 앙상블에서 사용되는 기법

- **배깅(Bagging)** : 불안정한 예측 모형에서 불안전성을 제거함으로써 예측력을 향상하는 기법입니다. 여기에서 불안정한 예측 모형이라는 의미는 데이터의 작은 변화에도 예측 모형이 크게 바뀌는 경우를 의미합니다.
  - 배깅은 Bootstrap Aggregating의 준말로서,
  - 주어진 자료에 대하여 여러 개의 부트스트랩(Bootstrap) 자료를 만들고,
  - 각 부트스트랩 자료에 예측 모형을 만든 다음,
  - 이것을 결합하여 최종 예측 모형을 만드는 방법입니다.
- **부트스트랩** 자료는 주어진 자료로부터 동일한 크기의 표본을 랜덤 복원 추출로 뽑은 것을 말합니다.
- **부스팅(Boosting)** : 데이터 특성상, 예측력이 약한 모형만 만들어지는 경우, 예측력이 약한 모형들을 결합하여 강한 예측 모형을 만드는 방법입니다. 여기에서 예측력이 약한 모형이란 랜덤하게 예측하

는 것보다 약간 좋은 예측력을 가진 모형을 말합니다.

- **랜덤 포레스트(Random Forest)** : 2001년 Breiman에 의해 개발되었고, 배깅과 부스팅보다 더 많은 무작위성을 주어서 약한 학습 모델을 만든 다음, 이것을 선형 결합하여 최종 학습기를 만드는 방법입니다. 랜덤 포레스트는 예측력이 매우 높습니다. 특히, 입력 변수 개수가 많을 때는 배깅이나 부스팅과 비슷하거나 더 좋은 예측력을 보여서 많이 사용됩니다.

|03| 배깅

실습을 통하여 배깅 방법을 이해하도록 하겠습니다. 앞의 예와 마찬가지로 iris 데이터를 사용할 것이며 동일하게 예측에 적용해 볼 것입니다. 앞서 설명한 많은 예측 기법과 비교해 보기 바랍니다.

소스 : 예제 \8_04.R

```
> library(party)    // 배깅 수행에 필요한 패키지를 불러온다.
> library(caret)    // 배깅 수행에 필요한 패키지를 불러온다.

// 부트스트랩 자료를 만든다. 기존 자료에서 다섯 개를 임의로 뽑아서 구성한다.
> data1 <- iris[sample(1:nrow(iris), replace=T),]
// 기존 자료 수만큼 임의로 뽑는다.
> data2 <- iris[sample(1:nrow(iris), replace=T),]
> data3 <- iris[sample(1:nrow(iris), replace=T),]
> data4 <- iris[sample(1:nrow(iris), replace=T),]
> data5 <- iris[sample(1:nrow(iris), replace=T),]


// 부트스트랩 자료에서 예측 모형을 만든다.
> ctree1 <- ctree(Species~., data1)
> ctree2 <- ctree(Species~., data2)
> ctree3 <- ctree(Species~., data3)
> ctree4 <- ctree(Species~., data4)
> ctree5 <- ctree(Species~., data5)


// 부트스트랩 예측 모형에서 예측을 수행한다.
> predicted1 <- predict(ctree1, iris)
> predicted2 <- predict(ctree2, iris)
> predicted3 <- predict(ctree3, iris)
> predicted4 <- predict(ctree4, iris)
> predicted5 <- predict(ctree5, iris)


// 예측 모형을 결합하여 새로운 예측 모형을 만든다.
```

```
> test <- data.frame(Species=iris$Species, predicted1,predicted2,predicted3,
+ predicted4,predicted5)
> head(test)
  Species predicted1 predicted2 predicted3 predicted4 predicted5
1 setosa     setosa     setosa     setosa     setosa     setosa
2 setosa     setosa     setosa     setosa     setosa     setosa
3 setosa     setosa     setosa     setosa     setosa     setosa
4 setosa     setosa     setosa     setosa     setosa     setosa
5 setosa     setosa     setosa     setosa     setosa     setosa
6 setosa     setosa     setosa     setosa     setosa     setosa
```

// 최종 모형의 통합을 위해 사용하는 함수이다. 특별한 일이 없다면 그냥 사용한다.

```
> funcResultValue <- function(x) {
+     result <- NULL
+     for(i in 1:nrow(x)) {
+         xtab <- table(t(x[i,]))
+         rvalue <- names(sort(xtab, decreasing = T) [1])
+         result <- c(result,rvalue)
+     }
+     return (result)
+   }
```

```
> test$result <- funcResultValue(test[, 2:6])
```
// 최종 예측 모형의 두 번째에서 여섯 번째를 통합하여 최종 결과를 얻는다.

```
> table(test$result, test$Species)      // 최종 결과를 원 데이터와 비교하여 정확성을 확인한다.

            setosa  versicolor  virginica
setosa        50         0          0
versicolor     0        47          1
virginica      0         3         49
```

앞에서 수행한 예측 모형에 대하여 그래프를 그리고 의미를 파악하세요. 나머지에 대
해서도 동일한 작업을 수행하고, 의미를 파악해 보기 바랍니다.

```
> plot(ctree3)  // 예를 들어 ctree3의 그림을 그린다.
```

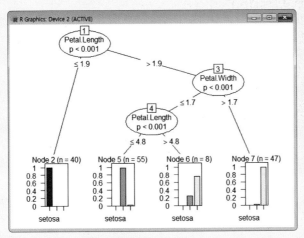

▲ iris 데이터에 대한 배깅 수행 결과

|04| 랜덤 포레스트

랜덤 포레스트는 실제로 사용하는 기법이며, 대부분의 경우에 랜덤 포레스트를 사용합니다. iris 데이터를 이용해서 학습 데이터와 테스트 데이터를 분리하고 학습 데이터로 모델을 구축한 다음, 테스트 데이터로 모델을 테스트하는 과정을 거치겠습니다.

소스 : 예제\8_05.R

```
> head(iris)    // 데이터 모양을 확인한다.
  Sepal.Length Sepal.Width Petal.Length Petal.Width Species
1          5.1         3.5          1.4         0.2  setosa
2          4.9         3.0          1.4         0.2  setosa
3          4.7         3.2          1.3         0.2  setosa
4          4.6         3.1          1.5         0.2  setosa
5          5.0         3.6          1.4         0.2  setosa
6          5.4         3.9          1.7         0.4  setosa

> idx <- sample(2, nrow(iris), replace=T, prob=c(0.7, 0.3))
// 1, 2로 구성된 데이터 150개를 7:3 비율로 만든다.
> trainData <- iris[idx == 1, ]
// 1로 정의된 70%의 데이터로 학습 데이터를 만든다.
> nrow(trainData)
```

```
[1]  111

> testData <- iris[idx == 2, ]
// 2로 정의된 30%의 데이터로 테스트 데이터를 만든다.
> nrow(testData)
[1]  39


> library(randomForest)
// 랜덤 포레스트 패키지를 메모리에 올린다.


> model <- randomForest(Species~., data=trainData, ntree=100, proximity=T)
// 100개의 Tree를 다양한 방법(proximity=T)으로 만든다. 이것을 결합하여 최종 모델을 만든다.
> model    // 만들어진 모델 내용을 확인한다. 읽기가 어렵다.

Call:
 randomForest(formula = Species ~ ., data = trainData, ntree = 100,      proximity
= T)
               Type of random forest: classification
                     Number of trees: 100
No. of variables tried at each split: 2

        OOB estimate of  error rate: 4.5%
Confusion matrix:
            setosa    versicolor    virginica    class.error
setosa          39             0            0       0.00000
versicolor       0            38            2       0.05000
virginica        0             3           29       0.09375


> plot(model, main="RandomForest Model of iris")
// 만들어진 모델 특성을 파악하기 위하여 그림을 그려 본다.
```

명령어 정리	
randomForest()	랜덤 포레스트를 수행한다.

그림에 의하면 만들어진 모델 오류는 tree가 스무 개 이상인 경우 안정적인 상태를 보입니다. 그러므로 iris 데이터에서는 스무 개 이상의 tree를 만들어 랜덤 포레스트를 수행하면 만들어진 모델의 예측 결과에서 발생하는 오류가 큰 변화 없이 거의 동일한 결과를 만듭니다.

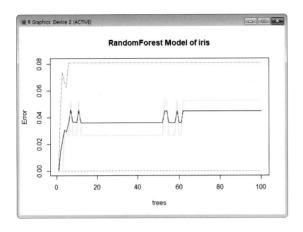

모델에 사용된 변수 중에서 중요한 것이 무엇인지를 확인해 보겠습니다.

```
> importance(model)
         MeanDecreaseGini
Sepal.Length      5.906592
Sepal.Width       1.636411
Petal.Length     28.743794
Petal.Width      36.730185
```

명령어 정리	
importance()	중요 변수를 보여 준다.

중요 변수가 많은 경우, 숫자이면 파악하기 어려우므로 그림으로 표현하겠습니다.

```
> varImpPlot(model)
```

명령어 정리	
varImpPlot()	중요 변수를 그림으로 보여 준다.

다음 그림을 보면 트리를 구성함에 있어서 중요한 변수는 Petal.Width, 그리고 Petal.Length라는 것을 확인할 수 있습니다.

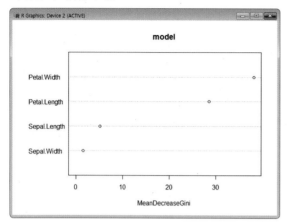

모델을 활용한 예측 정확성을 확인해 보겠습니다.

소스 : 예제\8_06.R

```
> table(trainData$Species, predict(model))
// 학습 데이터와 모델이 예측한 결과를 비교한다. 이전에 했던 어떤 방법보다도 정확하다.
              setosa    versicolor   virginica
  setosa         39             0           0
  versicolor      0            38           2
  virginica       0             3          29

> pred <- predict(model, newdata=testData)    // 테스트 데이터를 이용해서 모델 정확성을 확인해 보자.
> table(testData$Species, pred)
            pred
              setosa    versicolor   virginica
  setosa         11             0           0
  versicolor      0             9           1
  virginica       0             1          17
// 다른 모든 방법보다 우수한 정확성을 보이는 것을 확인하라.
> plot(margin(model, testData$Species))
// 테스트 데이터와 모델 사이 예측에 대한 정확도를 그림으로 살펴보자.
```

명령어 정리

margin()	두 데이터 사이 차이 값을 구한다.

다음 그림을 통해 데이터가 마흔 개 이상이면 거의 정확한 답을 맞히고 있다는 것을 알 수 있습니다.

랜덤 포레스트에 대한 설명을 마쳤습니다. 랜덤 포레스트는 많이 사용되므로 단순한 예측 기법 외에도 데이터 상태나 중요 변수, 예측 그래프 등의 사용에 익숙해질 필요가 있습니다. 앞에서 제시한 예를 충분히 숙지하기 바랍니다.

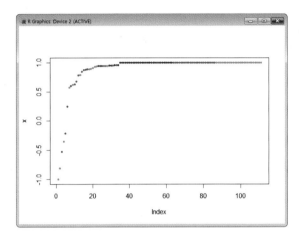

지금까지 의도적으로 동일한 iris 데이터를 이용하여 다양한 방법으로 예측을 수행하였습니다. 지금까지 사용한 방법을 정리해 보면 다음과 같습니다.

- 회귀 분석을 이용한 미래 예측(선형 회귀, 중선형 회귀)
- 신경망을 이용한 예측
- 로지스틱 회귀, 다항 로지스틱 회귀
- 의사 결정 나무 중 CART와 조건부 추론 나무
- 앙상블 중 배깅과 랜덤 포레스트

데이터 분석 전문가로서 어떤 방법을 써서 어떻게 예측할 것인지는 데이터 모양과 원하는 결과에 따라 자신이 정해야 합니다. 이 책에서 iris 데이터를 이용해서 다양한 분석 방법을 설명하였습니다. 지금 단계에서 진도를 멈추고, 앞에서 사용한 방법을 돌아보는 시간을 가지기 바랍니다. 물론 대부분의 경우 선형 회귀 분석과 로지스틱 회귀, 그리고 랜덤 포레스트를 사용할 것으로 예상합니다.

서포트 벡터 기계

서포트 벡터 기계(Support Vector Machine)는 Cortes와 Vapnik에 의해서 1995년에 제안되었습니다. 분류 문제 외에 회귀에도 적용이 가능하며 예측이 정확하고 여러 자료에 적용이 쉬워서 많이 사용합니다. 데이터 분석을 위한 유용한 여러 가지 개념을 포함하고 있습니다.

|01| 초평면

데이터가 있을 때, 이것을 곡선이 아닌 직선이나 평면으로 구별하는 방법을 최대 마진 분류기(Maximum Margin Classifier)라고 하고, 최대 마진 분류기가 경계로 사용하는 선이나 면을 초평면(Hyperplane)이라고 합니다.

다음 그림에서 데이터를 분리하는 직선과 평면을 확인할 수 있습니다.

• 2차원 데이터는 선에 의해 분할된다(초평면은 1차원).
• 3차원 데이터는 평면에 의해 분할된다(초평면은 2차원).

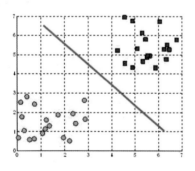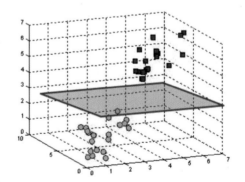

▲ 8-01 2차원 데이터와 3차원 데이터

|02| 분리 초평면

데이터를 완벽하게 분리하는 초평면을 분리 초평면(Separating Hyperplane)이라고 합니다. 일반적으로 초평면을 사용해서 데이터를 분리하면 여러 개의 초평면이 있게 됩니다. 다음 그림처럼 여러 개의 분리 초평면이 있다면 이때 어느 것을 선택해야 하는지가 해결해야 할 문제입니다. 초평면을 선택하는 기준은 데이터로부터 가장 멀리 떨어진 분리 초평면을 선택하는 것입니다.

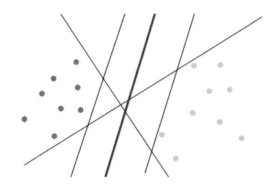

▲ 8-02

|03| 최대 마진 분류기

데이터와 초평면의 수직 거리(가장 짧은 거리)를 마진(Margin)이라 하고, 마진이 가장 큰 초평면을 최대 마진 초평면(Maximal Margin Hyperplane)이라고 합니다.

최대 마진 초평면은 데이터를 가장 완벽하게 분류할 수 있는 기능을 가집니다.

데이터가 초평면에 의해 잘 분류된다고 가정할 때, 데이터가 초평면 어느 쪽에 놓이는지를 기반으로 데이터를 분류하는데, 이것을 최대 마진 분류기(Maximal Margin Classifier)라고 합니다.

또한 실선에 걸친 데이터들을 서포트 벡터(Support Vector)라고 하는데, 이유는 이 값들을 약간 이동하면 최대 마진 초평면도 이동될 수밖에 없다는 의미로 최대 마진 초평면을 '서포트(Support)'하기 때문입니다.

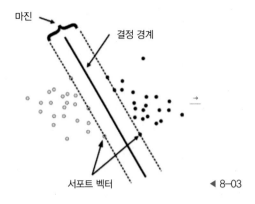

마진

결정 경계

서포트 벡터

◀ 8-03

|04| 서포트 벡터 분류기

최대 마진 분류기는 분리 초평면이 있는 경우 데이터를 분류하기 위한 가장 좋은 방법입니다. 하지만, 대부분의 경우에 분리 초평면이 존재하지 않을 수도 있고, 따라서 최대 마진 분류기 또한 존재할 수 없는 경우가 많습니다.

다음 그림은 선이나 평면으로는 데이터를 분류할 수 없는 상황에 대한 예를 보여 줍니다.

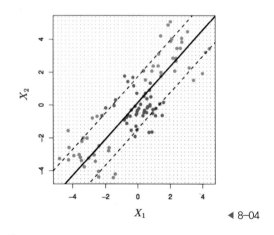

◀ 8-04

이런 문제의 해결을 위하여 데이터를 분류할 때, 약간의 오차를 허용하는 방식이 있는데, 이것을 소프트 마진(Soft Margin)이라고 합니다.

그리고 소프트 마진을 이용하여 데이터를 분류하는 것을 서포트 벡터 분류기(Support Vector Classifier)

라고 합니다. 결국, 서포트 벡터 분류기는 최대 마진 분류기를 확장한 것으로 몇몇 관측치를 희생하더라도 나머지 관측치를 더 잘 분류할 수 있는 방법입니다.

다음 그림을 보면, 빨간색 데이터 한 개가 분리 초평면 반대에 있고, 파란색 데이터 한 개가 분리 초평면의 반대에 있습니다. 이런 오류를 허용함으로써 분류 수행에서 과적합도 방지할 수 있습니다.

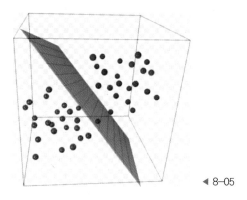

◀ 8–05

일정 수준의 오류를 허용하기로 하였으므로, 이제는 허용하는 오류의 정도가 중요합니다. 이것을 코스트(Cost)라고 합니다.

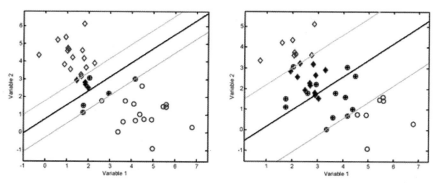

▲ 8–06 높은 코스트로 마진 폭이 적은 이미지(왼쪽)와 낮은 코스트로 마진 폭이 넓은 이미지(오른쪽)

위의 그림에 의하면 코스트가 작으면 큰 폭의 마진을 가지게 되고, 코스트가 크면 작은 폭의 마진을 가지게 됩니다. R에서는 tune.svm 함수를 이용하여 코스트 값을 계산할 수 있습니다.

|05| 서포트 벡터 머신

서포트 벡터 머신(Support Vector Machine)은 앞에서 설명한 **서포트 벡터 분류기를 확장하여 비선형 클래스 경계를 수용할 수 있도록 개발한 분류 방법입니다**. 즉, 선형 분류기를 비선형 구조로 변경하여 데이터를 분류하는 것입니다. 대표적인 경우가 이미 설명한 커널 방법을 사용하여 변수 공간을 분리하는 것입니다. 이때 커널 차원을 높임으로써 좀 더 다양한 경계를 만들 수 있는데 이것을 **다항식 커널**이라고 합니다.

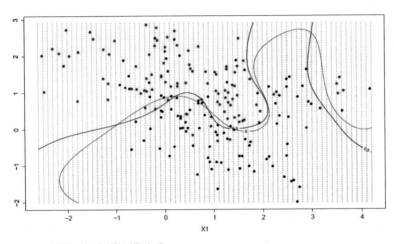

▲ 8-07 다항식 커널에 의한 분류의 예

실제로 커널 방법을 사용하여 [그림 8-07]과 같은 분류가 이루어졌다고 가정하면, 중요한 파라미터는 두 개입니다. 이 두 가지 파라미터는 분석을 수행하기 전에 결정되어야 합니다.

- **코스트(Cost)** : 오차 허용 정도의 파라미터입니다.
- **감마(Gamma)** : 초평면이 아닌 커널과 관련된 파라미터입니다.

서포트 벡터 머신을 사용하기 전에 범주형 변수 처리에 대해 확인할 사항은 다음과 같습니다.

- 타깃 변수가 팩터형 데이터라면 분류(Classification)을 수행하고, 연속형이면 회귀를 수행합니다.
- 팩터형 독립 변수가 범주형 변수의 순서형 변수(예 0 : 저소득, 1 : 중간 소득, 2 : 고소득)라면 팩터 형태로 할 필요 없이 연속형 변수, 즉 int나 num 형태로 지정하고 분석을 수행해도 됩니다.
- 만약 범주형 변수인데 순서형이 아니면, One Hot Encoding을 수행해서 각 요인별 관측 값을 0, 1, …… 형 변수로 만들어 수행하면 됩니다.

|06| 서포트 벡터 머신 사용

서포트 벡터 머신으로 예측하는 경우에 진행해야 하는 분석 절차는 다음과 같습니다.

- 필요한 데이터 확보, 전처리 그리고 학습 데이터와 테스트 데이터의 생성
- 서포트 벡터 머신을 수행하기 위한 파라미터 구하기
- 확보된 파라미터를 이용해서 서포트 벡터 머신을 이용한 예측 수행

실습하기 전에 데이터를 로드하고, 데이터 모양을 살펴본 다음 분석하기 쉽게 데이터를 num에서 팩터형으로 전처리하는 작업을 수행하겠습니다.

소스 : 예제\8_07.R

```
> credit <- read.csv("credit.csv", header=TRUE)
> str(credit)
'data.frame':   1000 obs. of  21 variables:
 $ Creditability                 : int  1 1 1 1 1 1 1 1 1 1 ...
 $ Account.Balance               : int  1 1 2 1 1 1 1 1 4 2 ...
 $ Duration.of.Credit..month.    : int  18 9 12 12 12 10 8 6 18 24 ...
 $ Payment.Status.of.Previous.Credit: int  4 4 2 4 4 4 4 4 4 2 ...
 $ Purpose                       : int  2 0 9 0 0 0 0 0 3 3 ...
 $ Credit.Amount                 : int  1049 2799 841 2122 2171 2241 3398 1361
1098 3758 ...
 $ Value.Savings.Stocks          : int  1 1 2 1 1 1 1 1 1 3 ...
 $ Length.of.current.employment  : int  2 3 4 3 3 2 4 2 1 1 ...
 $ Instalment.per.cent           : int  4 2 2 3 4 1 1 2 4 1 ...
 $ Sex...Marital.Status          : int  2 3 2 3 3 3 3 3 2 2 ...
 $ Guarantors                    : int  1 1 1 1 1 1 1 1 1 1 ...
 $ Duration.in.Current.address   : int  4 2 4 2 4 3 4 4 4 4 ...
 $ Most.valuable.available.asset : int  2 1 1 1 2 1 1 1 3 4 ...
 $ Age..years.                   : int  21 36 23 39 38 48 39 40 65 23 ...
 $ Concurrent.Credits            : int  3 3 3 3 1 3 3 3 3 3 ...
 $ Type.of.apartment             : int  1 1 1 1 2 1 2 2 2 1 ...
 $ No.of.Credits.at.this.Bank    : int  1 2 1 2 2 2 2 1 2 1 ...
 $ Occupation                    : int  3 3 2 2 2 2 2 2 1 1 ...
 $ No.of.dependents              : int  1 2 1 2 1 2 1 2 1 1 ...
 $ Telephone                     : int  1 1 1 1 1 1 1 1 1 1 ...
 $ Foreign.Worker                : int  1 1 1 2 2 2 2 2 1 1 ...
```

credit$Creditability 명령어로 확인해 보면 Creditability는 숫자 1과 0으로 구성되어 있습니다. 그래서 이것을 팩터형 1과 2로 구성하도록 바꿉니다.

소스 : 예제 \8_08.R

```
> credit$Creditability <- as.factor(credit$Creditability)
> str(credit)
'data.frame':   1000 obs. of  21 variables:
 $ Creditability                   : Factor w/ 2 levels "0","1": 2 2 2 2 2 2 2 2 2 2 ...
 $ Account.Balance                 : int  1 1 2 1 1 1 1 1 4 2 ...
 $ Duration.of.Credit..month.      : int  18 9 12 12 12 10 8 6 18 24 ...
 $ Payment.Status.of.Previous.Credit: int  4 4 2 4 4 4 4 4 4 2 ...
 $ Purpose                         : int  2 0 9 0 0 0 0 0 3 3 ...
 …… 이하 생략 ……
```

다음으로 학습 데이터와 테스트 데이터를 만듭니다.

소스 : 예제 \8_09.R

```
> library(caret) // 필요한 패키지를 불러온다.

> set.seed(1000) // 난수의 초기치를 설정한다.

> trainData <- createDataPartition( y = credit$Creditability, p=0.7, list=FALSE)
// Creditability를 기준으로 70%(700개)를 선발해서 trainData에 할당한다.
> head(trainData) // trainData에 1, 2, 3, 5, 6, 7 ……로 700개가 할당되었다.
     Resample1
[1,]        1
[2,]        2
[3,]        3
[4,]        5
[5,]        6
[6,]        7

> train <- credit[trainData,]
// credit 데이터에서 trainData 열에 해당하는 것을 뽑아서 train 데이터를 만든다.
> test <- credit[-trainData,]    // trainData 이외의 것을 뽑아서 test 데이터를 만든다.

> str(train)   // 만들어진 train 데이터를 확인한다. 700개 열이 있음을 확인한다.
'data.frame':   700 obs. of  21 variables:
 $ Creditability                   : Factor w/ 2 levels "0","1": 2 2 2 2 2 2 2 2 2 2 .
 $ Account.Balance                 : int  1 1 2 1 1 1 1 4 2 1 ...
 …… 이하 생략 ……
```

명령어 정리

createDataPartition()	데이터를 원하는 조건으로 분할한다.

이제 준비가 되었으므로 서포트 벡트 머신을 수행하기 위한 파라미터를 구합니다.

소스 : 예제 \ 8_10.R

```
> install.packages("e1071")
> library("e1071")    // 패키지를 불러온다.

// 커널에 따른 기본형, 선형, 다항식에 대한 조정 인자 튜닝 과정이다.
> result <- tune.svm(Creditability~., data=train, gamma=2^(-5:0), cost = 2^(0:4),
kernel="radial")    // 기본형에 대한 튜닝 과정

> result1 <- tune.svm(Creditability~., data=train, cost = 2^(0:4),
kernel="linear")
// 선형 초평면 사용에 대한 튜닝 과정

> result2 <- tune.svm(Creditability~., data=train, cost = 2^(0:4), degree=2:4,
kernel="polynomia")
// 다항식 커널 사용에 대한 튜닝 과정

> result$best.parameters    // 튜닝된 파라미터의 확인

   gamma cost
2 0.0625    1
> result1$best.parameters
   cost
2    2
> result2$best.parameters
   degree cost
5       3    2
```

명령어 정리

tune.svm()	서포트 벡터 머신을 수행하기 전에 튜닝을 수행한다.

구한 파라미터를 기반으로 서포트 벡터 머신을 수행하고, 결과를 확인합니다.

```
> normal_svm <- svm(Creditability~., data=train, gamma=0.0625, cost=1, kernel =
"radial")
> normal_svm1 <- svm(Creditability~., data=train, cost=2, kernel="linear")
> normal_svm2 <- svm(Creditability~., data=train, cost=2, degree=3, kernel =
"polynomia")

> summary(normal_svm)

Call:
svm(formula = Creditability ~ ., data = train, gamma = 0.0625, cost = 1, kernel =
"radial")


Parameters:
   SVM-Type:  C-classification
 SVM-Kernel:  radial
       cost:  1
      gamma:  0.0625

Number of Support Vectors:  471

 ( 273 198 )

Number of Classes:  2

Levels:
 0 1
```

명령어 정리	
svm()	서포트 벡터 머신을 수행한다.

normal_svm 외에 normal_svm1, normal_svm2도 내용을 파악합니다. 다음으로 아직은 크게 쓰이지 않겠지만, 모델의 서포트 벡터를 확인할 수 있습니다.

소스 : 예제 \8_12.R

```
> normal_svm$index

> normal_svm1$index

> normal_svm2$index
```

서포트 벡트 머신을 이용해서 예측해 보겠습니다.

소스 : 예제 \8_13.R

```
> normal_svm_predict <- predict(normal_svm, test)    // 기본형을 이용해서 예측한다.
> confusionMatrix(normal_svm_predict, test$Creditability)    // 예측한 결과를 보여 준다.
Confusion Matrix and Statistics

          Reference
Prediction   0   1
         0  28  16
         1  62 194

               Accuracy : 0.74         // 예측 정확도가 74%라는 의미이다.
                 95% CI : (0.6865, 0.7887)
    No Information Rate : 0.7
    P-Value [Acc > NIR] : 0.07228

                  Kappa : 0.2751
 Mcnemar's Test P-Value : 3.483e-07

            Sensitivity : 0.31111
            Specificity : 0.92381
         Pos Pred Value : 0.63636
         Neg Pred Value : 0.75781
             Prevalence : 0.30000
         Detection Rate : 0.09333
   Detection Prevalence : 0.14667
      Balanced Accuracy : 0.61746

       'Positive' Class : 0

// 다른 모델에 대해서도 예측하고 결과를 살펴보자.
> normal1_svm_predict <- predict(normal_svm1, test)
```

```
> confusionMatrix(normal1_svm_predict, test$Creditability)
Confusion Matrix and Statistics

          Reference
Prediction   0   1
         0  35  22
         1  55 188

               Accuracy : 0.7433
                 95% CI : (0.69, 0.7918)
    No Information Rate : 0.7
    P-Value [Acc > NIR] : 0.0560757

                  Kappa : 0.3174
 Mcnemar's Test P-Value : 0.0002656

            Sensitivity : 0.3889
            Specificity : 0.8952
         Pos Pred Value : 0.6140
         Neg Pred Value : 0.7737
             Prevalence : 0.3000
         Detection Rate : 0.1167
   Detection Prevalence : 0.1900
      Balanced Accuracy : 0.6421

       'Positive' Class : 0

> normal2_svm_predict <- predict(normal_svm2, test)
> confusionMatrix(normal2_svm_predict, test$Creditability)
Confusion Matrix and Statistics

          Reference
Prediction   0   1
         0  28  14
         1  62 196

               Accuracy : 0.7467
                 95% CI : (0.6935, 0.7949)
    No Information Rate : 0.7
    P-Value [Acc > NIR] : 0.04285
```

```
                Kappa : 0.2884
Mcnemar's Test P-Value : 6.996e-08


          Sensitivity : 0.31111
          Specificity : 0.93333
       Pos Pred Value : 0.66667
       Neg Pred Value : 0.75969
           Prevalence : 0.30000
       Detection Rate : 0.09333
 Detection Prevalence : 0.14000
     Balanced Accuracy : 0.62222


       'Positive' Class : 0
```

```
> normal2_svm_predict <- predict(normal_svm2, test)
> confusionMatrix(normal2_svm_predict, test$Creditability)
Confusion Matrix and Statistics

          Reference
Prediction   0   1
         0  28  14
         1  62 196

               Accuracy : 0.7467
                 95% CI : (0.6935, 0.7949)
    No Information Rate : 0.7
    P-Value [Acc > NIR] : 0.04285

                  Kappa : 0.2884
 Mcnemar's Test P-Value : 6.996e-08

            Sensitivity : 0.31111
            Specificity : 0.93333
         Pos Pred Value : 0.66667
         Neg Pred Value : 0.75969
             Prevalence : 0.30000
         Detection Rate : 0.09333
   Detection Prevalence : 0.14000
      Balanced Accuracy : 0.62222

       'Positive' Class : 0
```

서포트 벡터 머신을 사용하기 위해서는 R에서 e1071 패키지 또는 kernlab 패키지를 사용하면 됩니다. 다음 예는 iris 데이터를 대상으로 kernlab을 이용하여 예측하는 과정을 보여 줍니다.

소스 : 예제 \8_14.R

```
> library(kernlab)    // 서포트 벡터 머신 모델을 만든다.
> model <- ksvm(Species~., data=iris)
> predicted <- predict(model, newdata=iris)    // 모델을 사용하여 예측한다.
> table(predicted, iris$Species)    // 예측한 결과를 비교한다.

predicted     setosa   versicolor   virginica
  setosa         50            0           0
  versicolor      0           48           2
  virginica       0            2          48
```

명령어 정리

ksvm()	kernlab 패키지에 포함된 서포트 벡터 머신을 수행한다.

서포트 벡터 머신은 이론은 복잡하지만, 간단하게 실행할 수 있고, 실제 예측 결과의 정확성도 다른 기법에 뒤지지 않습니다.

## CHAPTER 05

베이지안 방법론

베이지안 방법론은 베이즈 확률 이론을 적용한 예측 모델로, 전통 통계학 빈도주의와 함께 현대 통계학의 중요한 축입니다. R에서는 베이즈 추론을 기반으로 하는 베이지안 방법론을 제공하는데, 이 방법론에 의해서 만들어진 모델 정확성은 랜덤 포레스트나 트리 분류보다 더 높다고 평가됩니다.

|01| 베이지안 추론

빈도주의는 오차 범위나 통계적 유의성 검증 등을 이용하여 분석의 불확실성을 제거할 수 있다고 믿는 방법이고, 베이지안 확률 모델은 주관적인 추론을 바탕으로 만들어진 '사전 확률'을 추가적인 관찰을 통한 '사후 확률'로 업데이트하여 불확실성을 제거할 수 있다고 믿는 방법입니다.

베이지안 추론을 이해하기 위하여 다음 예를 살펴보겠습니다. 어떤 사람이 '열이 난다'고 가정하겠습니다. 열이 나면 의사는 병명이 무엇인지를 알기 위해 본인의 경험을 통해, 열이나는 경우에 몸살인 경우, 감기인 경우, 냉방병인 경우 등으로 나누어서 가장 가능성이 높은 것을 골라 병명을 확정하게 됩니다. 여기에서 중요한 점은 순위가 높은 것을 선택한다는 것입니다.

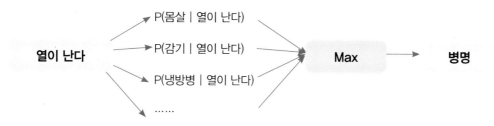

위에서 판정에 필요한 P(00 | 열이 난다)를 계산해 보겠습니다. 우리 관심은 병명에 따른 증상이 아니고, 증상에 따른 병명임을 기억할 필요가 있습니다.

$$P(00 \mid 열이\ 난다) = \frac{P(00 \cap 열이\ 난다)}{P(열이\ 난다)}$$ 가 됩니다.

이것의 좌우를 바꾸면, P(열이 난다 | 00) = $\dfrac{P(\text{열이 난다} \cap 00)}{P(00)}$가 됩니다.

양쪽에 P(00 ∩ 열이 난다)는 P(열이 난다 ∩ 00)과 같은 의미이므로

합치면 P(00 | 열이 난다)P(열이 난다) = P(열이 난다 | 00)P(00)가 됩니다.

P(00 | 열이 난다) = $\dfrac{P(\text{열이 난다} \cap 00)P(00)}{P(\text{열이 난다})}$ (베이즈 정리)

P(열이 난다)는 모든 병명에 동일하게 적용되며, 순위에 영향을 주지 않으므로 생략해도 무방합니다. 그래서 P(00 | 열이 난다) ∝ P(열이 난다 | 00)P(00)로 표시할 수도 있습니다.

앞의 그림을 베이즈 정리를 이용하여 다시 그리면 다음과 같습니다.

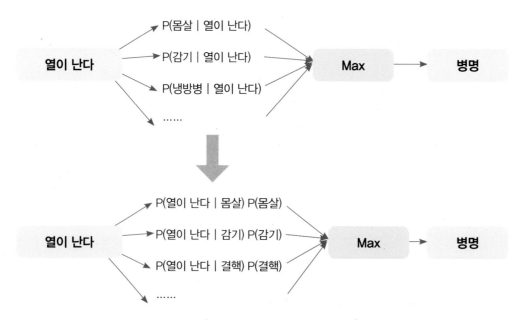

열이 나는 사람 중에서 몸살일 확률은 알기 어렵지만, 몸살 환자 중에서 열이 나는 사람은 바로 알 수 있습니다.

P(열이 난다 | 몸살) = 0.2
P(열이 난다 | 감기) = 0.5, 그리고 P(몸살) =0.3, P(감기) = 0.1임을 파악하였다면,
P(몸살 | 열이 난다) = P(열이 난다 | 몸살) P(몸살) = 0.2 × 0.3 = 0.06
P(감기 | 열이 난다) = P(열이 난다 | 감기) P(감기) = 0.5 × 0.1 = 0.05로 계산할 수 있습니다.

마지막으로 정리해 보겠습니다. 베이즈 정리(추론)의 모양은 다음과 같습니다.

P(몸살 | 열이 난다) ∝ P(열이 난다 | 몸살) P(몸살)

이중에서

P(몸살 | 열이 난다)는 a posteriori 확률이라 하고,

P(열이 난다 | 몸살)는 likelyhood 확률이라 하며,

P(몸살)는 Prior 확률이라고 합니다.

결국 베이즈 정리(추론)는 a posteriori 확률을 찾는 과정이라고 할 수 있고, 그래서 베이즈 추론을 MAP(Maximum a Posteriori) 문제라고 부르기도 합니다.

베이즈 추론은 외부로 드러난 증상(여기에서는 열이 난다)에 기반을 두어서 숨겨진 가설(여기에서는 병명)을 추론할 때 사용합니다. 즉, 관찰된 현상을 통해 그 속에 숨겨진 본질을 찾는 것이 목표입니다. 앞의 예를 기준으로 하면, 열이 나는 증상을 통해 몸살이라는 질병을 찾는 것입니다.

여기까지 베이즈 정리(추론)에 대한 본질적인 이해를 했다고 생각합니다. 이제는 모든 통계학 책에 나오는 예제를 간단하게 소개합니다.

예 질병에 걸릴 확률은 '0.01'입니다. 병에 걸린 사람을 검사하면 0.99의 비율로 양성 반응을 보입니다. 건강한 사람을 검사하면 0.1 비율로 양성 반응을 보입니다.

이때, 양성인 사람이 병에 걸릴 확률은 얼마인가요?

P(A) = 0.01, P(양성|A) = 0.99, P(양성|B) = 0.1이라고 표현하면, 문제는 P(A|양성)으로 나타낼 수 있습니다.

P(A|양성) = P(양성|A) P(A) / P(양성) …… 베이즈 정리

P(양성) = P(양성|A) × P(A) + P(양성|B) × P(B)입니다. 이제 필요한 모든 것이 구해졌으니 계산하면 됩니다.

'P(A|양성) = (0.99 × 0.01) / (0.99 × 0.01 + 0.1 × 0.99) = 0.091'입니다.

|02| 베이지안 추론을 이용한 예측 – 베이지안 방법론

이미 앞에서 설명한 다양한 예측 기법에 추가하여 베이지안 방법론을 실습해 보겠습니다.

소스 : 예제 \8_15.R

```
> library(e1071)
> data <- read.csv("http://www-bcf.usc.edu/~gareth/ISL/Heart.csv")
// 웹에서 필요한 데이터를 가져온다.
> head(data)
  X Age Sex    ChestPain RestBP Chol Fbs RestECG MaxHR ExAng Oldpeak Slope Ca
Thal AHD
1 1  63   1      typical    145  233   1       2   150     0     2.3     3
0    fixed  No
2 2  67   1 asymptomatic    160  286   0       2   108     1     1.5     2
3   normal Yes
3 3  67   1 asymptomatic    120  229   0       2   129     1     2.6     2
2 reversable Yes
4 4  37   1    nonanginal    130  250   0       0   187     0     3.5     3
0   normal  No
5 5  41   0   nontypical    130  204   0       2   172     0     1.4     1
0   normal  No
6 6  56   1   nontypical    120  236   0       0   178     0     0.8     1
0   normal  No
> str(data)
'data.frame':   303 obs. of  15 variables:
 $ X        : int  1 2 3 4 5 6 7 8 9 10 ...
 $ Age      : int  63 67 67 37 41 56 62 57 63 53 ...
 $ Sex      : int  1 1 1 1 0 1 0 0 1 1 ...
 $ ChestPain: Factor w/ 4 levels "asymptomatic",..: 4 1 1 2 3 3 1 1 1 1 ...
 $ RestBP   : int  145 160 120 130 130 120 140 120 130 140 ...
 $ Chol     : int  233 286 229 250 204 236 268 354 254 203 ...
 $ Fbs      : int  1 0 0 0 0 0 0 0 0 1 ...
 $ RestECG  : int  2 2 2 0 2 0 2 0 2 2 ...
 $ MaxHR    : int  150 108 129 187 172 178 160 163 147 155 ...
 $ ExAng    : int  0 1 1 0 0 0 0 1 0 1 ...
 $ Oldpeak  : num  2.3 1.5 2.6 3.5 1.4 0.8 3.6 0.6 1.4 3.1 ...
 $ Slope    : int  3 2 2 3 1 1 3 1 2 3 ...
 $ Ca       : int  0 3 2 0 0 0 2 0 1 0 ...
 $ Thal     : Factor w/ 3 levels "fixed","normal",..: 1 2 3 2 2 2 2 2 3 3 ...
 $ AHD      : Factor w/ 2 levels "No","Yes": 1 2 2 1 1 1 2 1 2 2 ...
```

```
> library(caret)
```

// 실습을 위한 학습 데이터와 테스트 데이터를 만든다.
```
> set.seed(1000)
> train_data <- createDataPartition(y=data$AHD, p=0.7, list=FALSE)
> train <- data[train_data,]
> test <- data[-train_data,]
```

// 베이지안 모델을 만든다.
```
> Bayes <- naiveBayes(AHD~. ,data=train)
> Bayes
...... 내용 생략 ......


> predicted <- predict(Bayes, test, type="class")    // 베이지안 모델을 이용하여 예측을 수행한다.
> table(predicted, test$AHD)    // 결과를 확인한다.
        predicted No Yes
    No   41   8
    Yes   8  33
> confusionMatrix(predicted, test$AHD)
Confusion Matrix and Statistics

          Reference
Prediction No Yes
       No  41   8
       Yes  8  33

              Accuracy : 0.8222         // 정확도가 82%이다.
                95% CI : (0.7274, 0.8948)
   No Information Rate : 0.5444
   P-Value [Acc > NIR] : 2.84e-08

                 Kappa : 0.6416
 Mcnemar's Test P-Value : 1

           Sensitivity : 0.8367
           Specificity : 0.8049
        Pos Pred Value : 0.8367
        Neg Pred Value : 0.8049
            Prevalence : 0.5444
        Detection Rate : 0.4556
```

```
Detection Prevalence : 0.5444
  Balanced Accuracy : 0.8208

'Positive' Class : No
```

베이지안 추론은 간단하지만, 다른 기법에 비해서 예측 정확도가 높은 기법입니다. 최근에는 베이지안 통계가 많이 사용되는 추세로 흘러가고 있습니다. 데이터 분석 전문가로서 베이지안 통계에 관심을 가지는 것이 중요한 시점입니다.

Part 8에서는 데이터 마이닝 기법 중 지도 학습을 이론과 실습을 통해 공부하였습니다. 실무에서 예측을 하는 경우 많이 사용하는 기법이므로, 데이터 분석 전문가라면 정확하게 이해하고 활용할 수 있어야 합니다.

다음 질문에 대하여 답을 해 보고, 부족하다면 본문에서 다시 확인하기 바랍니다.

1 지도 학습은 무엇을 말하는가?

2 의사 결정 나무에 사용되는 알고리즘은 어떤 종류가 있는가?

3 CART/조건부 추론 나무에 사용되는 R 패키지와 명령어는 무엇인가?

4 의사 결정 나무의 활용처는 어디인가?

5 앙상블이란 무엇인가?

6 배깅과 랜덤 포레스트에 사용되는 R 패키지와 명령어는 무엇인가?

7 서포트 벡터 머신에 사용하는 R 패키지와 명령어는 무엇인가?

8 베이지안 추론은 기존 통계와 어떻게 다른가?

9 베이지안 추론을 사용하기 위한 R 패키지와 명령어는 무엇인가?

※ [복습]에 대한 답변은 정보문화사 홈페이지에서 예제 소스와 함께 확인할 수 있습니다.

9

데이터 마이닝은 다양한 기법을 가지고 있습니다. 지도 학습에 대한 것은 이미 Part 8에서 설명하였고, Part 9에서는 데이터 마이닝 기법 중 비지도 학습에 속하는 군집 분석과 주성분 분석, 인자 분석, 독립 성분 및 다차원 척도법에 대하여 설명합니다. 다양한 기법들을 언제, 어떻게 사용하는지 알아보고 실습을 통하여 자세한 사용 방법을 학습합니다.

비지도 학습은 출력 변수가 없이 입력 변수만 주어진 경우 입력 변수 사이 상호 관계나 입력 자료 값에 대하여 탐색적으로 분석하는 것을 말합니다.

비지도 학습(자율 학습)에는 크게 군집 분석, 자원 축소 기법, 연관 규칙 분석이 있습니다. 이 중 연관 규칙 분석은 빅데이터 분석에서 설명하겠습니다.

비지도 학습

## CHAPTER 01

군집 분석

군집 분석(Cluster Analysis)은 데이터를 구성하는 각 개체의 유사성을 측정하여, 상호 유사성이 높은 대상을 집단으로 분류하고 군집에 속한 개체 유사성과 서로 다른 군집에 속한 개체 사이 상이성을 파악하는 분석 방법입니다.

|01| 개요

군집 분석의 적용 예는 트위터에서 여행을 이야기하는 사용자 그룹과 음식에 관심이 있는 사용자 그룹을 군집 분석을 통하여 분류하는 것입니다. 그렇게 분류된 고객 그룹에 대해서는 다른 마케팅 활동을 할 수 있습니다.

그러므로 다음 그림과 같이 군집 안 객체들은 동질적 특성을 갖도록 하고, 다른 군집은 서로 이질적이 되도록 분류하는 것이 중요합니다. 개별 군집의 특성은 군집 객체들의 평균 값으로 나타낼 수 있고 이것을 프로필이라 합니다.

군집 분석을 수행함에 있어서 겪는 어려움은 데이터 형태가 그림과 같이 되어 있지 않고, 대부분 혼재된 모습을 가지기 때문입니다.

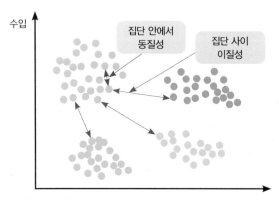

▲ 데이터 군집화 및 동질성, 이질성

이런 경우를 대비하여 다음과 같이 다양한 군집 분석 기법이 개발되어 있습니다.

- **분할적 군집** : 특정 점을 기준으로 가까운 것끼리 묶는 방법입니다.
  - K 평균 군집법
  - The K-Medoids 군집법
  - 계층적 군집법
- **계층적 군집** : 트리 구조처럼 분리하는 방법입니다.
  - 밀도 기반 군집법

|02| K 평균 군집법

K 평균 군집법(K-Means Clustering)은 K개의 평균(Mean)을 찾는 것입니다. 즉, 각 군집(클러스터)은 평균 값으로 대표된다고 하였으므로, N개의 점이 주어졌을 대, K개의 군집(클러스터)으로 분할하는 방식입니다. 각 점들은 가장 가까운 클러스터에 속하게 됩니다(Mean Point와의 거리가 가장 가까운 것).

소스 : 예제 \ 9_01.R

```
// 실습을 위하여 iris 데이터를 사용한다. 분석 목적상 Species가 필요하지 않으므로, 전처리 과정을 수행하여 Species를
제거한다.
> iris2 <- iris    // iris 데이터를 iris2로 복사한다. 수정할 것이므로 복사본을 만든다.
> iris2$Species <- NULL // Species에 NULL을 입력하여 제거한다.
> head(iris2) // 만들어진 데이터를 확인한다.
    Sepal.Length Sepal.Width Petal.Length Petal.Width
1            5.1         3.5          1.4         0.2
2            4.9         3.0          1.4         0.2
3            4.7         3.2          1.3         0.2
4            4.6         3.1          1.5         0.2
5            5.0         3.6          1.4         0.2
6            5.4         3.9          1.7         0.4


> kmeans_result <- kmeans(iris2, 3)
// 준비된 데이터를 클러스터 세 개로 나누어 보자. 세 개는 임의로 정한 것이다.
> kmeans_result
K-means clustering with 3 clusters of sizes 50, 38, 62 // 군집 세 개 크기

Cluster means:
    Sepal.Length Sepal.Width  Petal.Length  Petal.Width
1       5.006000    3.428000      1.462000     0.246000
// 첫 번째 군집에 대한 평균
```

```
2       6.850000     3.073684      5.742105      2.071053
3       5.901613     2.748387      4.393548      1.433871
```

Clustering vector:
// 각 데이터가 클러스터 세 개로 분리되었다. 1~50열은 1번 클러스터
```
  [1] 1 1 1 1 1 1 1 1 1 1 1 1 1 1 1 1 1 1 1 1 1 1 1 1 1 1 1 1 1 1 1 1 1 1 1 1 1 1 1 1 1 1 1 1 1 1
1 1 1 1 1 1 1
 [47] 1 1 1 3 2 3 3 3 3 3 3 3 3 3 3 3 3 3 3 3 3 3 3 3 3 3 3 3 3 3 3 3 3 3 3 2 3 3 3 3 3
3 3 3 3 3 3 3
 [93] 3 3 3 3 3 3 3 2 3 2 2 2 2 3 2 2 2 2 2 2 3 3 2 2 2 2 2 3 2 3 2 3 2 3 2 2 3 3 2 2
2 2 3 2 2 2
[139] 3 2 2 2 3 2 2 2 3 2 2 3 // 마지막은 3번 클러스터에 속한다.

Within cluster sum of squares by cluster:
[1] 15.15100 23.87947 39.82097
 (between_SS / total_SS =  88.4 %)

Available components:

[1] "cluster"      "centers"      "totss"        "withinss"      "tot.withinss"
"betweenss"
[7] "size"         "iter"         "ifault"
```

명령어 정리

kmeans()	K 평균 군집법을 수행한다.

앞의 결과를 보면 iris2 데이터를 세 군집으로 나누었음을 확인할 수 있습니다. 그런데 앞의 결과는 읽기가 쉽지 않습니다. 그래서 이것을 그림으로 표현하는 방법이 있습니다.

각 군집(클러스터)에 속하는 열을 그래프로 나타냅니다. 예를 들어 Sepal.Length와 Sepal.Width만을 고려한 군집 상황을 그림으로 표현하는 경우를 생각해 보겠습니다.

1번 군집은 위의 분석 결과를 기반으로 보면, Sepal.Length가 5.006이고, Sepal.Width는 3.428입니다. 그러므로 그림에서 이 좌표를 평균 값으로 인식하고 화면에 표시합니다. 나머지 두 개 군집(클러스터) 좌표도 동일하게 표시합니다.

```
> plot(iris2[c("Sepal.Length", "Sepal.Width")], col=kmeans_result$cluster)
> points(kmeans_result$centers[, c("Sepal.Length", "Sepal.Width")], col=1:3,
pch=8, cex=2)   // 점으로 표시된 클러스터에 평균 값을 추가로 표시한다. 평균 값은 별모양이다.
```

이후, 다른 자료들을 포함하여 화면에 표시한 결과를 다음 그림에서 확인할 수 있습니다.

그림을 기준으로 보면, iris 데이터는 Sepal.Length와 Sepal.Width를 기준으로 세 개 클러스터로 나누는 경우 1번 클러스터는 구분이 확실하지만, 2, 3번 클러스터는 혼재되어 있는 것을 확인할 수 있습니다.

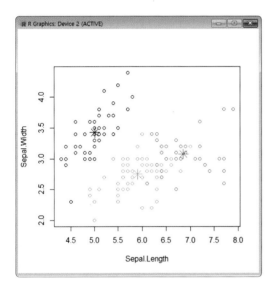

1
주어진 데이터(iris2)를 가지고, 세 개의 클러스터로 나눈 다음 Petal.Length와 Petal.Width를 축으로 하는 클러스터 그림을 그리고, 각 클러스터의 평균 값을 별로 표시하세요. 그리고 세 개 클러스터로 분리한 경우 Sepal.Length, Sepal.Width를 기준으로 하는 것과 Petal.Length, Petal.Width를 기준으로 하는 것 중에서 어떤 것이 더 좋은가를 판단하세요.
(앞과 동일한 명령어에 Petal.Length, Petal.Width만 대신 넣으면 됩니다.)

2 동일한 iris2 데이터를 가지고 클러스터를 몇 개로 나누는 것이 클러스터 분석 목적상 가장 적당한지를 생각해 보세요. 2, 3, 4, 5……의 클러스터로 나누고, 그래프를 분석한 다음 독자가 판단합니다.

클러스터를 세 개로 나누는 것은 이미 설명을 했고, 그래프로 표현하였습니다. 클러스터를 다섯 개로 나눈 다음, 그래프로 표현하는 명령어는 다음과 같습니다. 나머지는 독자들이 수행하면 됩니다.

최종적으로 몇 개로 나누고, 어떤 축을 기준으로 구분하는 것이 가장 합리적인지 스스로 결정해 보기 바랍니다.

소스 : 예제 \ 9_03.R

```
> kmeans_result <- kmeans(iris2, 5)
> plot(iris2[c("Sepal.Length", "Sepal.Width")], col=kmeans_
result$cluster)
```

|03| The K-Medoids 군집법

K-Modoids 클러스터링(The K-Medoids Clustering) 알고리즘은 K-Mean과 흡사합니다. 다만, K-Means가 임의의 좌표를 중심점으로 잡는 반면, K-Medoids는 실제 점 하나를 중심점으로 잡아서 계산을 수행합니다. 이때 사용하는 대표적인 방법이 Partitioning Around Medoids(PAM) 알고리즘입니다.

K-Mean과 K-Medoids는 거의 동일한 결과가 산출되며, 분석가의 취향에 따라 선택합니다. 다만, K-Medoids가 주어진 데이터를 임의의 그룹 수로 분류하여 그래프로 표현하는 과정이 좀 더 쉽습니다.

소스 : 예제 \ 9_04.R

```
> install.packages("fpc")
> library(fpc)   // 필요한 패키지를 불러온다.

> pamk_result <- pamk(iris2)   // iris2 데이터를 가지고 K-Medoids 군집 분석을 수행한다. 아무것도 명시하지
않으므로 두 개의 군집으로 나눈다. pamk(iris2,3)으로 하면 세 개의 군집으로 나눈다.
> pamk_result   // 결과를 확인한다.
$pamobject
Medoids:
     ID Sepal.Length Sepal.Width Petal.Length Petal.Width
```

```
[1,]    8        5.0       3.4        1.5       0.2
[2,] 127        6.2       2.8        4.8       1.8
```
Clustering vector: // 두 개의 군집으로 나누어졌음을 확인한다.
```
  [1] 1 1 1 1 1 1 1 1 1 1 1 1 1 1 1 1 1 1 1 1 1 1 1 1 1 1 1 1 1 1 1 1 1 1 1 1 1 1 1 1 1 1 1 1 1 1
1 1 1 1 1 1 1 1
 [47] 1 1 1 1 2 2 2 2 2 2 2 2 2 2 2 2 2 2 2 2 2 2 2 2 2 2 2 2 2 2 2 2 2 2 2 2 2 2 2 2 2 2 2 2 2 2
2 2 2 2 2 2 2 2
 [93] 2 2 2 2 2 2 1 2 2 2 2 2 2 2 2 2 2 2 2 2 2 2 2 2 2 2 2 2 2 2 2 2 2 2 2 2 2 2 2 2 2 2 2 2 2 2
2 2 2 2 2 2 2 2
[139] 2 2 2 2 2 2 2 2 2 2 2 2
```
Objective function:
```
    build       swap
0.9901187 0.8622026
```

Available components:
```
 [1] "medoids"    "id.med"      "clustering" "objective"  "isolation"  "clusinfo"
"silinfo"
 [8] "diss"       "call"        "data"
```

$nc
[1] 2

$crit
```
 [1] 0.0000000 0.6857882 0.5528190 0.4896972 0.4867481 0.4703951 0.3390116
0.3318516 0.2918520
[10] 0.2918482
```

```
> pamk_result$nc    // 몇 개의 군집으로 나누었는지를 확인한다.
[1] 2
```

```
> table(pamk_result$pamobject$clustering, iris$Species)
```
// iris의 Speceis가 군집 두 개 어디에 어떻게 포함되는지를 요약해서 보여 준다.
```
    setosa  versicolor  virginica
  1     50           1          0
  2      0          49         50
```

// split.screen이나 par(mfrow)를 이용하지 않고 다른 방식으로 한 윈도우에서 그림을 여러 개 그린다.
```
> layout(matrix(c(1,2),1,2))
> plot(pamk_result$pamobject)
```

명령어 정리

pamk()	K-Medoids 군집 분석을 수행한다.
layout()	하나의 원도우에 그림을 여러 개 그린다.

그림을 살펴보면 군집 두 개로 분리한 경우 상호 혼재되지 않고 정확히 분리되고 있는 것을 확인할 수 있습니다. 주어진 데이터를 2, 3, 4…… 등으로 나누는 경우에 어떤 것이 바람직한지를 결정해야 합니다.

데이터 분석 전문가 입장에서 이것이 모든 분석의 출발점이 된다는 점을 기억해야 합니다. 이어지는 연습을 통해 이런 점을 훈련하기 바랍니다.

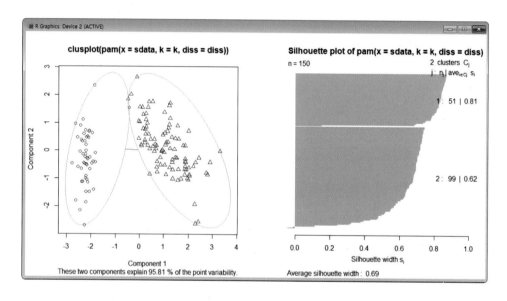

연습문제
EXERCISES

1 iris2 데이터를 가지고 군집 세 개로 나누고, iris2의 Species가 군집 세 개 중 어디에 속하는지를 개략적으로 파악해 보세요. 그리고 세 개의 군집으로 나누어진 것을 그림으로 표현하세요.

2 iris2 데이터는 몇 개의 군집으로 표현하는 것이 가장 좋을지, 군집 분석을 통하여 결정하고 이유를 설명해 보기 바랍니다. 가능하면 그림을 그려서 상황을 파악하세요.

iris2 데이터를 대상으로 여러 군집으로 나누고 그림을 그려서 군집 분석 목적에 가장 부합되는 것이 어떤 것인지 찾아보기 바랍니다.

|04| 계층적 군집법

계층적 군집 분석을 수행하는 과정은 주어진 데이터를 순차적으로 가까운 값들끼리 묶어 주는 병합 방법과 관측 값을 나누는 분할 방법이 있습니다. 주로 병합 방법을 사용합니다.

소스 : 예제 \ 9_05.R

```
> idx <- sample(1:dim(iris)[1], 40)   // 데이터 전처리 과정 : 실습을 위하여 데이터를 구성한다. 여기에
서는 iris에서 40개의 인덱스를 임의로 선정한다.
> idx    // 선정된 인덱스를 확인한다.
 [1]  33  47  99  36 139  98 140  10  20   8  23  59  69  94   7  62  18 124 148
150  54  80  89
[24]  88   5 132  91 102  84 101 149  25  16  61 117   2  31  85  60  50
> irisSample <- iris[idx, ]
// 인덱스에 해당하는 열을 뽑아서 실습 데이터를 구성한다.
> head(irisSample)
     Sepal.Length Sepal.Width Petal.Length Petal.Width     Species
33            5.2         4.1          1.5         0.1      setosa
47            5.1         3.8          1.6         0.2      setosa
99            5.1         2.5          3.0         1.1  versicolor
36            5.0         3.2          1.2         0.2      setosa
139           6.0         3.0          4.8         1.8   virginica
98            6.2         2.9          4.3         1.3  versicolor
> irisSample$Species <- NULL   // Species를 제거한다.
> head(irisSample)
     Sepal.Length Sepal.Width Petal.Length Petal.Width
33            5.2         4.1          1.5         0.1
47            5.1         3.8          1.6         0.2
99            5.1         2.5          3.0         1.1
36            5.0         3.2          1.2         0.2
139           6.0         3.0          4.8         1.8
98            6.2         2.9          4.3         1.3

// 계층적 군집법 수행
> hc_result <- hclust(dist(irisSample), method="ave")
> hc_result
```

```
Call:
hclust(d = dist(irisSample), method = "ave")


Cluster method   : average
Distance         : euclidean
Number of objects: 40


> plot(hc_result, hang=-1, labels = iris$Species[idx])
// 계층적 군집법 수행 결과를 그래프로 보여 준다.


> rect.hclust(hc_result, k=3)   // 보여 준 그래프에 세 개의 그룹을 나눈 다음 표시하라.
```

명령어 정리

hclust()	계층적 군집법을 수행한다.
rect.hclust()	결과 그래프를 그룹으로 나누어서 표시한다.

다음 그림에서 세 개의 군집으로 분리하였을 때 setosa는 분리가 잘 되었지만, virginica, versicolor는 잘 분리되지 않는 것을 볼 수 있습니다. 이 점을 개선하기 위하여 군집 크기를 변경할 필요가 있습니다.

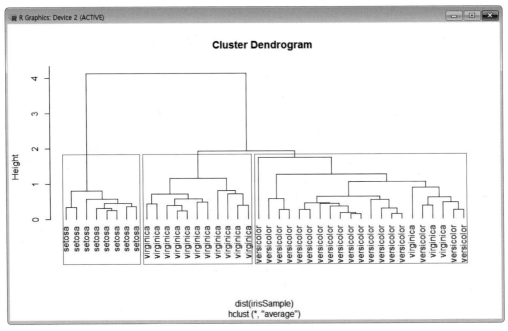

▲ 계층적 군집법 그림

다음 명령을 수행하고 나온 결과를 앞의 그림과 비교하고, 어떤 것이 더 잘 분류했는
지 생각해 보기 바랍니다.

소스 : 예제 \9_06.R

```
> plot(hc_result, hang=-1, labels = iris$Species[idx])
> rect.hclust(hc_result, k=5)
```

|05| 밀도 기반 군집법

또 다른 군집법으로 밀도 기반 군집법(Density Based Clustering)이 있습니다. 특정 기준에 의거하여 많
이 모여 있는 것을 군집으로 파악하는 방법입니다. 실습을 통하여 확인하겠습니다.

소스 : 예제 \9_07.R

```
> library(fpc)
> iris2 <- iris[-5]
> head(iris2)
  Sepal.Length Sepal.Width Petal.Length Petal.Width
1          5.1         3.5          1.4         0.2
2          4.9         3.0          1.4         0.2
3          4.7         3.2          1.3         0.2
4          4.6         3.1          1.5         0.2
5          5.0         3.6          1.4         0.2
6          5.4         3.9          1.7         0.4
> db_result <- dbscan(iris2, eps=0.42, MinPts=5)
> db_result
dbscan Pts=150 MinPts=5 eps=0.42
          0     1     2     3
border   29     6    10    12
seed      0    42    27    24
total    29    48    37    36
```

명령어 정리	
dbscan()	데이터의 정보를 추출한다.

위의 결과에서 iris2 데이터는 0, 1, 2, 3의 네 개 군집으로 나눌 수 있고, 그에 따른 군집별 소속 데이터 숫자, 경계선에 있는 숫자 등을 보여 줍니다. 하지만 이것만으로는 정확한 상황 판단이 되지 않으므로 그림으로 표현하여 상황을 파악합니다.

```
> plot(db_result, iris2)
```

다음 그림 결과는 iris2 데이터 변수 사이 군집 상황을 전체적으로 보여 주고 있습니다. 이 그림을 통하여 iris2 데이터 변수 사이 관계를 파악할 수 있습니다. 특정 변수 사이 군집 상황에 대해 자세히 보고 싶거나, db_result 결과로 나온 0, 1, 2, 3 군집을 좀 더 자세한 그림으로 보고 싶다면 다음 연습 문제를 수행해 보세요.

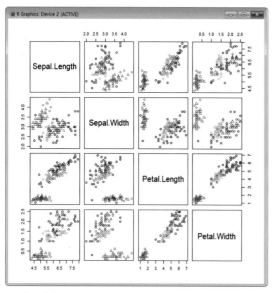

▲ 밀도 기반 군집법 분석 결과

 연습문제 EXERCISES 다음 명령어를 수행하고, 나온 결과를 해석해 보겠습니다. 데이터는 동일하게 iris2 를 사용합니다.

소스 : 예제 \9_08.R

```
> plot(db_result, iris2[c(1,4)])

> plotcluster(iris2, db_result$cluster)
```

여기까지 군집 분석에 대한 설명을 마치겠습니다. 데이터 분석 전문가로서 알아야 하는 사항에 중점을 두고 설명하다 보니 이론에 대한 자세한 설명은 하지 않았지만, 현재 시점에서 이 책에 있는 내용만으로도 주어진 데이터를 군집화하는 것은 문제가 없습니다. 다만, 군집 분석에 관련된 여러 기법들이 있는데, 이것들에 대해서 간단히 정리하겠습니다.

○ 계층적 군집(Hierarchical Clustering)

• **병합(Agglomeration) 방법**
  – 단일(최단) 연결법(Single Linkage Method)
  – 완전(최장) 연결법(Complete Linkage Method)
  – 평균 연결법(Average Linkage Method)
  – 중심 연결법(Centroid Linkage Method)
  – Ward 연결법(Ward Linkage Method)

• **분할(Division) 방법**
  – 다이아나 방법(DIANA Method)

○ 분할적 군집(Partitional Clustering)

• **프로토타입 기반(Prototype Based)**
  – K 중심 군집(K−Centroid Clustering)
  – 퍼지 군집(Fuzzy Clustering)

• **밀도 기반(Density Based)**
  – 중심 밀도 군집(Center Density Clustering)
  – 격자 기반 군집(Grid Based Clustering)
  – 커넬 기반 군집(Kernel Based Clustering)

• **분포 기반(Distribution Based)**
  – 혼합 분포 군집(Mixture Distribution Clustering)

• **그래프 기반(Graph Based)**
  – 코호넨 군집(Kohonen Clustering)

군집 분석에 대한 것만 정리해도 대충 이 정도입니다. 다양한 기법이 있지만, 데이터 분석 전문가로서 이 모든 기법에 대하여 알아야 할 이유는 없습니다. 우리가 군집 분석을 사용하는 목적을 달성하면 충분합니다. 다만, 이런 용어들이 있다는 정도는 알고 있어야 합니다.

## CHAPTER 02

차원 축소 기법

차원 축소(Dimensionality Reduction Method)는 분석 대상이 되는 변수 수를 줄이는 과정을 말합니다. 변수 수가 많아질수록 이것을 표현하는 모델링이 어려워지기 때문에 변수 수를 줄이는 방법을 많이 사용합니다. 변수 수를 줄인다는 의미는 실제 데이터를 잘 설명할 수 있는 잠재 공간(Latent Space)을 찾는 것입니다.

|01| 차원을 줄이는 방법

데이터 차원을 줄이는 방법은 특징 선택(Feature Selection)과 특징 추출(Feature Extraction)의 두 가지가 있습니다.

- **특징 선택** : 모든 특징의 부분 집합을 선택해서 간결한 특징 집합을 만드는 것으로, 원본 데이터에서 불필요한 특징(변수)을 제거하는 방식입니다.

  ᴇᴍ 다항 회귀에서 step 명령으로 불필요한 변수를 제거하는 것이 특징 선택에 속하는데 이미 설명하였습니다. 그 외에, 독립 성분 분석이 있습니다.

- **특징 추출** : 원 데이터의 특징을 조합해서 새로운 특징을 만드는 것입니다.

  ᴇᴍ 주성분 분석, 인자 분석. 다차원 척도법이 있습니다.

○ 차원 축소 기법

- 주성분 분석
- 인자 분석
- 독립 성분 분석
- 다차원 척도법

개념은 정리가 되었으니, 차원 축소 기법을 구체적으로 알아보겠습니다.

|02| 주성분 분석

주성분 분석(Principal Component Analysis)은 많은 변수로 구성된 데이터에 대해 주성분이라는 새로운 변수를 만들어 기존 변수보다 차원을 축소하여 분석을 수행하는 방법입니다.

예를 들어 설문지 데이터 x1 ~ x10의 열 개 변수를 P1, P2의 두 개로 줄이는 경우 사용합니다.

주성분 분석에서 주성분 P1은 데이터 분산을 가장 많이 설명할 수 있는 것을 선택하고, 나머지는 P1과 수직인 성분을 만드는 방법입니다. 주성분인 P1, P2가 서로 수직이므로 다중 공선성도 해결할 수 있습니다.

다중 공선성(MultiCollinearity)은 통계학의 회귀 분석에서 독립 변수(x) 사이에 강한 상관관계가 나타나서 종속 변수에 영향을 미치는 경우를 말합니다. 독립 변수들 사이에 정확한 선형 관계가 존재하는 경우는 완전 공선성이라고 하고, 독립 변수들 사이에 높은 선형 관계가 존재하는 경우에는 다중 공선성이라고 합니다. 분석과 예측의 정확성을 위해서는 피하거나 해결해야 하는 요인입니다.

이제 실습할 시간입니다. 실습은 가능한 간략화해서 수행합니다. 이번에도 iris 데이터를 이용해 주성분 분석을 수행해서, Sepal.Length, Sepal.Width, Petal.Length, Petal.Width로 구성된 변수 숫자를 효과는 동일하게 하면서 줄여 보겠습니다.

```
> head(iris)    // 사용할 데이터를 확인한다.
  Sepal.Length Sepal.Width Petal.Length Petal.Width Species
1          5.1         3.5          1.4         0.2  setosa
2          4.9         3.0          1.4         0.2  setosa
3          4.7         3.2          1.3         0.2  setosa
4          4.6         3.1          1.5         0.2  setosa
5          5.0         3.6          1.4         0.2  setosa
6          5.4         3.9          1.7         0.4  setosa

> cor(iris[1:4])    // iris 데이터 사이에 다중 공선성이 있는지 보기 위해, y(종속 변수) 변수가 될 Speceis를 제외하
고 나머지 데이터 사이 상관계수를 구한다.
             Sepal.Length Sepal.Width Petal.Length Petal.Width
Sepal.Length    1.0000000  -0.1175698    0.8717538   0.8179411
Sepal.Width    -0.1175698   1.0000000   -0.4284401  -0.3661259
Petal.Length    0.8717538  -0.4284401    1.0000000   0.9628654
Petal.Width     0.8179411  -0.3661259    0.9628654   1.0000000
```

위의 상관계수 표에 의하면, Sepal.Length와 Petal.Length는 0.87, Sepal.Length와 Petal.Width도 0.8로

독립 변수 사이 상관계수가 높습니다. 그래서 다중 공산성 문제의 발생이 예상됩니다. 그러므로 독립 변수를 새로 설계할 필요가 있습니다.

소스 : 예제 \9_09.R

```
// 분석을 위한 데이터의 전처리 과정 수행
> iris2 <- iris[, 1:4]    // 분석을 위해 iris 데이터의 네 개 변수를 iris2에 저장한다.
> ir.species <- iris[,5] // iris의 Species 부분을 별도의 변수 ir.species에 저장한다.

// 주성분 분석 수행. 중앙을 0으로(center=T), 분산은 1로(scale=T) 설정한다.
> prcomp.result2 <- prcomp(iris2, center=T, scale=T)
> prcomp.result2
Standard deviations (1, .., p=4):
[1] 1.7083611 0.9560494 0.3830886 0.1439265


Rotation (n x k) = (4 x 4):
                    PC1          PC2          PC3          PC4
Sepal.Length  0.5210659 -0.37741762  0.7195664  0.2612863
Sepal.Width  -0.2693474 -0.92329566 -0.2443818 -0.1235096
Petal.Length  0.5804131 -0.02449161 -0.1421264 -0.8014492
Petal.Width   0.5648565 -0.06694199 -0.6342727  0.5235971
```

명령어 정리	
prcomp()	주성분 분석을 수행한다.

주성분 분석을 수행한 결과를 해석해 보겠습니다.

- Sepal.Length, Sepal.Width, Petal.Length, Petal.Width의 변수 네 개를 PC1, PC2, PC3, PC4의 네 개 변수로 변환합니다.
- 예를 들어, PC1 = 0.52 × Sepal.Length + (−0.269) × Sepal.Width + 0.58 × Petal.Length + 0.56 × Petal.Width로 표현할 수 있습니다. 나머지, PC2, PC3, PC4도 동일한 방식으로 표현할 수 있습니다.

다음 단계는 주성분 분석 결과를 기반으로 주성분으로 몇 가지를 사용할지를 결정합니다. 그림을 참고하세요(type은 영문 소문자 l(엘)입니다).

```
> plot(prcomp.result2, type="l")
```

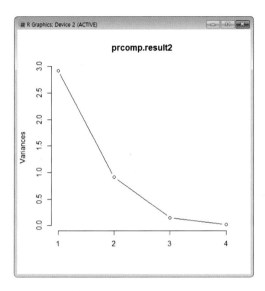

```
> summary(prcomp.result2)
Importance of components:
                          PC1     PC2     PC3      PC4
Standard deviation     1.7084  0.9560  0.38309  0.14393
Proportion of Variance 0.7296  0.2285  0.03669  0.00518
Cumulative Proportion  0.7296  0.9581  0.99482  1.00000
```

위의 그림과 summary 결과를 기반으로 살펴보면,

- PC1 변수만으로도 전체 데이터 분산의 약 73%를 설명할 수 있습니다.
- PC1에 PC2를 추가하면, 전체 데이터 분산의 약 95.8%를 설명할 수 있습니다.

그러므로 PC1~PC4 중에서 PC1과 PC2를 선택합니다.

새로운 모습의 데이터를 만들고, 이것을 기반으로 예측 모델을 만들겠습니다. 앞에서 살펴본 prcomp.result2에서 데이터만 살펴봅니다.

소스 : 예제 \9_10.R

```
> prcomp.result2$rotation
                    PC1          PC2         PC3         PC4
Sepal.Length   0.5210659  -0.37741762   0.7195664   0.2612863
Sepal.Width   -0.2693474  -0.92329566  -0.2443818  -0.1235096
Petal.Length   0.5804131  -0.02449161  -0.1421264  -0.8014492
Petal.Width    0.5648565  -0.06694199  -0.6342727   0.5235971
```

```
> head(iris2)    // iris2 데이터를 확인한다.
  Sepal.Length Sepal.Width Petal.Length Petal.Width
1          5.1         3.5          1.4         0.2
2          4.9         3.0          1.4         0.2
3          4.7         3.2          1.3         0.2
4          4.6         3.1          1.5         0.2
5          5.0         3.6          1.4         0.2
6          5.4         3.9          1.7         0.4

> NewResult <- as.matrix(iris2) %*% prcomp.result2$rotation
// iris2 데이터와 prcomp.result2 데이터를 매트릭스 곱(%*%)을 하여 변환한다.
> head(NewResult)
          PC1       PC2       PC3        PC4
[1,] 2.640270 -5.204041 2.488621 -0.1170332
[2,] 2.670730 -4.666910 2.466898 -0.1075356
[3,] 2.454606 -4.773636 2.288321 -0.1043499
[4,] 2.545517 -4.648463 2.212378 -0.2784174
[5,] 2.561228 -5.258629 2.392226 -0.1555127
[6,] 2.975946 -5.707321 2.437245 -0.2237665
```

명령어 정리

as.matrix()	데이터를 매트릭스형으로 변환한다.

매트릭스 곱에 익숙하지 않다면, 일단 이렇게 된다고 이해하고 넘어가겠습니다. 이제, 기존의 iris2 대신 새로운 데이터 구조(NewResult)가 만들어졌습니다.

소스 : 예제\9_11.R

```
> final2 <- cbind(ir.species, as.data.frame(NewResult))
// NewResult 앞에 ir.speceis를 추가한다.
> final2[,1] <- as.factor(final2[,1])  // 추가한 것을 팩터형으로 바꾼다.
> colnames(final2)[1] <- "label"       // 추가한 것의 컬럼 이름을 label로 바꾼다.
> head(final2)                         // 최종 완성된 데이터의 모습이다.
   label      PC1       PC2      PC3        PC4
1 setosa 2.640270 -5.204041 2.488621 -0.1170332
2 setosa 2.670730 -4.666910 2.466898 -0.1075356
3 setosa 2.454606 -4.773636 2.288321 -0.1043499
4 setosa 2.545517 -4.648463 2.212378 -0.2784174
5 setosa 2.561228 -5.258629 2.392226 -0.1555127
6 setosa 2.975946 -5.707321 2.437245 -0.2237665
```

이제 새로 구성한 데이터(final2)를 이용해서 회귀 분석을 수행해 보겠습니다.

소스 : 예제 \9_12.R

```
> fit2 <- lm(label~ PC1 + PC2, data=final2)
// 회귀 분석은 final2 데이터를 쓰고, 그 중에서 PC1, PC2만을 고려한다.
> fit2_pred <-predict(fit2, newdata=final2)
// final2 데이터를 이용해 만들어진 회귀 분석 모델(fit2) 예측을 수행하여 보자.


> b2 <- round(fit2_pred)
// 산출된 결과물이 소수이므로 반올림하여 정수로 바꾸어 준다.


> a2 <- ir.species    // 예측된 것을 기존 자료와 비교하여 정확성을 검증한다.
> table(b2,a2)
   a2
b2  setosa    versicolor     virginica
   1     50             0             0
   2      0            44             5
   3      0             6            45
```

위와 같이 주성분 분석은 기존 데이터를 기반으로 공산성 분석을 수행한 다음 공산성이 의심되는 상황이 되면, 공산성을 제거한 새로운 변수를 만들어서, 이들 중 영향력이 있는 것만을 골라 예측이나 다른 분석을 수행하는 과정입니다. 여기서 확인해야 하는 것은 다음과 같습니다. 대답해 보세요.

- 언제 주성분 분석을 수행하는가?
- 주성분 분석을 수행한 다음 새로운 데이터를 만드는 방법은 무엇인가?
- 주성분 분석에서 만들어진 새로운 변수 중에서 중요한 변수를 뽑는 방법은 무엇인가?

연습문제
EXERCISES

iris 데이터를 기반으로 위의 데이터를 분류했다면, 다음과 같이 iris 데이터를 로그 변환한 데이터를 기반으로 위의 과정을 수행하고 최종 예측 결과를 기존 것과 비교하세요. iris2 대신에 log.ir을 사용하라는 의미입니다.

```
> log.ir <- log ( iris [ , 1:4] )
```

명령어 정리	
log()	로그 함수를 사용한다.

※ 해설은 예제 파일 '연습 문제' 폴더에 있습니다.

|03| 인자 분석

○ 인자 분석

인자 분석(Factor Analysis)이란 서로 관련이 있는 여러 변수들로 구성된 데이터에서, 이 변수를 설명할 수 있는 새로운 공통 변수를 파악하는 통계적 분석 방법을 말합니다.

예를 들면, 학생 100명을 대상으로 국어, 영어, 수학, 사회, 역사, 물리, 화학, 지구과학, 생물의 아홉 개 과목에 대한 시험을 실시하여 성적을 구했을 때, 전체 데이터를 설명할 수 있는 공통 인자(변수)를 파악하는 것을 의미합니다.

- **언어 능력** : 국어, 영어
- **수리 능력** : 수학, 물리, 화학
- **인지 능력** : 사회, 역사, 지구과학, 생물

위와 같이 아홉 개의 데이터를 세 개의 공통 인자(변수)로 분리합니다. 즉, 인자 분석은 아홉 개의 변수를 각 분야를 대표하는 세 개의 변수로 축소하는 과정입니다.

○ 인자 분석과 주성분 분석의 차이

- **공통점** : 데이터를 구성하는 여러 개의 변수로부터 적은 수의 새로운 변수를 만드는 것입니다.
- **차이점** : 주성분 분석은 각 변수들의 중요성이 다릅니다. 즉, 제1주성분, 제2주성분 등으로 구분되지만, 인자 분석은 변수들이 기본적으로 대등한 관계를 가집니다.

○ 인자 분석 추정 종류 및 차이점

- **주성분 인자법(Principal Factor Method)** : 관측 값의 분산, 공분산(두 변수의 관계를 나타내는 양) 행렬 또는 상관계수 행렬의 고유근과 고유 벡터를 이용하여 인자 부하 값과 특수 분산을 추정하는 방법입니다.
- **최우 추정법(Maximum Likelihood Method)** : 관측 값이 다변량 정규 분포를 따른다는 가정에 기반하여 추정하며, 추정 신뢰성이 높아서 많이 사용하는 방법입니다.

○ 인자 수와 유의성 판단 기준

인자 분석에서 인자는 상관계수 행렬 R의 고유 값이 1 이상인 경우에 채택합니다. 인자 유의성은 다음 기준을 따릅니다.

- **요인 부하 값** > 0.3 : 유의함

- **요인 부하 값 〉 0.4** : 좀 더 유의함
- **요인 부하 값 〉 0.5** : 아주 유의함

○ 요인 회전

데이터 구성으로 볼 때, 기존의 x, y 기준에 의한 방법이 아니라, 다른 관점에서 보면 데이터를 구성하는 변수에 대한 해석을 쉽게 할 수 있습니다. 요인 회전을 위한 방법은 다음과 같습니다.

- **직교 회전(Orthogonal Rotation)** : VARIMAX, QUARTIMAX 방법이 있습니다.
- **사각 회전(Oblique Rotation)** : COVARIMAN, QUARTIMIN, OBLIMIN 방법이 있습니다. 이중에서 OBLIMIN 방법이 많이 사용됩니다.

실제 분석을 수행해 보겠습니다.

소스 : 예제 \9_13.R

```
> FactorData <- read.table("FactorData.txt", header=T)
// 데이터를 읽어 온다. 명령을 수행하기 전에 setwd 명령이나 [파일]-[작업 디렉토리 변경]을 통해서 데이터를 읽게 될 위치
를 미리 정해야 한다.
> head(FactorData)
  lung muscle liver skeleton kidneys heart  step stamina stretch blow urine
1   20     16    52       10      24    23    19      20      23   29    67
2   24     16    52        7      27    16    16      15      31   33    59
3   19     21    57       18      22    23    16      19      42   40    61
4   24     21    62       12      31    25    17      17      36   36    77
5   29     18    62       14      26    27    15      20      33   29    88
6   18     19    51       15      29    23    19      20      50   37    54

> library(psych)   // 필요한 패키지를 불러온다. 없다면 설치한다.
경고메시지(들):
패키지 'psych'는 R 버전 3.4.4에서 작성되었다.
> library(GPArotation)
> FactorResult <- principal(FactorData, rotat="none")
// 요인 분석을 수행한 후, 결과를 FactorResult에 저장한다.
> FactorResult   // 요인 분석 결과를 출력한다. 지금 단계에서는 일단 지나간다.
Principal Components Analysis
Call: principal(r = FactorData, rotate = "none")
Standardized loadings (pattern matrix) based upon correlation matrix
        PC1    h2    u2  com
lung   0.60 0.366 0.63    1
muscle 0.32 0.102 0.90    1
liver  0.70 0.490 0.51    1
```

```
skeleton 0.58   0.341   0.66    1
kidneys  0.61   0.373   0.63    1
heart    0.47   0.220   0.78    1
step     0.67   0.449   0.55    1
stamina  0.48   0.234   0.77    1
stretch  0.64   0.407   0.59    1
blow     0.59   0.344   0.66    1
urine    0.23   0.054   0.95    1

                    PC1
SS loadings        3.38
Proportion Var 0.31


Mean item complexity =  1
Test of the hypothesis that 1 component is sufficient.


The root mean square of the residuals (RMSR) is  0.12
 with the empirical chi square  211.09  with prob <  1.1e-23


Fit based upon off diagonal values = 0.78
```

// 요인 분석에서 분석한 요인의 상관계수 고유 값을 출력한다. 요인 분석에서 이 값이 1 이상일 때, 분석 대상이 된다.

```
> FactorResult$value
 [1] 3.3791814 1.4827707 1.2506302 0.9804771 0.7688022 0.7330511 0.6403994
0.6221934
 [9] 0.5283718 0.3519301 0.2621928


> names(FactorResult)      // 분석한 요인의 항목 출력이다. 일단 지나간다.
 [1] "values"         "rotation"      "n.obs"        "communality"   "loadings"
 [6] "fit"            "fit.off"       "fn"           "Call"          "uniquenesses"
[11] "complexity"     "chi"           "EPVAL"        "R2"            "objective"
[16] "residual"       "rms"           "factors"      "dof"           "null.dof"
[21] "null.model"     "criteria"      "STATISTIC"    "PVAL"          "weights"
[26] "r.scores"       "Vaccounted"    "Structure"    "scores"


> plot(FactorResult$values, type="b")
// 분석한 요인의 상관계수 값을 그림으로 표현한다.
```

명령어 정리

principal()	요인 분석을 수행한다.

다음 그래프에서 Values는 상관계수 행렬의 고유근을 말하는데, 중요한 점은 고유근이 1 이상인 경우에만 인자로서 채택된다는 점입니다. 여기에서는 세 개의 인자가 1이 넘으므로 선택을 받게 됩니다.

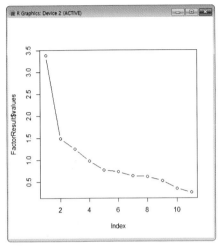

▲ 요인 분석의 상관계수 값 그래프

세 개의 인자가 선택을 받았다는 의미는 주어진 데이터를 표현하기에 적절한 인자 개수가 세 개라는 의미입니다. 그러므로 세 개의 요인을 지정한 뒤 VARIMAX 방식을 채택해서 요인 회전을 수행해 보겠습니다.

소스 : 예제 \9_14.R

```
> FactorVariable.varimax <- principal(FactorData, nfactors=3, rotate="varimax")
> FactorVariable.varimax // 분석 결과를 확인한다.
Principal Components Analysis
Call: principal(r = FactorData, nfactors = 3, rotate = "varimax")
Standardized loadings (pattern matrix) based upon correlation matrix
          RC1    RC2    RC3    h2    u2   com
lung     0.66   0.12   0.16  0.47  0.53  1.2
muscle   0.11  -0.09   0.79  0.64  0.36  1.1
liver    0.78   0.13   0.17  0.66  0.34  1.1
skeleton 0.19   0.29   0.76  0.70  0.30  1.4
kidneys  0.73   0.23  -0.14  0.61  0.39  1.3
heart    0.65  -0.11   0.19  0.46  0.54  1.2
step     0.49   0.48   0.10  0.48  0.52  2.1
stamina  0.02   0.62   0.29  0.47  0.53  1.4
stretch  0.18   0.65   0.34  0.57  0.43  1.7
```

```
blow       0.26  0.70 -0.04    0.56 0.44 1.3
urine     -0.07  0.65 -0.28    0.50 0.50 1.4

                        RC1  RC2  RC3
SS loadings            2.39 2.13 1.59
Proportion Var         0.22 0.19 0.14   // 각 요인이 설명하는 총 분산의 비율
Cumulative Var         0.22 0.41 0.56   // RC1~3의 3요인에 의해 56%가 설명된다.
Proportion Explained   0.39 0.35 0.26   // 3요인이 56%에서 차지하는 비중
Cumulative Proportion  0.39 0.74 1.00

Mean item complexity =  1.4
Test of the hypothesis that 3 components are sufficient.

The root mean square of the residuals (RMSR) is  0.1
 with the empirical chi square  142.78  with prob <  1.8e-18

Fit based upon off diagonal value = 0.85
```

앞 페이지에서 지나간 부분에 대한 분석 결과를 설명하겠습니다.

- RC1, RC2, RC3은 세 개의 요인입니다.
- h2는 각 변수의 공통성을 말하며, u2는 고유 분산을 말합니다.
- h2의 값이 통상 0.3보다 아래이면 다른 변수들과의 공통점이 별로 없는 것으로 판단합니다.
- RC1은 lung(폐), liver(간), kidneys(신장), heart(심장)가 높은 값을 가집니다. 그러므로 RC1은 Organ (장기) 부분이라고 할 수 있습니다.
- RC2는 stamina(체력), stretch(신축성), blow(호흡성) urine(소변)이 높은 값을 가집니다. 그러므로 RC2는 Ability(능력) 부분이라고 할 수 있습니다.
- RC3는 muscle(근육), skeleton(골격)에서 높은 값을 가집니다. 그러므로 RC3는 Muscle(근골) 부분이라고 할 수 있습니다.

```
> biplot(FactorVariable.varimax)    // 위의 결과를 그림으로 표현합니다.
```

명령어 정리

biplot()	요인 분석 결과를 그림으로 표시한다.

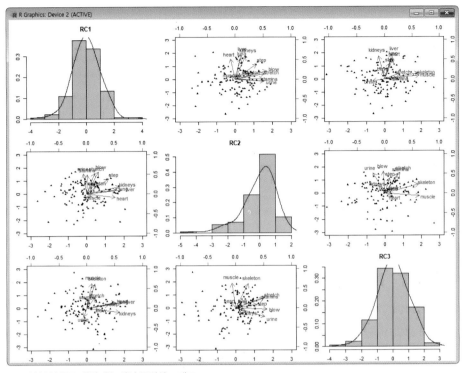

▲ 요인 분석 중요 상관계수 사이 군집성 그래프

위의 그림은 요인 분석에서 고려하였던 요인인 RC1, RC2, RC3 상호 사이 군집성을 보여 주고 있습니다. 조금 어렵다면 이번에서 두 개 요소인 RC1, RC2만을 대상으로 요인 분석을 하고 그래프로 표현해 보겠습니다.

소스 : 예제 \9_15.R

```
> Factor.varimax2 <- principal(FactorData, nfactors=2, rotate="varimax")
> biplot(Factor.varimax2)
```

다음 그림을 통해 RC1, RC2 요인이 다른 변수들을 어떻게 설명하는지를 확인할 수 있습니다. 개인적으로 이러한 결과는 바람직한 형태에 들어간다고 할 수 있지만, 대부분의 실무 사례에서는 이렇게 좋은 결과를 보기가 쉽지 않습니다.

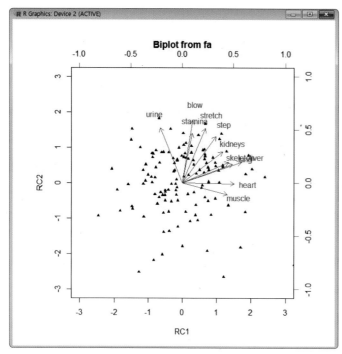

▲ 요인 분석 중요 상관계수 사이 관계 그래프

실습에서 사용한 VARIMAX 방법 말고, 실무에서 많이 사용하는 OBLIMIN 방법을 이
용하여 분석하고 결과를 해석해 보겠습니다. 거의 비슷한데, 조금 더 읽기 쉽습니다.

소스 : 예제 \9_16.R

```
> Factor.oblimin <- factanal(FactorData, factors=3,
rotation="oblimin")
> Factor.oblimin
```

위의 명령을 수행하고, 나온 결과를 앞에서 설명한 가이드에 따라 읽어본 다음, 앞 실
습과 동일하게 명령어들을 수행해서 결과를 확인해 보기 바랍니다.

명령어 정리	
factanal()	OBLIMIN 방법으로 요인 분석을 수행한다.

|04| 독립 성분 분석

독립 성분 분석(Independent Component Analysis)은 섞인 데이터에서 특정 데이터를 뽑는 기법입니다. 혼재된 데이터에서 특정 성분을 뽑는 경우에 유용하게 사용됩니다. 영상 신호나 안구 움직임에 대한 분석 등 다양한 분야에서 활용되고 있습니다.

원 데이터를 만들고, 여기에 특정 매트릭스를 곱해서 혼재된 데이터를 임의로 만든 다음 이것을 독립 성분 분석 기법인 fastICA, mlica를 이용하여 원 데이터와 유사한 데이터를 뽑아 보겠습니다.

소스 : 예제 \ 9_17.R

```
// 필요한 패키지를 메모리에 불러온다.
> install.packages("mlica2")
> install.packages("fastICA")
> library(mlica2)
> library(fastICA)

// 데이터를 실습을 위해 선 처리한다.
> S <- matrix(runif(1000), 500, 2)          // 원 데이터를 선언한다.
> A <-matrix(c(1,1,-1,3),2,2, byrow=TRUE)    // 2×2 매트릭스 선언
> X <- S %*% A   // S와 A의 매트릭스 곱을 통해 혼재된 데이터 생성

// 혼재된 데이터에서 원 데이터를 추출
> a <- fastICA(X, 2)    // X 데이터를 fastICA를 이용해서 두 개로 분리한다.


> prPCA <- PriorNormPCA(S)    // mlica를 쓰기 위하여 S를 대상으로 주성분 분석 수행
[1] "Performing SVD"
```

명령어 정리

fastICA()	데이터를 분리한다.
PriorNormPCA()	주성분 분석을 수행한다.

다음 그림은 위 명령어를 수행하면 그려지는 그래프입니다. prPCA 명령이 원 데이터를 대상으로 데이터를 분리하는 것을 확인할 수 있습니다.

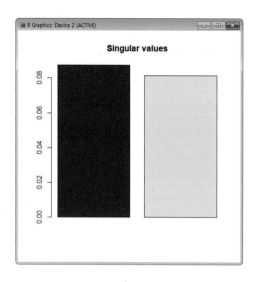

원 데이터(Original)에 매트릭스를 곱해서 혼돈된 데이터를 만들겠습니다(Preprocessed). 그리고 여기에서 fastICA, mlica를 이용하여 원 데이터(Original) 부분을 뽑아서 그림으로 표현하였습니다.

독립 성분 분석은 다양한 분야에서 많이 사용되는 기법입니다. 일단, 현재 단계에서는 주어진 예제에 집중하여 익히겠습니다. 더 많은 사례는 추후에 논문이나 다른 자료를 통하여 확인할 수 있습니다.

소스 : 예제 \ 9_18.R

```
> prNCP <- proposeNCP(prPCA, 0.01)    // mlica를 쓰기 위한 작업의 수행
[1] "About to find ncp"


> b <- mlica(prNCP, nruns=5)
// mlica를 이용하여 분석된 결과에 성분 수를 넘겨 주고 결과 확인
[1] "Entering mlica"
[1] "Performing preliminary run"
…… 이하 생략 ……

// 앞에서 수행한 결과를 그래프로 보여 준다.
> par(mfrow = c(1,4))    // 윈도우 하나에 네 개의 그림을 그린다.
> plot(S, main="original")    // Original 데이터를 그린다.
> plot(a$X, main="Pre-processed", col="red")  // 혼재된 데이터를 그린다.

> plot(a$S, main="fastICA", col="blue")
// fastICA를 이용하여 분리된 데이터 중 S 부분을 그래프로 보여 준다.
```

```
> plot(b$S, main="mlica", col="purple")
```
// mlica로 분리된 데이터 중 S 부분을 그래프로 보여 준다.

명령어 정리

proposeNCP()	mlica를 사용하기 위한 사전 작업을 수행한다.
mlica()	분석된 결과에 성분 수를 넘기고 결과를 확인한다.

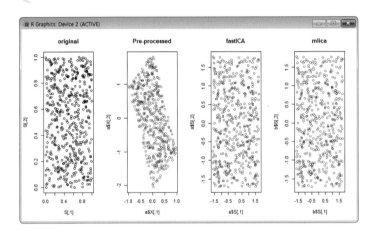

|05| 다차원 척도법

다차원 척도법(Multidimensional Scaling)은 여러 대상의 특징 사이 관계에 대한 수치적 자료를 이용해서, 유사성에 대한 측정치를 상대적 거리로 구조화하는 방법입니다. 2차원 혹은 3차원에서의 특정 위치에 관측치를 배치해서 보기 쉽게 척도화할 수 있습니다.

○ 다차원 척도법 분석 과정

- 1단계 **자료 수집 과정** : 개체 여러 개를 대상으로 복수의 특성을 측정합니다.
- 2단계 **유사성, 비유사성 측정** : 특성을 수치화하여 개체 사이 거리를 측정합니다.
- 3단계 **공간상 개체 표현** : 공간에서 개체 사이 거리를 표현합니다.
- 4단계 **최적 표현의 결정** : 현재 개체의 상호 위치에 따른 관계가 개체들 사이 비유사성에 어느 정도 적합한지를 결정합니다.

◎ 다차원 척도법 종류

- **계량적(전통적) 다차원 척도법(Classical MDS)** : 숫자 데이터로만 구성됩니다. stats 패키지의 cmdscale 함수를 사용합니다.
- **비계량적 다차원 척도법(nonmetric MDS)** : 숫자가 아닌 데이터를 포함합니다. MASS 패키지의 isoMDS 함수를 사용합니다.

◎ 계량적 다차원 척도법 실습

유럽 도시 사이 거리를 나타내는 데이터(Eurodist)에 다차원 척도법을 적용해서 그래프로 보기 좋게 표현하겠습니다.

```
> library(MASS)          // 필요한 패키지의 로드
> data(eurodist)         // 사용할 데이터를 선언한다.
                         // > eurodist를 통해서 데이터를 확인하고 진행한다.
```

데이터는 다음과 같습니다(일부만 보여드립니다). 즉, Barcelona와 Athens는 3313마일 떨어져 있습니다.

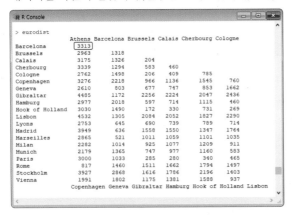

다차원 척도법을 적용하여 유럽 도시 사이 거리를 나타내는 데이터를 분석해 보겠습니다.

소스 : 예제 \9_19.R

```
> MDSEurodist <- cmdscale(eurodist)
// 계량적 방법의 다차원 척도법을 수행하고 결과를 MDSEurodist에 저장한다.
> MDSEurodist
                    [,1]        [,2]
Athens        2290.274680  1798.80293
Barcelona     -825.382790   546.81148
```

```
Brussels             59.183341    -367.08135
Calais              -82.845973    -429.91466
Cherbourg          -352.499435    -290.90843
Cologne             293.689633    -405.31194
Copenhagen          681.931545   -1108.64478
Geneva               -9.423364     240.40600
Gibraltar         -2048.449113     642.45854
Hamburg             561.108970    -773.36929
Hook of Holland     164.921799    -549.36704
Lisbon            -1935.040811      49.12514
Lyons              -226.423236     187.08779
Madrid            -1423.353697     305.87513
Marseilles         -299.498710     388.80726
Milan               260.878046     416.67381
Munich              587.675679      81.18224
Paris              -156.836257    -211.13911
Rome                709.413282    1109.36665
Stockholm           839.445911   -1836.79055
Vienna              911.230500     205.93020
```

```
> plot(MDSEurodist)    // 분석한 결과를 그림으로 그린다.
> text(MDSEurodist, rownames(MDSEurodist), cex=0.7, col="red")
// 그려진 그림에 이해를 돕기 위해. 점마다 글자를 넣는다.
> abline(v=0, h=0, lty=1, lwd=0.5)
// 그림에 중앙선을 그려서 상대적인 거리를 알 수 있도록 한다.
```

명령어 정리

cmdscale()	계량적 다차원 척도법을 수행한다.
abline()	그래프 위에 추가 선을 그린다.

그림을 통해 유럽 도시 거리를 분석하면 Paris, Lyons 등이 중심에 있는 것을 알 수 있고, Athens, Lisbon, Stockholm 등이 외곽에 있는 것을 알 수 있습니다.

또 다른 관점은 Paris, Cherbourg, Calais, Hook of Holland는 거리의 관점에서 하나의 그룹으로 묶을 수 있다는 것입니다. Geneva, Lyon, Marselles 등도 하나의 그룹으로 묶을 수 있습니다.

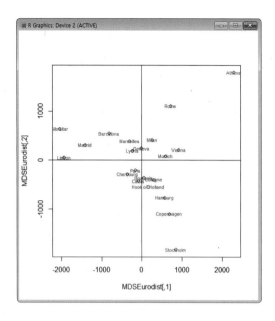

즉, 다차원 척도법은 항목 사이 거리를 기준으로 하는 자료를 이용하여 항목들의 상대적인 위치를 찾을 수 있고, 이것을 기반으로 중앙에 위치한 도시, 외곽에 위치한 도시, 동쪽 외곽 도시, 서쪽 외곽 도시를 분류할 수 있습니다. 또는 거리만으로 동일한 그룹으로 묶을 수 있는 도시들을 파악할 수 있습니다. 이러한 도시 그룹에 대한 정보는 물류 시스템 배송 체계를 구성하고자 하는 경우 유용하게 사용할 수 있습니다.

○ 비계량적 다차원 척도법 실습

비계량적 다차원 척도법 실습을 위하여 voting 데이터를 이용하겠습니다. 이 자료는 15명의 의원이 19개의 환경 법안에 투표한 결과를 정리한 것입니다.

소스 : 예제\9_20.R

```
> install.packages("HSAUR")
> data("voting", package="HSAUR")   // 데이터를 읽는다.
> library(MASS)   // 필요한 패키지를 메모리로 올린다.
> voting
```

데이터는 다음 그림과 같습니다. Hunt와 Sandman이 만나는 곳의 8이라는 숫자는 두 의원이 19개의 법안 중에서 여덟 개의 법안에 같이 투표했다는 의미입니다.

제출된 법안에 대한 의원들의 성향을 그림으로 나타내 봅시다.

소스 : 예제 \9_21.R

```
> MDSvoting <- isoMDS(voting)    // 비계량적 다차원 척도법을 수행하고 결과를 MDSvoting에 저장한다.

initial   value 15.268246

iter    5 value 10.264075

final   value 9.879047

converged


> MDSvoting   // MDSvoting의 모습을 확인한다.

$points
                           [,1]         [,2]

Hunt(R)            -8.4354008   0.9063380

Sandman(R)         -7.4050250   7.8770232

Howard(D)           6.0930164  -1.4971986

Thompson(D)         3.5187022   5.2486888

Freylinghuysen(R)  -7.2457425  -4.1821704

Forsythe(R)        -3.2787096  -2.5689673

Widnall(R)         -9.7110008  -1.1187710

Roe(D)              6.3429759   1.0388694

Heltoski(D)         6.2983842   0.2706499

Rodino(D)           4.2829160  -0.9151604

Minish(D)           4.2642545  -0.3919690

Rinaldo(R)          5.0285425   0.2665701

Maraziti(R)        -4.4577693  -6.2177727

Daniels(D)          0.8129854  -0.9417672

Patten(D)           3.8918709   2.2256372
```

```
$stress
[1] 9.879047
```

```
// 결과인 MDSvoting을 그래프로 표현하기 위하여 데이터를 분리한다.
> x <- MDSvoting$point[,1]
> y <- MDSvoting$point[,2]
> plot(x,y)    // 점으로 표시한다.
> text(x, y, labels= colnames(voting))    // 표시된 점에 위원 이름을 출력한다.
```

명령어 정리	
isoMDS()	비계량적 다차원 척도법을 수행한다.

다음 그림을 통해 의원들의 성향을 파악할 수 있습니다. 즉, Minish Rodino, Howard, Rinaldo Roe 의원은 동일한 성향을 가지는 의원으로 파악할 수 있고, Sandman, Maraziti 의원은 각각 독특한 취향을 가지는 의원으로 파악할 수 있는 것입니다.

요약하면, 다차원 척도법은 주어진 데이터를 기반으로 수행하는 또 다른 관점의 군집 분석이라고 할 수 있습니다. 주어진 데이터를 대상으로 특정 기준(거리, 동일성)에 의거하여 재배열한 다음 그래프로 표현해서 분석가가 주어진 데이터를 특징에 따른 군집으로 분류할 수 있습니다. 이를 통하여 분리된 군집을 대상으로 또 다른 분석 기법을 적용할 수도 있고, 이 자체로서 분석을 마치고 대응 방안을 찾을 수도 있습니다.

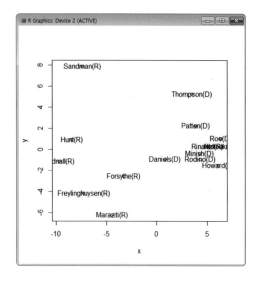

Part 9에서는 주어진 데이터를 가지고 어떤 관점에서 어떤 분석을 수행할 것인지에 대한 사전 작업을 수행하는 과정을 설명했습니다. 실제로 데이터 마이닝의 경우에 주어진 데이터가 큰 경우가 대부분으로 이들의 특성을 파악하는 과정은 모든 분석의 시작입니다. 다음 질문에 답을 찾아보고, 명확하지 않으면 본문으로 돌아가서 내용을 확인하기 바랍니다.

1 군집 분석은 어떤 경우에 수행하는 분석인가?

2 군집 분석의 종류는 무엇이 있으며, 각 분석 기법 사이 차이에 대하여 설명하라.

3 주성분 분석은 어떤 경우에 수행하는 분석인가?

4 인자 분석은 어떤 경우에 수행하는 분석인가?

5 주성분 분석과 인자 분석의 차이를 설명하라.

6 독립 성분 분석은 어떤 경우에 수행하는 분석인가?

7 다차원 척도법은 어떤 경우에 수행하는 분석인가?

8 다차원 척도법과 군집 분석의 차이에 대하여 설명하라. 각각 어떤 경우에 사용하면 좋은지 예를 들어라.

Part 9를 마치기 전에, 각 분석 기법에서 제시한 예를, 데이터를 중심으로 다시 한 번 복습하기를 추천합니다.
어떤 데이터에서, 어떤 결과를 얻고자, 어떤 기법을 사용하는지 정리하기 바랍니다.

※ [복습]에 대한 답변은 정보문화사 홈페이지에서 예제 소스와 함께 확인할 수 있습니다.

빅데이터 분석은 데이터 마이닝과는 약간 다른 측면이 있습니다. 그래서 기존에 사용하는 연관 규칙 분석, 판별 분석, 시계열 분석을 별도로 분리하여 빅데이터 분석 기법 범주에 넣어서 설명하며, 다른 부분과 동일하게 실습을 통하여 데이터 분석에 맞추어 언제 어떻게 적용하는지에 중점을 두고 설명합니다.

빅데이터에 적용되는
분석 기법

## CHAPTER 01

연관 규칙 분석

연관 규칙 분석(Association Rule Analysis)은 대용량 데이터베이스에서 변수들 사이에 흥미로운 관계를 탐색하기 위해 고안된 방법입니다. 마케팅과 웹 마이닝에서 많이 사용합니다.

|01| 연관 규칙 분석 정의

연관 규칙 분석은 자료에 있는 항목 사이 if~then 형식의 연관 규칙을 찾는 방법으로서 자율 학습법의 하나입니다. 다만, 빅데이터 분석에 자주 사용되므로 여기에서 설명하겠습니다.

기업의 데이터베이스에서 상품 구매, 서비스 등 일련의 거래 또는 사건들 사이 연관성에 대한 규칙을 발견하기 위해 사용하며 다른 말로 장바구니 분석(Market Basket Analysis)이라고 합니다.

|02| 연관 규칙 분석 적용 예

연관 규칙 분석의 예를 들어보면, 편의점 매출 데이터를 연관 규칙 분석을 이용하여 분석했을 때 다음과 같은 결과가 나올 수 있습니다.

- 껌 구매만 이루어집니다.
- 맥주 구매는 과자 구매로 이어지는 경우가 많습니다.
- 남성이, 금요일에, 맥주를 구매하는 경우, 소주를 같이 사는 경우가 많습니다.

위의 결과를 기반으로 편의점에서 상품을 배치할 때, 껌은 판매대 밑에 배치하고, 맥주는 과자 코너 다음에 배치하고, 맥주와 소주는 동일한 위치에 배치할 수 있습니다.

구글이나 교보문고 웹 사이트에 가보면, 특정 제품을 검색하면 연관 제품에 대한 추천이 뜨는 경우를 보게 됩니다. 이것을 상품 추천(Recommendation)이라 하는데, 이때, 사용되는 기법의 하나가 연관 규칙 분석(고객이 구매한 상품 사이 연관 분석), 순차 분석(고객의 시간 흐름에 따른 구매 패턴)입니다.

|03| 연관 규칙 분석 실습

연관 규칙 분석을 실습해 보겠습니다.

소스 : 예제 \10_01.R

```
> install.packages("arules")
> library(arules)    // 필요한 패키지를 설치한다.


> a_list <- list(c("a","b","c"), c("a","b"), c("a","b","d"), c("c","e"),
c("a","b","d","e"))    // 예제로 사용할 데이터를 구성한다.
> names(a_list) <- paste("Group", c(1:5), sep="")
// 데이터에 그룹별 이름을 할당한다.
> a_list            // 데이터를 확인한다.
$Group1              // 고객이나 고객 그룹인 Group1은 한 번의 쇼핑에서
[1] "a" "b" "c"    // a, b, c 세 개의 물품을 구입한다.
// 고객이나 고객 그룹인 Group2는 한 번의 쇼핑에 a, b 두 개의 물품을 구입한다.
$Group2
[1] "a" "b"


$Group3
[1] "a" "b" "d"


$Group4
[1] "c" "e"


$Group5
[1] "a" "b" "d" "e"


> trans <- as(a_list, "transactions")    // 데이터를 transactions 클래스로 변환한다.
> trans // 변환된 데이터를 확인한다.
transactions in sparse format with
 5 transactions (rows) and     // 데이터에 다섯 개의 그룹이 있다는 의미이다.
 5 items (columns)             // 데이터는 a,b,c,d,e의 다섯 가지가 있다.


> summary(trans)    // 요약 정보를 보여 준다.
transactions as itemMatrix in sparse format with
 5 rows (elements/itemsets/transactions) and
 5 columns (items) and a density of 0.56


most frequent items:
```

```
// a 물건은 네 개 그룹에서 발생, c 물건은 두 개 그룹에서 발생한다.
        a       b       c       d       e (Other)
        4       4       2       2       2       0


element (itemset/transaction) length distribution:
sizes   // 물건을 두 개 구매한 경우(고객)가 두 번, 세 개 구매한 경우가 두 번이다.
2 3 4
2 2 1
        // 그룹(고객)당 구매 물품의 최소는 2, 최대는 4, 중위수는 3이다.
   Min. 1st Qu.  Median    Mean 3rd Qu.    Max.
   2.0     2.0     3.0     2.8     3.0     4.0


includes extended item information - examples: // 물건 이름
   labels
1       a
2       b
3       c


includes extended transaction information - examples: // 고객이나 그룹 이름
   transactionID
1          Group1
2          Group2
3          Group3

> image(trans)    // 위의 설명을 그림으로 표현한다.
```

명령어 정리	
as()	연관 분석을 위해 데이터를 변환한다.
image()	변환된 데이터를 그림으로 보여 준다.

그림은 다음의 의미를 가집니다.

- Row(1)은 1, 2, 3번 아이템으로 구성됩니다. : Group1 = a, b, c
- Row(2)는 1, 2번 아이템으로 구성됩니다.   : Group2 = a, b
- 그 외, Row(3), Row(4), Row(5)는 위와 같은 방식으로 해석합니다.

그림을 살펴보면, 물건을 두 개 구매한 경우가 두 번, 물건을 세 개 구매한 경우가 두 번, 물건을 네 개 구매한 경우가 한 번 있다는 것도 확인할 수 있습니다.

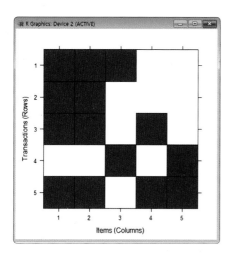

연관 규칙을 만들어 보고 뒷부분에서 설명하겠습니다.

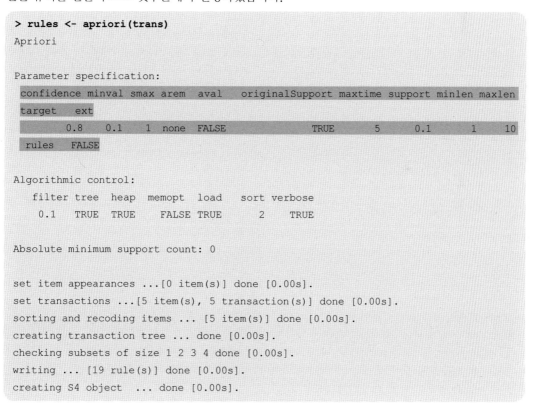

```
> rules <- apriori(trans)
Apriori


Parameter specification:
 confidence minval smax arem  aval  originalSupport maxtime support minlen maxlen
 target    ext
        0.8    0.1    1  none FALSE            TRUE       5     0.1      1     10
  rules   FALSE


Algorithmic control:
  filter tree  heap  memopt  load   sort verbose
    0.1  TRUE  TRUE   FALSE  TRUE      2    TRUE


Absolute minimum support count: 0

set item appearances ...[0 item(s)] done [0.00s].
set transactions ...[5 item(s), 5 transaction(s)] done [0.00s].
sorting and recoding items ... [5 item(s)] done [0.00s].
creating transaction tree ... done [0.00s].
checking subsets of size 1 2 3 4 done [0.00s].
writing ... [19 rule(s)] done [0.00s].
creating S4 object  ... done [0.00s].
```

apriori()	연관 관계를 만든다.

위에서 만들어진 연관 규칙을 이해하기 위해 필요한 용어를 정리합니다. 이후 summary에서 좀 더 자세히 설명하겠습니다. 여기에서는 Parameter Specification에서 사용한 용어의 의미를 파악하겠습니다.

- **support** : 규칙의 최소 지지도(전체 거래에서 a, b가 동시에 일어난 횟수)입니다. 0.1이 기본 값입니다.
- **confidence** : 규칙의 최소 신뢰도(a를 포함한 거래 중, a, b가 동시에 발생할 확률)입니다. 0.8이 기본 값입니다.
- **minlen** : 규칙에 포함되는 최소 물품 수입니다. 1이 기본 값입니다.
- **maxlen** : 규칙에 포함되는 최대 물품 수입니다. 10이 기본 값입니다.
- **smax** : 규칙의 최대 지지도입니다. 1이 기본 값입니다.
- **lift** : a와 b가 동시에 발생할 확률을 a가 발생할 확률과 b가 발생할 확률을 곱한 값으로 나눈 것입니다. 즉, a,b가 우연히 거래될 확률보다 a, b 사이 관계가 밀접한지를 보는 지표로서 1보다 크면 우연히 발생하지 않았다는 의미입니다. 뒤에서 사용되는 단어입니다.

그 외 다수의 변수가 있습니다. 앞에서 살펴본 데이터 연관관계를 요약해 보겠습니다.

```
> summary(rules)
set of 19 rules

rule length distribution (lhs + rhs):sizes
 1  2  3  4
 2  4 10  3

   Min. 1st Qu.  Median    Mean 3rd Qu.    Max.
  1.000   2.000   3.000   2.737   3.000   4.000


summary of quality measures:
    support          confidence           lift            count
 Min.   :0.2000   Min.   :0.8000   Min.   :1.000   Min.   :1.000
 1st Qu.:0.2000   1st Qu.:1.0000   1st Qu.:1.250   1st Qu.:1.000
 Median :0.2000   Median :1.0000   Median :1.250   Median :1.000
 Mean   :0.3684   Mean   :0.9789   Mean   :1.421   Mean   :1.842
 3rd Qu.:0.4000   3rd Qu.:1.0000   3rd Qu.:1.250   3rd Qu.:2.000
 Max.   :0.8000   Max.   :1.0000   Max.   :2.500   Max.   :4.000
```

```
mining info:
  data ntransactions support confidence
 trans               5      0.1         0.8
```

출력된 결과를 읽어서 의미를 찾는 것은 힘들어 보입니다. 그래서 이것을 사용자들이 쉽게 이해할 수 있도록 새롭게 표현해 주는 명령어 inspect가 있습니다.

```
> inspect(rules)  // 앞의 요약을 보기 좋게 정리한 것으로 앞의 내용이 설명되어 있다.
        lhs           rhs     support    confidence    lift      count
[1]     {}        => {b}      0.8        0.8           1.00      4
[2]     {}        => {a}      0.8        0.8           1.00      4
[3]     {d}       => {b}      0.4        1.0           1.25      2
[4]     {d}       => {a}      0.4        1.0           1.25      2
[5]     {b}       => {a}      0.8        1.0           1.25      4
[6]     {a}       => {b}      0.8        1.0           1.25      4
[7]     {b,c}     => {a}      0.2        1.0           1.25      1
[8]     {a,c}     => {b}      0.2        1.0           1.25      1
[9]     {d,e}     => {b}      0.2        1.0           1.25      1

[10]    {b,e}     => {d}      0.2        1.0           2.50      1
[11]    {d,e}     => {a}      0.2        1.0           1.25      1
[12]    {a,e}     => {d}      0.2        1.0           2.50      1
[13]    {b,e}     => {a}      0.2        1.0           1.25      1
[14]    {a,e}     => {b}      0.2        1.0           1.25      1
[15]    {b,d}     => {a}      0.4        1.0           1.25      2
[16]    {a,d}     => {b}      0.4        1.0           1.25      2
[17]    {b,d,e}   => {a}      0.2        1.0           1.25      1
[18]    {a,d,e}   => {b}      0.2        1.0           1.25      1
[19]    {a,b,e}   => {d}      0.2        1.0           2.50      1
```

명령어 정리

inspect()	연관 관계 분석 결과를 보기 좋게 출력한다.

총 다섯 건의 구매 그룹(구매자) 행위가 있었다는 것을 기억하고 inspect 명령어의 결과를 이해하기 위해 다음 설명을 읽어 보겠습니다.

• [1]번은 구매 물품 중에서 b가 포함된 경우가 네 번 있다는 의미입니다. 전체 구매 다섯 건 중에 네

건이므로 support=0.8, confidence=0.8, lift는 기본 값인 1입니다.

- [3]번의 의미는 d를 구매한 사람 중에서 b를 구매한 경우가 두 번 있다는 의미입니다. support = 0.4, confidence=1, lift=1.25이므로 둘의 관계는 약간 끈끈합니다.
- [7]번은 b,c를 구매한 사람이 a를 구매한 경우가 한 번 있었고, support=0.2, confidence=1, lift=1.24 이므로 둘의 관계는 끈끈하다고 판단합니다.

설명하지 않은 다른 부분들은 동일한 요령으로 읽을 수 있습니다. 지금 한 번 차근차근 출력된 결과를 읽어 보기 바랍니다. 결과를 읽는 것이 힘들다고 느꼈다면, 결과를 그래프로 보며 좀 더 쉽게 읽을 수 있습니다. 그것은 plot를 이용하여 결과 파일인 rules를 그림으로 표현하는 것입니다.

```
> plot(rules, method="grouped")   // 설명된 것을 그림으로 표현한다.
```

다음 그림에서 grouped라는 옵션은 연관 규칙의 조건(LHS)과 결과(RHS)를 기준으로 그래프를 보여 줍니다. 19가지 경우(전 페이지의 inspect 결과)가 있으므로 19가지가 보이고, 색상 진하기는 향상도(lift)를 보여 줍니다. 이름 앞 숫자는 그 조건으로 되어 있는 연관 규칙 수를 의미합니다.

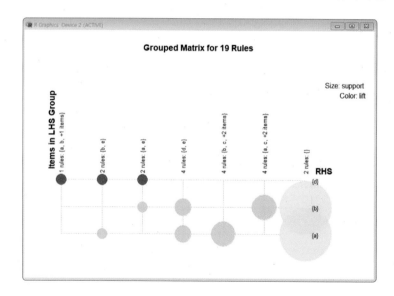

그림의 의미를 읽어 보면 다음과 같습니다. 다만, 그림의 의미를 이해하기 위해서는 이번 실습을 위해 우리가 구성한 데이터가 총 다섯 개였다는 것을 기억하면 편합니다.

기억나지 않는다면 앞으로 가서 구성한 데이터를 확인하기 바랍니다.

- a, b 물건을 산 사람은 d 물건을 샀습니다.

- b, e 물건을 산 사람은 d, a 물건을 샀습니다.

- a, e 물건을 산 사람은 d, b 물건을 샀습니다.

위에서 전체적인 연관관계를 살펴보았습니다. 이제 유용한 연관 규칙을 확인하기 위하여 최소 지지도를 0.8(여덟 번 이상 거래에서 나타나는 연관 규칙), 신뢰도를 0.8로 설정하여 실행해 보겠습니다.

소스 : 예제\10_02.R

```
> sum.rules <- apriori(trans, parameter=list(support=0.8, confidence=0.8))
Apriori

Parameter specification:
 confidence minval smax arem  aval originalSupport maxtime support minlen maxlen
target   ext
        0.8    0.1    1 none FALSE            TRUE       5     0.8      1     10
rules FALSE

Algorithmic control:
 filter tree heap memopt load sort verbose
    0.1 TRUE TRUE  FALSE TRUE    2    TRUE

Absolute minimum support count: 4

set item appearances ...[0 item(s)] done [0.00s].
set transactions ...[5 item(s), 5 transaction(s)] done [0.00s].
sorting and recoding items ... [2 item(s)] done [0.00s].
creating transaction tree ... done [0.00s].
checking subsets of size 1 2 done [0.00s].
writing ... [4 rule(s)] done [0.00s].
creating S4 object  ... done [0.00s].


> summary(sum.rules)
set of 4 rules

rule length distribution (lhs + rhs):sizes
1 2
2 2
```

```
       Min. 1st Qu.  Median    Mean  3rd Qu.    Max.
        1.0     1.0     1.5     1.5      2.0     2.0

summary of quality measures:
     support        confidence          lift              count
 Min.   :0.8    Min.   :0.8    Min.   :1.000    Min.   :4
 1st Qu.:0.8    1st Qu.:0.8    1st Qu.:1.000    1st Qu.:4
 Median :0.8    Median :0.9    Median :1.125    Median :4
 Mean   :0.8    Mean   :0.9    Mean   :1.125    Mean   :4
 3rd Qu.:0.8    3rd Qu.:1.0    3rd Qu.:1.250    3rd Qu.:4
 Max.   :0.8    Max.   :1.0    Max.   :1.250    Max.   :4

mining info:
  data ntransactions support confidence
 trans             5     0.8         0.8

> inspect(sum.rules)  // 위의 결과를 보기 좋게 정리한다.
     lhs       rhs   support   confidence   lift   count
[1] {}   => {a}     0.8       0.8          1.00   4
[2] {}   => {b}     0.8       0.8          1.00   4
[3] {a}  => {b}     0.8       1.0          1.25   4
[4] {b}  => {a}     0.8       1.0          1.25   4
```

위의 결과는 신뢰도가 0.8 이상인 것만을 보여 주고 있습니다. 이 결과는 우리가 원했던 것과 동일한 것입니다.

위의 inspect 결과를 그래프로 표현하여 의미를 파악해 보겠습니다. 앞의 실습과 동일하므로 별도의 그림을 제시하지 않습니다. 다만, 그림을 그려서 의미를 파악하는 것이 중요하므로 반드시 그림을 그린 다음 그림 의미를 읽어 보기 바랍니다.

|04| 순차 패턴 분석 개념과 분석 방법

◎ 연관 규칙 분석과 순차 패턴 분석 비교

- **공통점** : If A then B 형식의 데이터에 숨겨진 규칙을 찾는 것입니다.
- **차이점** : 순차 패턴 분석은 시간/순서에 따른 사건 규칙을 찾는 것이므로 분석하고자 하는 데이터에 식별 정보(Identity Information)와 시간(TimeStamp) 변수가 있어야 합니다. 연관 규칙 분석은 동시 발생 사건 또는 시간을 고려하지 않은 사건에 대한 연관관계 분석입니다.

◎ 순차 패턴 분석 데이터 형태(고객 sequence 데이터)

데이터에 시간과 구매 패턴이 있다는 점에 주의하여 살펴보면, 연관 규칙 분석 데이터와 순차 패턴 분석 데이터가 어떻게 다른지 확인할 수 있습니다.

고객 ID	TimeStemp	구매 물건
1	2018-09-01	{A, B}
2	2018-09-01	{A, B, C, D}
1	2018-09-02	{B, C, D, F}
1	2018-09-02	{B}
2	2018-09-02	{M, N, K, L}
3	2018-09-02	{A, B}
4	2018-09-02	{A, B, M, N}
1	2018-09-03	{A, B}

시간

◎ 순차 패턴 분석 방법

- **데이터 정렬** : 트렌젝션 데이터(시간별로 발생한 데이터)를 고객 시퀀스 데이터로 변환합니다.
- **자주 발생하는 항목 정리 단계** : 정렬된 데이터에서 고객 비율 대비 최소 지지도 이상인 것을 추출하고 일련번호를 부여합니다.
- **변환 단계** : 자주 발생하는 항목을 고려하여 고객 시퀀스 데이터를 시퀀스로 변환합니다.
- 빈발 시퀀스를 도출하고, 최대 시퀀스를 탐색합니다.

R에서는 'arulesSequences' 패키지를 이용하여 순차 패턴 분석을 수행할 수 있습니다. 이때 사용하는 알고리즘은 cSPADE입니다. 순차 패턴 분석은 특수한 경우에 사용하는 것으로 이 책에서는 사례를 제공하지 않습니다. 다만, 순차 패턴 분석이 무엇이고, 어떤 경우에 사용하며, 어떤 단계로 이루어지는지를 확인하기 바랍니다.

## CHAPTER 02

판별 분석

판별 분석(Discriminant Analysis)은 두 개 이상의 모집단으로부터 표본이 섞였을 때, 개별 경우에 대하여 그것이 어떤 모집단에 속하는지를 판별하기 위한 함수를 만들어서 데이터를 분류하는 방법입니다.

|01| 판별 분석 종류

은행에서 카드를 발급하는 경우를 생각해 보겠습니다. 어떤 사람이 카드 발급을 신청한 경우 카드 발급 여부를 결정해야 한다면, 기존 고객 데이터에서 신용이 좋은 사람과 나쁜 사람의 특성을 파악하여 함수를 만들고 이것을 기반으로 신청한 고객이 어느 부류에 속하는지를 판단할 때 판별 분석이 쓰일 것입니다. 판별 함수는 일반적으로 그룹 안 분산(Variance within Group)에 비하여 그룹 사이 분산(Variance between Group)의 최대화로 얻어집니다. 일반적으로 로지스틱 회귀와 많이 비교됩니다.

- **선형(Linear) 판별 분석** : 정규 분포의 분산−공분산 행렬이 범주에 관계없이 동일한 경우 적용됩니다.
- **이차(Quadratic) 판별 분석** : 정규 분포의 분산−공분산 행렬이 범주별로 다른 경우 적용됩니다.

|02| 선형 판별 분석

선형 판별 분석은 데이터를 특정 축에 투영하여 데이터를 잘 구분할 수 있는 직선을 찾는 것을 목표로 하는 분석 방법입니다.

소스 : 예제 \10_03.R

```
> library(caTools)
// 데이터의 사전 조작을 위해 필요한 패키지를 불러온다.

// iris 데이터를 train과 test로
> set.seed(1300)
> split <- sample.split(iris$Species, SplitRatio=.7)
> train <- subset(iris, split == T)
> test <- subset(iris,split == F)
```

```
> test.y <- test[,5]    // 결과 비교를 위해 별도로 저장해 놓는다.
> library(MASS)         // LDA 분석을 위해 필요한 패키지를 불러온다.

> iris.lda <- lda(Species~., data=train, prior=c(1/3, 1/3, 1/3))
// 판별 분석을 수행한다. 이때, Species가 세 개 이므로, prior도 세 개여야 한다.
> iris.lda
Call:
lda(Species ~ ., data = train, prior = c(1/3, 1/3, 1/3))

Prior probabilities of groups:    // 각 특성별 부여한 비율 표시
    setosa versicolor  virginica
 0.3333333  0.3333333  0.3333333

Group means:                      // 각 Species별 변수의 평균 값 정리
            Sepal.Length  Sepal.Width  Petal.Length  Petal.Width
setosa          4.960000     3.382857      1.437143    0.2485714
versicolor      5.945714     2.742857      4.240000    1.3085714
virginica       6.617143     2.954286      5.580000    2.0028571

Coefficients of linear discriminants:   // 선형 판별을 위한 변수 특성 보기
                   LD1          LD2
Sepal.Length   0.9091493   0.00700693
Sepal.Width    1.4904435   2.20409561
Petal.Length  -2.3947752  -0.80575356
Petal.Width   -2.3169094   2.59717938


Proportion of trace:
   LD1    LD2
0.9915 0.0085


> plot(iris.lda)    // 앞의 내용을 그래프로 보여 준다.
```

명령어 정리

sample.split()	주어진 데이터를 분리한다.
lda()	판별 분석을 수행한다.

다음 그림을 통해 주어진 데이터가 LD1을 기준으로 확실히 분리되는 것을 볼 수 있습니다(99%). 나머지 LD2로는 특별한 분류의 효과를 보지 못한다는 것을 알 수 있습니다.

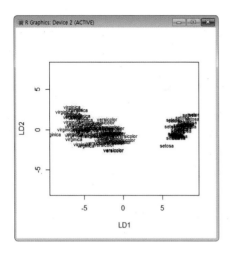

LD1, LD2로 구성된 모델을 기반으로 주어진 데이터에 대한 예측을 해 보겠습니다.

소스 : 예제\10_04.R

```
> testpred <- predict(iris.lda, test)
> table(test.y, testpred$class)

test.y        setosa    versicolor virginica
  setosa        15            0         0
  versicolor     0           14         1
  virginica      0            0        15
```

이미 iris 데이터를 기반으로 수많은 예측 모델을 만들었고, 예측을 해 보았습니다. 판별 분석은 iris 데이터와 같은 형태에 적합한 분석 및 예측 모델이며, 예측 결과가 정확합니다.

|03| 이차 판별 분석

이차 판별 분석을 수행하여 얻은 모델을 이용하여 얻은 예측 결과입니다. 이미 다양한 기법들로 iris 데이터를 이용한 예측을 수행하였는데, 그들과 대등한 수준의 예측이 이루어지고 있음을 알 수 있습니다. 이러한 이유로 판별 분석을 로지스틱 회귀와 비교하는 경우가 많습니다. 이 시점에서 기법과 예측 정확성을 다시 한 번 정리해 보기 바랍니다.

```
> install.packages("biotools")
> library(biotools)    // 필요한 패키지를 불러온다.
> boxM(iris[1:4], iris$Species)    // QDA의 적용을 위해서는 분산-공분산 행렬이 동일하지 않아야 한다. 이
것을 확인하는 과정이다.


        Box's M-test for Homogeneity of Covariance Matrices


data:  iris[1:4]
Chi-Sq (approx.) = 140.94, df = 20, p-value < 2.2e-16
// 위에서 p-value가 0.05보다 작으므로 분산-공분산 행렬이 동일하지 않음을 알 수 있다. 그러므로 QDA를 적용한다.


> iris.qda <- qda(Species~., data=train, prior=c(1/3, 1/3, 1/3))
> iris.qda
Call:
qda(Species ~ ., data = train, prior = c(1/3, 1/3, 1/3))


Prior probabilities of groups:
    setosa versicolor  virginica
 0.3333333  0.3333333  0.3333333


Group means:
           Sepal.Length Sepal.Width  Petal.Length  Petal.Width
setosa         4.960000    3.382857      1.437143    0.2485714
versicolor     5.945714    2.742857      4.240000    1.3085714
virginica      6.617143    2.954286      5.580000    2.0028571
// QDA는 직선이 아니므로 plot으로 표현하기 어렵다.


> testqda <- predict(iris.qda, test)
// QDA의 모델을 사용하여 test 데이터를 대상으로 예측을 수행한다.


> table(test.y, testqda$class)
test.y       setosa   versicolor   virginica
  setosa         15            0           0
  versicolor      0           14           1
  virginica       0            0          15
```

명령어 정리

boxM()	QDA 분석 이전에 분산-공분산 행렬을 확인한다.
qda()	이차 판별 분석을 수행한다.

## CHAPTER 03

시계열 분석

시계열 분석은 일정 시간 간격으로 관측된 데이터의 수열을 의미합니다. 예로써, 한 달 동안 공장에서 생산된 일일 생산량, 지난 20년간 목동 지역 단위 인구 수 등을 관측하기에 좋습니다.

|01| 시계열 분석

○ 시계열 분석 정의

시계열 분석(Time Series Analysis)은 시계열 데이터를 해석하고 이해하는 데 쓰이는 여러 방법을 의미하며, 시간을 주기로 가지는 데이터를 기반으로 데이터의 흐름, 중요 요인, 미래 변동 예측을 수행하는 데 사용합니다.

시계열 데이터를 구성하는 성분은 다음과 같습니다.

- **추세 요인(Trend Factor)** : 장기간에 걸친 상승이나 하강의 경향을 의미합니다.
- **계절성 요인(Seasonal Factor)** : 특정 기간 동안의 주기적 변동성을 의미합니다.
- **순환 요인(Cyclical Factor)** : 계절성 이외 요인으로 인한 추세 이탈을 의미합니다.
- **불규칙한 요인(Irregular Factor)** : 추세, 계절, 주기 외의 남은 움직임으로, 잡음이나 오차를 의미합니다.

회귀 분석은 시점을 고려하지 않는데, 시계열 분석은 시간을 고려한다는 점이 다릅니다.

○ 시계열 데이터 종류

- **정적 시계열 데이터** : 어떤 값을 중심으로 일정한 변동 폭을 가지면서 시간에 따라 변화하는 모습을 보이는 데이터입니다.
  예 시간을 축으로 평균과 분산이 일정한 데이터

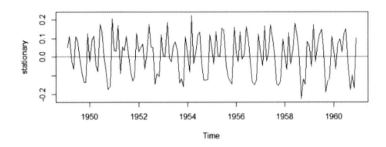

시계열 데이터 정상성 조건은 다음과 같습니다.

- 평균이 일정합니다.
- 분산이 일정합니다.
- 공분산(두 변수의 관계를 나타내는 양)도 특정 시점에서 t, s에 의존하지 않고 일정합니다.

• **비정적 시계열 데이터** : 평균이나 분산이 일정하지 않은 모습을 보이는 데이터입니다.

⒠ 시간을 축으로 평균과 분산이 일정하지 않은 데이터

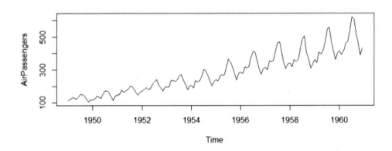

비정적 시계열 데이터를 분석하기 위해서는 정적 시계열 데이터로 변환해야 하는데, 이때 사용되는 방법이 차이 값(diff)과 로그(log) 변환입니다. 뒷부분 실습에서 사용 예를 제공합니다. ▶390쪽 참고

○ 시계열 분석 용도

• 시계열 분석은 미래를 예측하기 위한 방법이 아닙니다. 시계열은 시간이라는 기본 축을 가지기 때문에 미래를 예측하는 데 사용하면 부정확할 가능성이 높습니다. 그리고, 이미 이 책에서 미래를 예측하는 엄청난 방법들을 설명하였습니다. 그것을 활용하면 됩니다.

• 시계열은 현재를 기준으로 과거를 분석할 때 사용합니다. 예를 들면, 어떤 사람이 증권에서 높은 수익을 창출한 경우, 그 비결이나 원인이 무엇인지를 분석할 때 사용하면 좋습니다.

- 시계열은 과거의 데이터를 기반으로 미래의 변화에 대한 시나리오를 만들고 비교하는 데 사용하면 유용합니다.
- 시계열은 현재 발생한 상황에 대한 요인을 분석할 때 사용할 수 있습니다. 예를 들어 국민 총 생산 (GDP; Gross Domestic Product)은 소득, 인구, 수출 등 여러 요인이 작용합니다. 이때 GDP를 증가하게 하기 위한 방법을 고려할 때 사용할 수 있습니다.

○ 시계열 분석과 빅데이터 관계

빅데이터는 IoT에 관련된 장비나 프로그램에 의해서 자동적으로 만들어지는 데이터를 대상으로 하는 것입니다. 이런 관점에서 보면, IoT에서 만들어지는 모든 데이터는 시간에 따라 자동 발생되고, 특정 패턴을 가지게 됩니다. 이것을 분석하는 방법은 여러 가지가 있지만, 필자의 생각에는 시계열 분석이 큰 의미를 가지게 될 것 같습니다.

즉, 시간의 흐름에 따른 변화(일별, 월별, 계절별, 연별……)를 추적하고 패턴을 찾는 시계열 분석은 빅데이터와 아주 잘 어울리는 분석 방법입니다.

○ 시계열 분석 모델

- 자기 상관 모델(AR Model; Autocorrelation Model) : 어떤 변수에 대해서 이전 값이 이후 값에 영향을 미치는 경우에 적용하는 모델입니다. 검사를 위하여 PACF를 사용합니다.
  예 용수철의 움직임

- 이동 평균 모델(MA Model; Moving Average Model) : 시간이 지나면서 어떤 변수의 평균 값이 지속적으로 감소하거나 증가하는 경향이 있는 경우에 적용하는 모델입니다. 검사를 위하여 ACF를 사용합니다.
  예 가정 전기 사용량

- ARMA 모델(Autoregressive Moving Average Model) : AR + MA 모델입니다.
- ARIMA 모델(Autoregressive Integrated Moving Average Model) : ARMA 모델이 과거 데이터를 사용하는 것에 비해서 ARIMA 모델은 과거 데이터가 가지는 추세(Momentum)도 반영합니다. 특히, 데이터가 비 안정적(Non Stationary Series)인 경우에도 안정화 과정을 거쳐서 적용이 가능합니다.

|02| 시계열 데이터 생성

시계열 데이터는 동일한 시간 간격의 데이터입니다. R에는 시계열 데이터를 만드는 명령이 있습니다.

```
> a <- ts(1:30, frequency=12, start=c(2017.3))
// 시계열 데이터로 변형하는 명령어 ts
> a     // 만들어진 데이터가 시계열 데이터로 변형되었음을 확인한다.
Time Series:
Start = 2017.3
End = 2019.71666666667
Frequency = 12
 [1]  1  2  3  4  5  6  7  8  9 10 11 12 13 14 15 16 17 18 19 20 21 22 23 24 25 26
27 28 29 30
> attributes(a)
$tsp
[1] 2017.300 2019.717   12.000

$class
[1] "ts"


> aa <- ts(1:24, start=2010, end=2012, frequency=12)   // 시계열 데이터로 변경
> aa
     Jan Feb Mar Apr May Jun Jul Aug Sep Oct Nov Dec
2010   1   2   3   4   5   6   7   8   9  10  11  12
2011  13  14  15  16  17  18  19  20  21  22  23  24
2012   1
> attributes(aa)
$tsp
[1] 2010 2012   12

$class
[1] "ts"
```

명령어 정리

ts()	시계열 분석 데이터로 변형한다.
attributes()	데이터 속성을 보여 준다.

위의 예를 통하여 임의의 시계열 데이터를 만드는 방법을 알아보았습니다. 핵심은 ts 명령어를 사용하는 것이고, 옵션으로 frequency, start, end를 사용할 수 있습니다.

|03| 시계열 데이터 분석 절차(ARIMA 기준)

- **1단계 분해 단계** : 시계열 자료를 시각화해서 특성을 파악합니다.
- **2단계 변환 단계** : 시계열 자료를 안정적 시계열로 변환합니다. 안정적 시계열 특징은 다음과 같습니다.
  - 시간 추이와 관계없이 평균이 불변
  - 시간 추이와 관계없이 분산이 불변
  - 두 시점 사이 공분산이 기준 시점과 무관
- **3단계 파라미터 결정** : ACF/PACF 차트나 auto.arima 함수를 이용하여 최적화된 파라미터를 찾습니다.
- **4단계 모형 만들기** : ARIMA 모형을 구성합니다.
- **5단계 예측 차기** : 미래 추이를 예측합니다.

이제 각 단계를 알아보고 단계별로 실습을 해 보겠습니다.

|04| 시계열 데이터 분해 단계

시계열 데이터를 Trend, Seasonal, Random 요소로 분해(Decomposition)하는 과정을 알아보겠습니다.

- **트렌드(Trend) 변동** : 시간의 흐름에 대한 것입니다.
- **계절(Seasonal) 변동** : 계절에 따른 변동 요인에 대한 것입니다.
- **우연(Random) 변동** : 우연히 일어나는 변동입니다.

```
// 실습을 위한 데이터 확인
> AirPassengers   // 1949~1960년 사이의 비행기 승객 수 데이터
      Jan Feb Mar Apr May Jun Jul Aug Sep Oct Nov Dec
1949 112 118 132 129 121 135 148 148 136 119 104 118
1950 115 126 141 135 125 149 170 170 158 133 114 140
...... 중간 생략 ......
1959 360 342 406 396 420 472 548 559 463 407 362 405
1960 417 391 419 461 472 535 622 606 508 461 390 432

> plot(AirPassengers)    // 데이터를 파악하기 위하여 그림을 그려 본다.
```

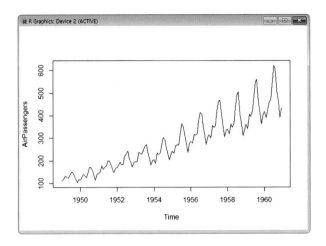

그림에 의하면 비행기를 이용하는 승객 숫자는 지속적으로 증가하고 있으며, 1년을 단위로 주기성을 가집니다. 즉, 시간 흐름에 따라 트렌드와 분산이 증가하는 것을 확인할 수 있어, 정적인 시계열 자료라고 볼 수 없습니다. 정적 시계열 자료는 시간과 주기성을 가지는 것을 말합니다.

시계열 데이터의 분해 과정을 시작해 보겠습니다. 먼저, 앞의 그림에 의거하여 데이터가 1년 주기로 변화하는 모양을 가짐으로 데이터를 1년 주기 데이터로 변환하겠습니다.

소스 : 예제\10_07.R

```
> apts <- ts(AirPassengers, frequency=12)    // 분석을 위해 데이터 변환

> f <- decompose(apts)    // 변환된 데이터를 분해한다.
> f                        // 변환된 내용을 보인다.
> plot(f)                  // f의 내용을 그래프로 보여 준다.
```

명령어 정리	
decompose()	시계열 데이터를 분해한다.

위의 명령에 의해 출력된 f 내용과 그래프를 연관시켜 하나의 그림으로 나타내 보겠습니다.

```
> f
$`x`
     Jan Feb Mar Apr May Jun Jul Aug Sep Oct Nov Dec
1    112 118 132 129 121 135 148 148 136 119 104 118
2    115 126 141 135 125 149 170 170 158 133 114 140
......
```

```
$seasonal
          Jan        Feb        Mar        Apr        May        Jun        Jul
1  -24.748737 -36.188131  -2.241162  -8.036616  -4.506313  35.402778  63.830808
......
12 -24.748737 -36.188131  -2.241162  -8.036616  -4.506313  35.402778  63.830808
          Aug        Sep        Oct        Nov        Dec
1   62.823232  16.520202 -20.642677 -53.593434 -28.619949
......
12  62.823232  16.520202 -20.642677 -53.593434 -28.619949

$trend
         Jan      Feb      Mar      Apr      May      Jun      Jul      Aug
1         NA       NA       NA       NA       NA       NA 126.7917 127.2500
2  131.2500 133.0833 134.9167 136.4167 137.4167 138.7500 140.9167 143.1667
......
11 437.7083 440.9583 445.8333 450.6250
12       NA       NA       NA       NA

$random
          Jan        Feb        Mar        Apr        May        Jun
1          NA         NA         NA         NA         NA         NA
2   8.4987374 29.1047980  8.3244949  6.6199495 -7.9103535 -25.1527778
......
11 53.4608586 61.0517677  8.7714646 -13.3156566 -30.2398990 -17.0050505
12         NA         NA         NA         NA         NA         NA

$figure
 [1] -24.748737 -36.188131  -2.241162  -8.036616  -4.506313  35.402778  63.830808
 [8]  62.823232  16.520202 -20.642677 -53.593434 -28.619949

$type
[1] "additive"

attr(,"class")
[1] "decomposed.ts"
> plot(f)
```

> **f** 에 대하여 보충 설명하면 다음과 같습니다.

- $x에서 보이는 내용은 원 시계열 데이터로서, 첫 번째 그래프에 표현됩니다.

- $seasonal은 원 데이터의 계절별 요인에 대한 것으로, 세 번째 그래프에 표현됩니다.

- $trend는 전체 데이터 흐름에 대한 것으로, 두 번째 그래프에 표현됩니다.

- $random은 기타 요인에 대한 것으로, 네 번째 그래프에 표현됩니다.

- $figure는 1주기에 대한 것으로, 여기에서는 1년을 의미합니다.

그림을 보면, 주어진 데이터는 Trend에서 변화가 있고, 나머지 Season, Random에서는 변화가 없다는 것을 확인할 수 있습니다.

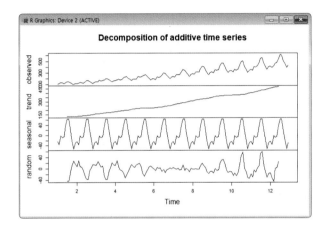

이제는 그래프로 표현되지 않은 **f$figure**를 그래프로 표현해서 의미를 파악해 보겠습니다.

소스 : 예제\10_08.R

```
> plot(f$figure, type="b", xaxt="n", xlab="")    // f 결과의 figue 내용을 그래프로 표현한다.


> monthNames <- months(ISOdate(2011, 1:12, 1))   // 표현된 그래프에 월 이름을 부여하는 과정이다.
> axis(1, at=1:12, labels=monthNames, las=2)
```

명령어 정리	
months()	그래프에 이름을 부여한다.
ISOdate()	날짜를 ISO 스타일로 나타낸다.

다음 그림을 보면 1년 주기로 볼 때 7, 8월이 성수기이고 11월이 가장 저조한 승객 수를 보이고 있습니다. 시계열 데이터를 분해해서 확인할 수 있는 사항은 Seasonal, Trend, Random 영향과 그래프로 표현되지 않은 부분을 통한 주기성입니다.

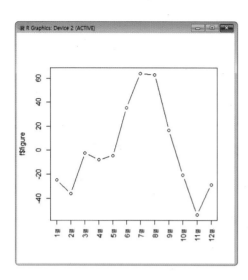

연습문제
EXERCISES

1 AirPassengers 데이터를 24를 주기로 분석해 보겠습니다. 분석 단계와 명령을 나열하였으니, 실습하면서 의미를 찾아보겠습니다.

소스 : 예제\10_09.R

```
> apts2 <- ts(AirPassengers, frequency=24)
> apts2
> f2 <- decompose(apts2)
> plot(f2)
```

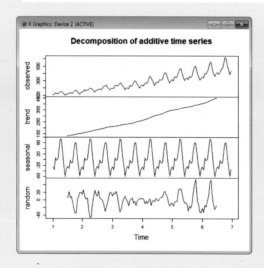

소스 : 예제 \10_10.R

```
> plot(f2$figure, type="b", xaxt="n", xlab="")
```

2 다른 데이터를 가지고, 시계열 분석을 하는 과정을 진행해 보겠습니다. 이번 자료는 왕의 재임 기간에 대한 자료로서, 얼마 주기로 해석해야 하는지 알아봅니다.

소스 : 예제 \10_11.R

```
> kings <- scan("http://robjhyndman.com/tsdldata/misc/kings.dat",
skip = 3)
Read 42 items
> kings


> kings_ts <- ts(kings, frequency=6)
```
// 다음 명령어에서 frequency의 숫자를 바꾸어서 저장하고, 하나씩 그림을 그려 분석한다.
```
> kings_ts
Time Series:
Start = c(1, 1)
End = c(7, 6)
Frequency = 6
 [1] 60 43 67 50 56 42 50 65 68 43 65 34 47 34 49 41 13 35 53 56 16
43 69 59 48 59 86 55 68 51 33 49 67 77 81 67 71 81
[39] 68 70 77 56
> f3 <- decompose(kings_ts)
> plot(f3)    // 그림 의미를 생각해 보자.
```

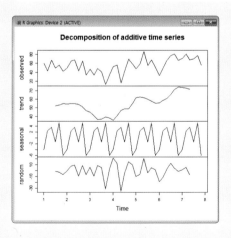

|05| 시계열 데이터 변환 단계

tseries 패키지에 있는 adf.test를 이용하여 주어진 데이터를 안정적 데이터로 변환합니다. 위의 예는 AirPassenger 데이터에 로그를 취하고 차분(diff)하여 변환한 경우입니다.

p-value가 0.01로 0.05보다 작으므로 안정적이라고 판단합니다.

소스 : 예제\10_12.R

```
> install.packages("tseries")
> library(tseries)

    'tseries' version: 0.10-45

    'tseries' is a package for time series analysis and
    computational finance.

    See 'library(help="tseries")' for details.

> adf.test(diff(log(AirPassengers)), alternative="stationary", k=0)

        Augmented Dickey-Fuller Test

data:  diff(log(AirPassengers))
Dickey-Fuller = -9.6003, Lag order = 0, p-value = 0.01
alternative hypothesis: stationary

경고메시지(들):
In adf.test(diff(log(AirPassengers)), alternative = "stationary",  :
  p-value smaller than printed p-value
```

명령어 정리	
adf.test()	주어진 데이터를 변환한다.
diff()	빼는 과정을 수행한다.

|06| 최적화된 파라미터 결정 단계

이번 단계에서는 ACF/PACF 차트나 auto.arima 함수를 이용하여 최적화된 파라미터를 찾습니다.

```
> library(forecast)

> par(mfrow=c(2,1))
> acf(diff(log(AirPassengers)))
> pacf(diff(log(AirPassengers)))
```

명령어 정리

acf()	ACF 분석을 수행한 결과를 보여 준다.
pacf()	PACF 분석을 수행한 결과를 보여 준다.

데이터 분석을 위해 이동 평균 모델(MA; Moving Average Model) 평가를 위한 ACF와 자기 회귀 이동 평균(Auto Regressive Moving Average Model) 평가를 위한 PACF 결과를 다음 그림에서 확인할 수 있습니다.

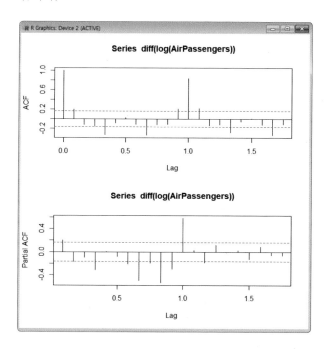

여기에서 그림 해석을 위한 자세한 내용은 설명하지 않습니다. 다만, 우리가 필요한 ARIMA 모델 구성을 위한 파라미터 정보는 auto.arima를 활용하여 얻을 수 있습니다.

```
> install.packages("forecast")
> library(forecast)
> auto.arima(diff(log(AirPassengers)))
Series: diff(log(AirPassengers))
ARIMA(0,0,1)(0,1,1)[12]

Coefficients:
          ma1      sma1
       -0.4018   -0.5569
s.e.    0.0896    0.0731

sigma^2 estimated as 0.001369:  log likelihood=244.7
AIC=-483.39   AICc=-483.2   BIC=-474.77
```

명령어 정리	
auto.arima()	ARIMA 모델의 파라미터를 얻는다.

위의 결과를 기반으로 예측 모델에 사용할 파라미터 (0,0,1)과 (0,1,1)을 얻었습니다. auto.arima 분석 결과를 그림으로 표시합니다.

```
> install.packages('ggfortify')
> library(ggfortify)
> tsdiag(auto.arima(diff(log(AirPassengers))))
```

명령어 정리	
tsdiag()	auto.arima 분석 결과를 그림으로 나타낸다.

그림은 ARIMA에서 필요한 파라미터가 모형의 가정을 만족하는지를 보여 주는 것입니다. 처음 그림에서 특정 패턴(증가, 감소, 반복)을 발견할 수 없고, ACF는 지속적으로 감소하고 있고, p 값은 점선 위에 있습니다. 그러므로 필요한 조건을 만족하므로 모형이 적합하다고 판단합니다.

ARIMA 모델은 p(AR 모형의 차수), d(트렌드를 제거하여 안전 시계열로 만들기 위한 차수), q(MA의 차수)가 필요하고 이것은 auto.arima에 의해서 자동적으로 얻을 수 있습니다. 주어진 예에서는 예측 모델에 사용할 파라미터 (0,0,1)과 (0,1,1)을 얻었습니다.

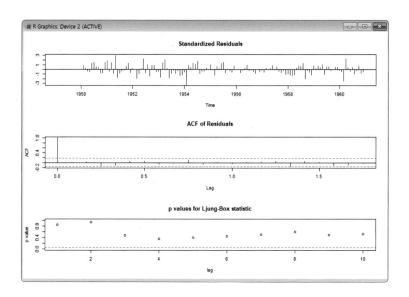

|07| 모형 만들기와 예측 단계

그림을 통하여 실제 데이터와 예측 데이터를 그림 하나에 표현하겠습니다.

소스 : 예제\10_14.R

```
> fit <- arima(log(AirPassengers), c(0,0,1), seasonal=list(order=c(0,1,1),
period=12))    // ARIMA 모형을 만든다. auto.arima 결과를 이용하여 작업한다.


> pred <- predict(fit, n.ahead=10*12)
// 만든 모형을 기반으로 12개월을 열 번. 즉 10년 사이 추이를 예측한다.


> ts.plot(AirPassengers, 2.718^pred$pred, log="y", lty=c(1,3))
// 예측한 것을 그림으로 표시한다.
```

명령어 정리	
arima()	ARIMA 분석을 수행한다.
ts.plot()	ARIMA 분석 결과를 그림으로 보여 준다.

그림을 통해 논리에 맞는 예측 결과를 확인할 수 있습니다.

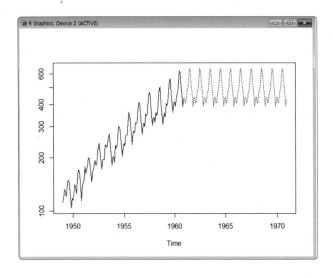

|08| 변환하지 않은 시계열 데이터 기반 예측

시계열이 미래를 예측하는 데 유용한 도구는 아니지만, 시계열 데이터를 기반으로 미래에 대한 예상은 가능합니다. 여기에서는 ARIMA 모델을 사용하여 미래를 예측하고자 합니다. 다만, 주어진 데이터를 사용하여 분석 과정을 진행합니다. 로그와 차분을 취하여 정적 데이터로 변환한 다음 분석을 수행하겠습니다.

소스 : 예제 \ 10_15.R

```
> auto.arima(AirPassengers)
Series: AirPassengers
ARIMA(2,1,1)(0,1,0)[12]

Coefficients:
         ar1      ar2      ma1
      0.5960   0.2143  -0.9819
s.e.  0.0888   0.0880   0.0292

sigma^2 estimated as 132.3:  log likelihood=-504.92
AIC=1017.85   AICc=1018.17   BIC=1029.35

// AirPassengers 데이터를 이용한 ARIMA 모델의 구성. 차분을 통해 확인한 값 적용
> fit <- arima(log(AirPassengers), c(2,1,1), seasonal =
list(order=c(0,1,0),period=12))
```

```
> pred <- predict(fit, n.ahead=10*2)
> ts.plot(AirPassengers, 2.718^pred$pred, log="y", lty=c(1,3))
```

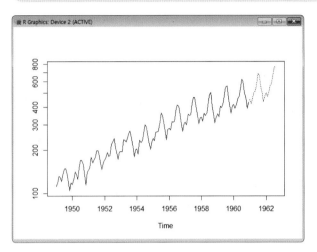

|09| 시계열 데이터 군집화

시계열 데이터를 거리 유사성이나 거리를 기반으로 나누어 보는 것입니다. 대표적인 방법으로 DTW(Dynamic Time Wraping)가 있습니다.

DTW는 두 시계열 자료의 거리를 측정하는 개념입니다. 시계열 자료는 시간 축에 따라 조금만 변형이 되어도 기존 유클리디안 거리(n차원의 공간에서 두 점 사이 거리를 알아내는 공식)로는 직관적인 거리 측정이 안 되는 특징이 있습니다. 그래서 다른 시간 축에 비슷한 모양이 있을 때 잡는 방법으로 DTW 를 사용합니다.

소스 : 예제\10_16.R

```
> install.packages("dtw")
> library(dtw)

> idx <- seq(0, 2*pi, len=100)    // 임의의 기본 데이터를 만든다.
> a <- sin(idx)+ runif(100)/10    // 만든 데이터에 sin 성질을 부여한다.
> b <- cos(idx)                    // 만든 데이터에 cos 성질을 부여한다.
> align <- dtw(a, b, step=asymmetricP1, keep=T)
// a와 b를 거리 기준으로 분류한다.
> dtwPlotTwoWay(align)    // 분류된 결과를 그림으로 보여 준다.
```

dtw()	데이터 사이 거리로 분류한다.
dtwPlotTwoWay()	dtw 결과를 그림으로 보여 준다.

군집화는 시계열 데이터 사이 관계를 거리 기준으로 구분한 것입니다. a, b 두 데이터 사이 거리를 그림으로 확인할 수 있습니다.

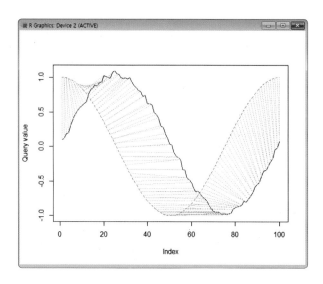

빅데이터 분석에는 Part 10에서 설명한 연관 규칙 분석, 판별 분석, 시계열 분석만 있는 것은 아닙니다. 이미 앞에서 설명한 군집 분석이나 주성분 분석, 인자 분석, 다차원 척도법 외에 의사 결정 나무나 랜덤 포레스트 등도 많이 사용합니다.

다만 필자의 관점에서 분류하다 보니, Part 10에서 연관 규칙 분석, 판별 분석, 시계열 분석을 설명하게 된 것 뿐입니다.

Part 10 내용을 정리하기 위하여 다음 질문에 답해 보고, 부족하다고 생각되면 본문 내용을 참고하여 확실하게 배우기 바랍니다.

1 연관 규칙 분석은 무엇이며, 언제 사용하는가?

2 연관 규칙 분석 결과를 그래프로 표현하는데, 표현된 그래프를 읽는 방법은 무엇인가?

3 판별 분석은 무엇이며, 언제 사용하는가?

4 판별 분석과 유사하게 예측을 수행하는 기법은 어떤 것이 있는가? 종류를 말하고 각 종류의 특징과 분석 방법을 설명하라.

5 시계열 분석은 무엇이며, 언제 사용하는가?

6 시계열 분석의 수행 절차는 무엇인가?

7 시계열 분석에서 사용되는 기법에는 어떤 것이 있는가?

※ [복습]에 대한 답변은 정보문화사 홈페이지에서 예제 소스와 함께 확인할 수 있습니다.

11

데이터 분석에 많이 사용되는 워드 클라우드와 소셜 네트워크 분석, 그리고 구조 방정식을 설명합니다.

특수한 용도로 사용되는 기법이지만, 최근 의외로 많이 사용되기 때문에 데이터 분석 전문가로서 꼭 알아야 하는 부분입니다. 특히 설문 조사를 분석하는 구조 방정식 모형은 R을 이용하여 분석하는 과정을 이론과 함께 설명합니다. 언제 어떻게 사용하는지에 중점을 두고 설명하며 실습을 통하여 배우기 때문에 손쉽게 응용 가능합니다.

특수분석

## CHAPTER 01

워드 클라우드

워드 클라우드(Word Cloud) 기법은 텍스트로 된 데이터에서 가장 빈번하게 사용되는 단어를 선별하는 기법입니다. 웹의 데이터 분석 기법 중 하나로서 텍스트 마이닝(Text Mining)이라고도 합니다.

|01| 워드 클라우드 제작 사례

다음 워드 클라우드는 오바마 대통령의 취임 연설을 대상으로 워드 클라우드를 만든 사례입니다. People, Must, Equal, Believe, Make 등 단어가 주로 사용된 것을 알 수 있습니다. 이와 같이 텍스트로 된 문서에서 중요한 단어를 발췌하는 기법이 워드 클라우드입니다.

▲ 11-1

|02| 워드 클라우드를 만드는 프로그램 소개

R에서 제공하는 패키지를 사용하여 워드 클라우드를 만들 수 있지만 이와는 별도로 웹에서 무료로 프로그램을 사용할 수 있는 방법이 있습니다. 다음 표를 참고해서 필요할 때 활용하면 됩니다.

이름	주소	설명
Infogram	https://infogram.com	웹에서 사용. 영문 지원
Word It Out	https://worditout.com/wordcloud/create	웹에서 사용. 영문 지원
Tagxedo	http://www.tagxedo.com	웹에서 사용. 영문 지원
Wordclouds	http://www.wordclouds.com	웹에서 사용. 영문 지원
Cloudizer	http://paulshin.ca/cloudizer	웹에서 사용. 한글 지원

|03| 워드 클라우드 제작 실습

먼저, 웹에서 '커플'을 검색하고, 검색된 문서들의 내용을 복사해서 파일에 저장합니다. 이때 파일 이름을 'couple.txt'라고 하겠습니다. 필자가 만든 파일 모습은 다음과 같습니다. 참고하기 바라며, 예제 파일에서 동일한 파일을 제공하지만, 본인의 파일을 만들어 실습을 진행하면 더 좋습니다.

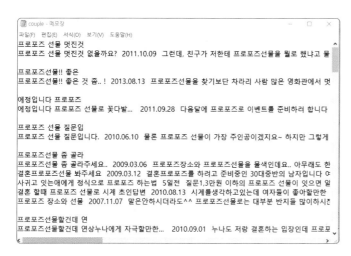

'couple.txt'에서 어떤 단어가 얼마나 자주 사용되었는지를 조사해 보겠습니다. 이것을 통해서 couple이라는 단어로 유추되는 중요 단어나 생각을 객관적인 입장으로 정리할 수 있습니다.

소스 : 예제 \11_01.R

```
// 필요한 패키지를 설치 및 메모리에 불러온다. 문제가 생기면, 'rJava'와 'memoise'를 설치한 다음 다시 시도한다.
> install.packages("KoNLP")
> install.packages("wordcloud")
> library(KoNLP)
> library(wordcloud)
```

```
> useSejongDic()    // 세종사전을 사용하기 위하여 수행해야 한다. 한글 처리에 필요하다.
> txt <- readLines("couple.txt")    // 파일 내용을 TXT 파일에 저장한다.

> place <- sapply(txt, extractNoun, USE.NAMES=F)
// TXT 파일에 있는 내용 중에서 명사를 뽑아서 place에 저장한다.
> head(unlist(place), 30)    // 저장된 명사를 앞의 30개만 파악한다.

> c <- unlist(place)    // 필터링을 위해 place 파일의 내용을 unlist해서 c에 저장한다.
> place2 <- Filter(function(x) {nchar(x) >= 2}, c)
// c에 저장된 내용 중 두 글자 이상이 되는 것만 필터링한다. 한글은 단어가 대부분 두 글자 이상이다.

// 필터링된 단어를 확인하고, couple과 전혀 관계없는 단어를 제거한다. 실제 사용된 단어 중에서 couple과 관계없는 단어
를 많이 제거하면 할수록 최종 결과물 품질이 좋다.
> place2 <=gsub("네이버","",place2)    // '네이버'라는 단어를 제거한다. 이 작업을 반복 수행한다.
> write(unlist(place2), "couple2.txt")    // 제거가 끝난 것을 'couple2.txt'로 저장한다.
```

명령어 정리

useSejongDic()	워드 클라우드를 위해 세종 사전을 사용한다.
readLines("[파일 이름]")	파일의 내용을 읽어 온다.
function()	함수를 선언한다.
gsub()	특정 문자를 찾는다.
write()	저장한다.

```
couple2 - 메모장                              —   □   ×
파일(F) 편집(E) 서식(O) 보기(V) 도움말(H)
프로포즈
선물
프로포즈
선물
2011.
10.
09
친구
프로포즈
선물
뭘로
물어보는거예요
생각
정식
평생
한번뿐인일(그래야겠죠
나중
서운
쇼핑
쇼핑
시장
답변
추천
```

▲ 필터링한 텍스트 파일

```
> rev <- read.table("couple2.txt")
// 필터링한 다음, 저장한 'couple2.txt'를 다시 읽어서 rev에 할당한다.
> nrow(rev)    // 잘 읽었는지 확인
[1]  2132

> wordcount <- table(rev)
// 읽은 것을 table 형으로 변환한 다음, wordcount에 할당한다.
> head(sort(wordcount, decreasing=T), 30)    // 내용을 확인한다.

> library(RColorBrewer)    // 필요한 패키지를 메모리에 올린다.
> palete <- brewer.pal(9, "Set1")    // 색을 지정한다.

> wordcloud(names(wordcount), freq=wordcount, scale=c(5,0,5), rot.per=0.25, min.
freq=1, random.order=F, random.color=T, colors=palete)
// 워드 클라우드를 그림으로 그린다.
```

명령어 정리

brewer.pal()	그래프 색을 지정한다.
wordclous()	워드 클라우드를 그린다.

다음 워드 클라우드를 통해서, 커플이라는 단어와 가장 많은 연관성을 가지는 것이 프로포즈, 선물이라는 것을 알 수 있습니다. 약간 흥미로운 결과입니다. 데이터만 바꾸고 절차는 동일하게 해서 다양한 워드 클라우드 분석을 할 수 있습니다.

▲ 워드 클라우드 결과

## CHAPTER 02

소셜 네트워크 분석

소셜 네트워크 분석은 사회 구조와 상호 의존성을 파악할 때, 개인, 그룹, 기관 작업, 입력에 대한 출력 패턴 검토에 유용합니다. 또한 어떤 사람들이 관계망 기능에 중요한 역할을 담당하는지, 어떤 하위 그룹이 있는지, 특정 관계망에 어떤 연결 관계가 있는지를 분석하여 관계와 개인 사이의 상대적인 위치를 발견할 수 있습니다. 여기에서는 소셜 네트워크 분석의 기본 단계인 그림으로 표현을 다루겠습니다.

|01| 소셜 네트워크 분석

○ 소셜 네트워크 분석 정의

개인적인 인간관계가 확산되어 만들어진 사람들 사이의 네트워크인 사회 연결망(Social Network)을 분석하는 것을 소셜 네트워크 분석(Social Network Analysis)이라고 합니다.

○ 소셜 네트워크 분석 도구 정리

R 외에도 소셜 네트워크 분석을 위한 많은 도구들이 있습니다. 다음에서 중요한 것들을 정리하였습니다. 인터넷에서 조회해서 이용해 보기 바랍니다. 개인적으로 파젝과 노드XL을 사용하는데, 대부분 기능이 비슷합니다.

- **카이젠(Kxen)** : 인피니트 인사이트 기술을 분류, 회귀, 시계열, 제품 추천 및 소셜 네트워크 분석에 사용합니다.
- **에스에이에스(SAS; Statistical Analysis System)** : SAS 제품에 소셜 네트워크 분석 기능이 있습니다.
- **엑스트랙(XTRACT)** : 소셜 네트워크, 고객 프로 파일링 등 기능을 제공합니다.
- **이디로(IDIRO)** : 소셜 네트워크 및 빅데이터 분석 기능을 제공합니다.
- **파젝(Pajek)** : 대학에서 만든 네트워크 분석 소프트웨어입니다(필자가 주로 사용).
- **인플로우(InFlow)** : 소셜 네트워크 분석과 시각화 기능을 제공합니다.
- **노드(Node)XL** : 엑셀에서 수행되는 소셜 네트워크 분석 프로그램입니다.

|02| d3SimpleNetwork 패키지 사용

d3SimpleNetwork는 R에서 소셜 네트워크 분석을 위해 제공하는 패키지 중 하나입니다. 최종 결과물이 브라우저에서 보일 수 있는 형태로 만들어지는 장점이 있습니다. 그래서 명령을 수행한 후에, 최종 결과물인 네트워크 그림을 브라우저에서 확인하게 됩니다.

소스 : 예제 \11_03.R

```
> library(devtools)    // 없으면 설치한다.
> devtools::install_github("christophergandrud/d3Network")    // github에서 설치하는 예

> install.packages("RCurl")
> library(RCurl)

> library(d3Network)
> Source <-c("A","A","A","A","B","B","C","C","D")
> Target <-c("B","C","D","J","E","F","G","H","I")
> NetworkData <-data.frame(Source, Target)
> NetworkData          // 네트워크 연결이 아홉 개라는 의미
  Source Target
1      A      B       // A와 B는 연결되어 있다.
2      A      C       // A와 C도 연결되어 있다.
3      A      D
4      A      J
5      B      E
6      B      F
7      C      G
8      C      H
9      D      I


> d3SimpleNetwork(NetworkData, width=400, height=250, file="test1.html",
fontsize=15, nodeColour="#D95F0E", linkColour="#FEC447")
// 패키지를 이용하여 소셜 네트워크를 만든다. 만드는 파일 이름은 test1.html이다.

> shell.exec("test1.html")    // 만들어진 결과를 브라우저에서 확인한다.
```

명령어 정리

devtools::install_github()	github에서 설치한다.
d3SimpleNetwork()	소셜 네트워크를 구성한다.
shell.exec()	결과를 브라우저에 나타낸다.

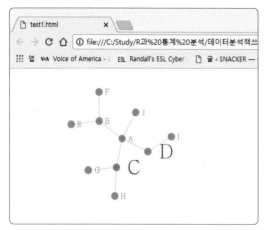

▲ d3SimpleNetwork 결과를 브라우저에서 확인하는 예

다음 명령어를 수행해서 결과를 확인해 보겠습니다. 데이터는 앞에서 사용한 것을 써도 되고 다른 형태의 자료를 정의해 써도 됩니다. 연습 과제를 통하여 다양한 옵션 사용 방법을 확인할 수 있습니다.

소스 : 예제 \11_04.R

```
> d3SimpleNetwork(NetworkData, width=400, height=250, file="test1.
html")
> shell.exec("test1.html")
> d3SimpleNetwork(NetworkData, width=400, height=250, file="test1.
html", fontsize=15)
> shell.exec("test1.html")
> d3SimpleNetwork(NetworkData, width=400, height=250, file="test1.
html", fontsize=15, linkColour = "#FEC44F")
> shell.exec("test1.html")
```

|03| igraph 패키지 사용

igraph는 R에서 소셜 네트워크를 보여 주는 기능을 가집니다. 추가적으로 그려진 그림의 위치, 모양을 자유자재로 바꿀 수 있는 기능도 제공합니다. 마지막으로 3차원 입체 형상으로도 볼 수 있습니다.

소스 : 예제\11_05.R

```
> x <- matrix(1:25, nrow=5,dimname=list(c("A","B","C","D","E"),
c("A","B","C","D","E")))
> x
  A  B  C  D  E
A 1  6 11 16 21
B 2  7 12 17 22
C 3  8 13 18 23
D 4  9 14 19 24
E 5 10 15 20 25
> x[1,1]<- 0
> x
  A  B  C  D  E
A 0  6 11 16 21
B 2  7 12 17 22
C 3  8 13 18 23
D 4  9 14 19 24
E 5 10 15 20 25
```

앞과 같은 방식으로 다음과 같은 형태의 데이터를 만듭니다.

소스 : 예제\11_06.R

```
> x
  A B C D E
A 0 1 1 0 0
B 1 0 1 0 1
C 1 1 0 1 1
D 0 0 1 0 1
E 0 1 1 1 0
> library(igraph)
> g <- graph.adjacency(x, weighted=T, mode="undirected")
// 데이터를 기반으로 그림을 그리기 위한 사전 작업 수행

// 데이터에 가독성을 위한 변수 설정
> V(g)$label <- V(g)$name
> V(g)$degree <- degree(g)
> layout1 <- layout.fruchterman.reingold(g)   // 그려지는 그래프 모양을 설정
> plot(g, layout=layout1)   // 그림을 그린다.
```

데이터가 간단해서 그림이 단순하게 그려졌습니다. 데이터를 좀 더 많이 만들어서 그려 보면 보다 멋진 그림을 볼 수 있습니다.

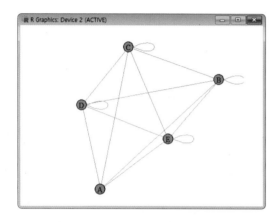

그래프 모양을 다르게 하는 옵션을 사용하는 예입니다.

```
> layout2 <- layout.star(g)
> plot(g, layout=layout2)
```

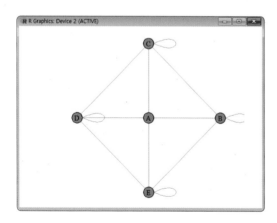

layout.star처럼 보이는 그림 모양을 바꾸는 옵션은 많습니다. 옵션 종류는 매뉴얼에서 확인할 수 있는데, 그 중 몇 가지를 정리하였으니, 앞과 같이 간단하게 실습해 보기 바랍니다.

- layout_as_tree

- layout.grid

- layout_with_gem …….

앞에서 설명한 것들은 주어진 데이터를 소셜 네트워크 그림으로 보여 주는 것입니다. 하지만, 이것들은 보인 그림을 회전하거나 이동하는 기능을 지원하지 않아서 복잡한 소셜 네트워크 그림을 분석하는데 제한이 있습니다. 이 점을 개선해서 별도의 창에 소셜 네트워크 그림을 그리고, 그려진 그림의 위치와 연결을 자유자재로 변형할 수 있는 방법이 있습니다.

```
> tkplot(g, layout=layout.kamada.kawai)    // 동일한 데이터를 사용해서 수행한다.
[1] 1
```

명령어 정리

tkplot()	소셜 네트워크를 변형 가능하도록 그린다.

노드를 마우스 포인터로 선택하고 이동하면 거기에 따라서 전체 그림이 이동하여 소셜 네트워크 모습을 파악하기 편리합니다.

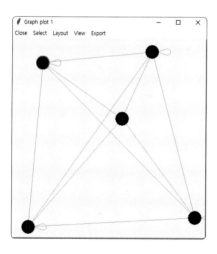

3차원으로 볼 수 있으면, 숨겨진 노드를 파악할 수 있어서 대규모 소셜 네트워크 분석이 좀 더 쉬워집니다. 입체로 보고 자유롭게 아무 방향으로나 회전하는 기능을 쓰고 싶으면 다음과 같이 하면 됩니다.

```
> install.packages("rgl")

> library(rgl)

> coords <- layout.kamada.kawai(g, dim=3)
> open3d()
wgl
  1
> rglplot(g, vertex.size=3, vertex.label=NA, edge.arrow.size=2, layout=coords)
```

명령어 정리

layout.kamada.kawai()	그림 모양을 설정한다.
Open 3d()	입체로 소셜 네트워크를 그린다.
rglplot()	open3D로 그린 것을 화면에 나타낸다.

다음 그림은 소셜 네트워크 결과를 별도 윈도우에서 3차원으로 보여 주는 예입니다. 모양이 허접해 보이지만, 실제 수행해 보면, 입체로 보이는 것을 확인할 수 있습니다. 입체는 대규모 소셜 네트워크 분석에 유용하고 필수적인 기능입니다.

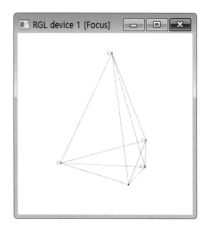

만약, 본격적인 분석이 필요하다면 앞에서 정리한 전문 도구를 사용하는 것이 효과적입니다. 간단하게 확인해 볼 정도라면 이 책에서 설명한 내용으로도 충분합니다.

## CHAPTER 03

구조 방정식

R을 이용하여 구조 방정식 모형을 이용한 분석을 할 수 있습니다. 확인 요인 분석, 구조 방정식 모형, 교차 타당성 분석, 매개 효과 분석, 부분 최소 회귀 모형을 사용한 분석이 가능합니다. 분석은 물론 멋진 그림을 그려서 전체를 파악할 수도 있습니다.

구조 방정식은 통계 분석의 꽃이라고 할 수 있고, 실제로 설문지 분석에 많이 사용됩니다. R에서 구조 방정식을 지원하는 패키지인 lavaan 제작자 Yves Rosseel이 소스를 github에 공개하였으니, 관심 있는 분들은 참고 바랍니다.

소스 코드는 'https://github.com/cardiomoon/r-sem'에서 얻을 수 있습니다.

이 책에서는 구조 방정식에 대한 개념과 R을 이용하여 구조 방정식 분석을 수행하는 것을 설명하고자 합니다. 내용이 너무 많아서 전부를 설명하는 것은 어렵고, 실제로 데이터 분석 전문가로서 알아야 하는 내용을 중심으로 기본적인 수준에서 설명합니다.

|01| 경로 분석 정의 및 분석 사례

통계 기법 중에서 회귀 분석은 독립 변수가 종속 변수에 미치는 영향을 모델화해서 독립 변수(x)에 특정 값이 주어졌을 때, 종속 변수(y) 값을 예측하는 기법입니다. 즉, 독립 변수와 종속 변수 사이 관계를 정의하고 예측하는 것이 중요합니다.

회귀 분석의 종류는 다음과 같이 분류할 수 있습니다.

구분	독립 변수(x)	종속 변수(y)
단순 회귀 분석	1	1
중회귀 분석	많음	1
일반 선형 분석	많음	많음

실제 상황에서 회귀 분석의 개념을 적용하려면, 다음과 같은 문제점이 있습니다.

- 선형으로 모델을 만드는 것이 부정확한 경우가 많습니다.
- 독립 변수와 종속 변수가 한 개가 있는 경우가 거의 없습니다.

그래서 다양한 독립 변수와 종속 변수의 관계를 분석하는 방법으로 개발된 것이 경로 분석입니다. 즉, 경로 분석은 회귀 분석을 확장한 것입니다.

○ 경로 분석이란?

경로 분석(Path Analysis)이란 변수들 사이 직접 또는 간접으로 함수적 관계를 가지는 경로의 모형을 방정식 또는 그림으로 표시해 가설화하고, 그 모형을 수집된 자료에 합치시킴으로써 경로들이 나타내는 연구 가설들을 검증하는 방법입니다.

경로 분석은 구조 방정식 모형의 가장 초보적인 형태입니다. 그리고 경로 분석의 형태를 도식화한 것이 경로 도형입니다.

예 가정 환경이 대졸 초임에 미치는 영향

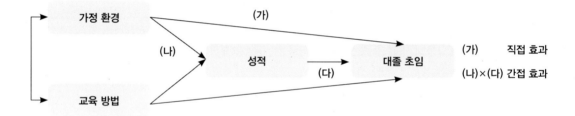

○ 경로 분석 사례

경로 분석을 이해하기 위하여 다음 예를 살펴보기 바랍니다.

상황은 다음과 같습니다. 어떤 회사가 여러 곳에 매장을 두고 사업을 하고 있습니다. 이때, 매출액이나 구매 건수를 늘리려면 무엇을 해야 할까요?

- 우리가 관심 있는 것은 하루 평균 구매 건수와 매출액입니다. 여기에 영향을 미치는 요인은 매장 만족도(서비스), 매장 운영 기간, 하루 평균 방문 고객 수라고 생각합니다.
- 각 변수인 매장 만족도, 매장 운영 기간, 하루 평균 방문 고객 수는 각각 하루 평균 구매 건 수, 하루 평균 매출액에 영향을 미치는 요인입니다.
- 이 요인들 사이 상호 상관관계도 영향을 미친다고 가정할 수 있습니다.

- 이런 상황 아래에서 하루 평균 구매 건수와 하루 평균 매출액 증대를 위해 고려할 요인이 무엇인지를 판단하고 싶습니다.

앞의 설명을 다음과 같이 경로 도형으로 표현할 수 있습니다.

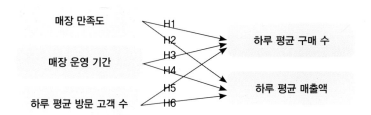

H1 : 매장 만족도는 하루 평균 구매 수에 영향을 미칠 것입니다.
H2 : 매장 만족도는 하루 평균 매출액에 영향을 미칠 것입니다.
H3 : 매장 운영 기간은 하루 평균 구매 수에 영향을 미칠 것입니다.
H4 : 매장 운영 기간은 하루 평균 매출액에 영향을 미칠 것입니다.
H5 : 하루 평균 방문 고객 수는 하루 평균 구매 수에 영향을 미칠 것입니다.
H6 : 하루 평균 방문 고객 수는 하루 평균 매출액에 영향을 미칠 것입니다.

▲ 고객 요구에 대한 경로 도형

분석을 위해 실제 데이터를 1년 동안 취합하여 다음과 같은 데이터를 준비하였습니다.

- x1 : 각 매장의 고객 만족도(0~100)
- x2 : 각 매장의 개장 개월 수
- x3 : 하루 평균 방문 고객 수
- y1 : 하루 평균 구매 수
- y2 : 하루 평균 매출액(예 : 1.5는 15,000,000원을 의미)

데이터는 엑셀에서 정리한 다음 CSV 형으로 저장하였습니다. 이런 유형의 분석은 우리가 이전에 배운 것 중에는 없는 것입니다. 이런 분석을 위해 사용하는 것이 경로 분석입니다.

경로 분석을 위해서는 두 가지의 패키지가 필요합니다. Lavaan과 Semplot입니다. Lavaan은 분석을 위한 패키지이고, Semplot은 분석된 결과를 그래프로 보여 주기 위한 패키지입니다.

이제 분석을 시작해 보겠습니다.

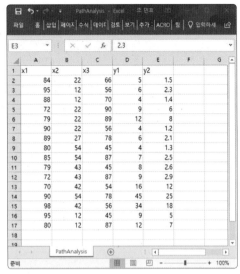

▲ 경로 모형에 대한 테스트 데이터

소스 : 예제 \11_08.R

```
// 필요한 패키지 로드
> install.packages("lavaan")
> install.packages("semPlot")
> library(lavaan)  // 필요한 패키지의 사용을 선언

> pathData <- read.csv("PathAnalysis.csv")  // 준비된 데이터를 읽어서 pathData에 저장한다.
// 경로 분석을 위한 모델을 선언한다. x1, x2, x3와 y1, y2 사이 관계에 대한 분석이다.
> model<- 'y1~x1+x2+x3
+ y2~x1+x2+x3'

> result <- sem(model, data=pathData)  // 경로 분석을 수행한다.
> summary(result)  // 수행한 결과를 요약해서 보여 준다.
lavaan 0.6-2 ended normally after 69 iterations

  Optimization method                           NLMINB
  Number of free parameters                          9

  Number of observations                            16

  Estimator                                         ML
  Model Fit Test Statistic                       0.000
```

```
     Degrees of freedom                                        0
     Minimum Function Value                    0.0000000000000

Parameter Estimates:

     Information                                        Expected
     Information saturated (h1) model                 Structured
     Standard Errors                                    Standard

Regressions:
                    Estimate   Std.Err   z-value   P(>|z|)
  y1 ~
     x1                0.606     0.292     2.075     0.038     // 0.05보다 작다.
     x2                0.384     0.147     2.609     0.009     // 0.05보다 작다.
     x3                0.179     0.143     1.248     0.212
  y2 ~
     x1                0.266     0.189     1.409     0.159
     x2                0.194     0.095     2.033     0.042     // 0.05보다 작다.
     x3                0.094     0.093     1.015     0.310

Covariances:
                    Estimate   Std.Err   z-value   P(>|z|)
 .y1 ~~
    .y2               50.193    17.859     2.811     0.005     // 0.05보다 작다.

Variances:
                    Estimate   Std.Err   z-value   P(>|z|)
    .y1               78.610    27.793     2.828     0.005
    .y2               32.868    11.621     2.828     0.005
```

명령어 정리	
sem()	경로 분석을 수행한다.

앞의 분석 결과를 보면 다음과 같은 사항을 파악할 수 있습니다.

- y1(하루 평균 구매 수)에 영향을 미치는 요인은 x1(매장 서비스 만족도), x2(매장 개장 개월 수)라는 것을 알 수 있습니다. 그 중에서도 x2가 좀 더 중요한 요인입니다.
- y2(하루 평균 매출액)에 영향을 미치는 요인은 x2(매장 개장 개월 수)라는 점을 알 수 있습니다. 다른 요인은 유의한 영향을 미치지 않습니다.

- y1(하루 평균 구매 수)과 y2(하루 평균 매출액) 사이에도 유의한 관계가 있음을 알 수 있습니다.

결론적으로, 하루 평균 방문 수와 하루 평균 매출액을 증대시키고자 하면 매장을 오랫동안 같은 자리에서 운영하는 것이 중요하다는 점을 알 수 있습니다. 추가적으로 직원이 친절하면 매장을 찾는 고객이 증가한다는 점도 확인할 수 있습니다.

분석된 결과를 읽기 쉽게 그래프로 표현해 보겠습니다.

소스 : 예제\11_09.R

```
> diagram <-semPlot::semPaths(result, whatLabels = "std", intercepts = FALSE,
style = "lisrel", nCharNodes=0, nCharEdges=0, curveAdjacent=TRUE, title=TRUE,
layout="tree2", curvePivot=TRUE)
```

명령어 정리

semPaths()	경로 분석 결과를 그림으로 보여 준다.

경로 분석 결과 그래프입니다. 각 요인들 사이 상관관계를 한눈에 볼 수 있습니다.

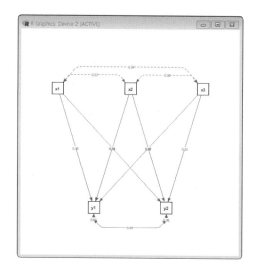

이상으로 경로 분석 설명을 마무리합니다. 경로 분석은 실무에서 많이 사용되는 모델이고, 적용하기 쉬운 방법이므로 유용하게 활용하기 바랍니다.

특히 경로 분석은 설문지 분석에서 많이 사용합니다. 앞의 예를 기준으로 설명하면,

- y1, y2 가 설문 항목이 되고,

- 각 설문 항목에 영향을 미치는 요인으로 x1, x2, x3 설문 항목이 만들어질 수 있습니다.
- 결과로 y1 항목에 영향을 미치는 요인이 무엇인지를 분석할 수 있습니다.

과거에 경로 분석이 나오기 전에는 회귀 분석을 이용하여 특정 항목에 영향을 미치는 요인을 분석하였는데, 이제는 경로 분석이 제공되어 보다 정확한 분석이 가능합니다.

|02| 구조 방정식 모형 및 사례

경로 분석을 확대하여 개발한 구조 방정식을 알아보겠습니다. 구조 방정식은 측정 모델(Measurement Model)과 이론 모델(Structural Equation Model)로 구성됩니다. 그 외 다양한 기법들이 사용되는데, 이 책에서는 데이터 분석 전문가 입장에서 알아야 하는 이론을 중심으로 설명합니다. 대부분의 경우에 경로 분석을 이용하는 정도만으로도 충분한 효과를 얻을 수 있습니다.

◯ 구조 방정식 모형

구조 방정식 모형(SEM; Structured Equation Model)이란 특정 현상을 파악하기 위하여 구조 모형 이론의 분석 방법을 이용하여 확증적인(Confirmatory) 형태의 모형에서 상호 변수들 사이 인과 관계와 유의성을 검증하는 모형입니다. 일반 사회 현상이나 각종 경제 현상에 대한 연구에서 각 요인들 또는 변수들 사이 복잡한 인과 관계를 파악하기 위하여 주로 사용합니다.

공분산 구조 분석, 인과 모형, 경로 모형, 경로 분석, AMOS 돌리기, LISREL 돌리기 등은 모두 동일한 의미입니다.

앞 그림을 통해 구조 방정식은 인과 관계 분석을 수행한 다음, 확인적 요인 분석으로 잠재 변수를 만들고, 경로 분석을 하여 다양한 변수들 사이 관계를 만드는 것을 통칭하는 개념임을 알 수 있습니다.

확인적 요인 분석

확인적 요인 분석이란 이론적 근거나 선행 연구 등을 바탕으로 변수 사이 관계가 정립된 경우에 사용하는 방법입니다. 만약, 변수 사이 관계가 정립되지 않은 경우에는 탐색적 요인 분석을 적용합니다. 확인적 요인 분석 모형은 다음 두 가지가 있습니다.

- **Formative 모형** : 잠재 변수에 대하여 관측 변수가 미치는 영향을 파악하는 연구에서 주로 사용하는 모형입니다. 예를 들어 잠재 변수인 가정 환경, 교육 방법, 성적이 관측 변수인 대졸 초임에 미치는 영향을 파악합니다.

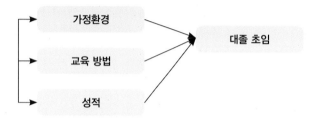

- **Reflection 모형** : 잠재 변수가 관측 변수에서 만들어지는 모형을 의미합니다. 구조 방정식 대부분에서 사용하는 형태입니다. 다음 예는 관측 변수인 대졸 초임에서 잠재 변수인 가정 환경, 교육 방법, 성적이 만들어지는 상황입니다.

대표적 구조 방정식 모형 예

확인적 요인 분석을 통하여 파악한 영향 관계와 이미 배운 경로 분석 도형 기법이 합쳐져서 만들어진 구조 방정식 모형의 예를 살펴보겠습니다.

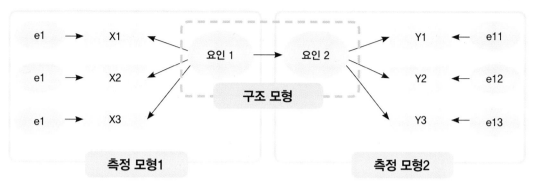

▲ 구조 방정식 모형의 예 1

위 그림은 다음과 같은 내용을 포함합니다.

- 요인 1은 요인 2에 영향을 미치고 있습니다.
- 요인 1은 Reflection 형으로 X1, X2, X3에 영향을 미칩니다.
- 요인 2는 Formative 형으로 Y1, Y2, Y3에 영향을 미칩니다.
- X1, X2, X3, Y1, Y2, Y3는 각각 오차항을 가집니다.

구조 방정식 모형에서 사용된 변수를 설명합니다. 이 내용은 다른 사람이 만든 구조 방정식 모형을 이해하는 것에 필요하므로 정리하겠습니다.

- **관측 변수(Observed Variable, 측정 변수)** : 사각형으로 표현합니다. 이것은 실제로 설문이나 기타 다른 방법을 통하여 확인하여 얻은 값입니다. x1, x2, x3, y1, y2, y3가 여기에 해당합니다.
- **잠재 변수(Latent Variable)** : 측정되지 않는 개념의 변수로 관측 변수에 의해 간접적으로 측정되는 것입니다. 요인1, 요인2가 여기에 해당합니다.
- **외생 변수(Exogenous Variable)** : 회귀 분석의 독립 변수와 동일한 개념으로, 화살표가 시작되는 부분을 말합니다. 요인1은 외생 변수입니다.
- **내생 변수(Endogenous Variable)** : 회귀 분석 종속 변수와 동일한 개념으로, 화살표가 끝나는 부분을 말합니다. x1, y1은 내생 변수입니다.
- **오차 및 잔차(Error)** : 측정 오차와 구조 오차로 분리합니다. 측정 오차는 구조 방정식에서 잠재 변수로 나타낼 수 없는 부분을 의미합니다. 구조 오차는 외생, 내생 변수에 의해 설명되지 않는 부분을 의미합니다. e1, et1 등이 여기에 해당합니다.

여기까지 해서, 구조 방정식에 대한 설명을 마치겠습니다. 실제 구조 방정식을 구성하고 분석하는 것은 이 책의 범위를 넘어서는 작업이며, 별도의 전문가가 필요한 분야입니다. 다만, 구조 방정식이 무엇인지에 대해서 파악하는 수준이라면 이 책의 설명이면 충분합니다.

아쉬울 독자를 위하여 실제 구조 방정식에서 제시하는 예제를 간단하게 소개하겠습니다.

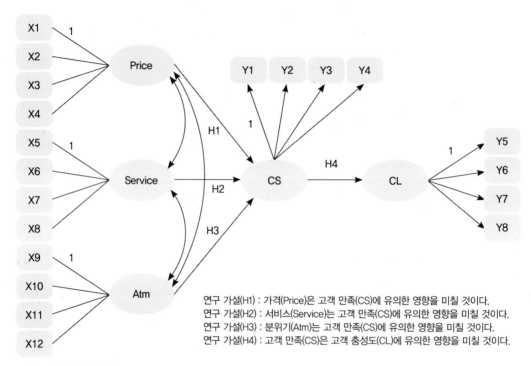

연구 가설(H1) : 가격(Price)은 고객 만족(CS)에 유의한 영향을 미칠 것이다.
연구 가설(H2) : 서비스(Service)는 고객 만족(CS)에 유의한 영향을 미칠 것이다.
연구 가설(H3) : 분위기(Atm)는 고객 만족(CS)에 유의한 영향을 미칠 것이다.
연구 가설(H4) : 고객 만족(CS)은 고객 충성도(CL)에 유의한 영향을 미칠 것이다.

▲ 구조 방정식 모형의 예 2

앞의 예에 대한 설명은 다음과 같습니다.

- 관측 변수는 X1 ~ X2 그리고 Y1 ~ Y8입니다.
- 잠재 변수는 Price, Service, Atm, CS, CL입니다.
- 변수들은 상호 외생 변수, 내생 변수의 관계를 가지며, 화살표로 표시되어 있습니다.
- 우리가 알고자 하는 네 개의 가설은 그림에 표시되어 있습니다.

위의 예를 통하여 경로 분석으로 어느 정도 원하는 바를 얻을 수 있음을 알 수 있습니다.

Part 11에서는 데이터 분석 전문가에게 유용하면서 다양하게 활용할 수 있는 기술을 소개하였습니다. 워드 클라우드와 소셜 네트워크 분석은 최근 다양한 곳에서 수행되고 있는 분석 기술입니다. 필자도 소셜 네트워크 환경을 시뮬레이션하는 모델을 구성하여 퍼지 시스템과 접목한 다수의 논문을 발표한 바 있습니다.

의료 분야에서 다수의 구조 방정식을 적용한 논문이 지속적으로 발표되는 것만 보아도 구조 방정식의 유용성을 확인할 수 있습니다.

다음 질문을 통해 Part 11에서 배운 내용을 확인해 보겠습니다.

1 워드 클라우드는 무엇이며, 어디에 사용하는가?

2 워드 클라우드를 구현하기 위해 사용할 수 있는 프로그램은 어떤 것이 있는가?

3 소셜 네트워크란 무엇인가?

4 소셜 네트워크 분석을 위해 사용할 수 있는 프로그램은 어떤 것이 있는가?

5 경로 분석은 무엇이고, 언제 사용하는 기법인가?

6 구조 방정식과 경로 분석은 어떤 관계를 가지는가?

※ [복습]에 대한 답변은 정보문화사 홈페이지에서 예제 소스와 함께 확인할 수 있습니다.

데이터 분석 전문가가 알아야 하는 기술

지금까지 데이터 분석 전문가에게 필요한 것들을 설명하였습니다. 공식이나 원리 설명은 생략하고 언제 어떻게 사용하는지, 나온 결과를 어떻게 해석해서 적용하는지에 초점을 두고 최소한의 이론과 실습 위주로 설명하였습니다. 이 책을 통해 학습한 내용은 다음과 같습니다.

- 데이터 분석 전문가가 알아야 하는 기본 이론
- R 패키지 사용법 : 데이터 타입, 프로그래밍 기능, 데이터 조작 명령어, 유용한 패키지 소개
- 데이터 분석 그리고 분석의 절차, 데이터의 전처리 기법
- 데이터를 표현하는 방법 및 시각화
- 데이터 시각화를 위한 패키지들의 사용법
- 통계 분석 : 추정과 검정
- 데이터 마이닝의 개념과 분석 방법 정리
- 회귀 모델 : 선형 회귀, 비선형 회귀, 커널 방법론, 로지스틱 회귀, 다항 로지스틱 회귀
- 지도 학습 기법 : 의사 결정 나무, 랜덤 포레스트, 서포트 벡터 머신, 베이지안 방법론
- 비지도 학습 기법 : 군집 분석, 주성분 분석, 인자분석, 독립 성분 분석, 다차원 척도법
- 빅데이터 분석 기법 : 연관 규칙 분석, 판별 분석, 시계열 분석
- 워드 클라우드
- 소셜 네트워크 분석
- 구조 방정식

데이터 분석 전문가가 되고 싶어서 이 책을 읽는 독자들에게

- 이 책은 독자들이 기술적인 능력을 기르고 실무에서 필요한 기술적인 내용을 찾아보는 데는 매우 유용한 책이 될 것입니다.
- 하지만, 이 책만으로 모든 것을 감당할 수는 없습니다.

데이터 분석 전문가가 되는 과정과 필요한 기술 및 지식에 대한 것을 한 장의 그림으로 정리하여 보았습니다.

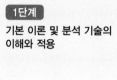

1단계

기본 이론 및 분석 기술의
이해와 적용

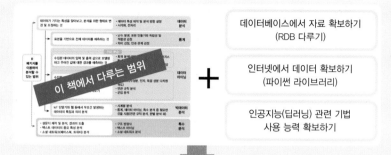

데이터베이스에서 자료 확보하기
(RDB 다루기)

+

인터넷에서 데이터 확보하기
(파이썬 라이브러리)

인공지능(딥러닝) 관련 기법
사용 능력 확보하기

2단계

업무 처리 기본 및
산업별 업무 지식 확보

• 산업별 업무 지식 및 경영 전략 개념, 그리고 데이터 분석 Eco 시스템 이해
• 고객과의 상담 요령, 레포트 제작 기술, 객관화된 관점

의사 결정론, 모델링, 통계, 베이지안
통계, 빅데이터 기술……

Problem Solving, Simulation, BPM,
Programming ……

3단계

데이터 분석 전문가와
비즈니스 컨설턴트로
확대되는 영역

다양한 데이터를 대상으로 하는
반복적인 적용과 응용을 바탕으로
통계, 데이터 마이닝 기법의
체득을 통한
데이터 분석 전문가로의 길

컴퓨터, 마케팅, 물류 디자인,
프로세스 개선 분야에서
기업 핵심 업무 설계 및 개선과
의사결정 지원을 주도하는
비즈니스 컨설턴트의 길

위의 그림처럼, 이 책은 데이터 분석 전문가가 필요한 기술적인 부분은 대부분 다루고 있지만, 독자는 여기에서 배운 이론과 기술 외에 추가적으로 업무 경험이나 기타 컴퓨터 관련 지식을 확보해야 비로소 데이터 분석 전문가로서 활동할 수 있을 것입니다.

이 책이 여러분의 미래에 좋은 출발점이 되기를 진심으로 바라며, 꾸준한 노력만이 좋은 결실을 가져올 것입니다.

도판 목록 _____

찾아보기